高职高专汽车类专业创新一体化教材

汽车销售实用教程

第2版

主　编　林绪东　葛长兴
副主编　宋玲安　黄李丽　罗杰雯
　　　　黄英健　滕小丽　马亚勤
参　编　黄保养　王　超　傅丽贤
　　　　陈百强　苏　忆　姚美红

机械工业出版社

本书以汽车销售顾问所需知识为核心内容，以实际的汽车销售过程为主线，对汽车销售流程进行了全面阐述，内容包括客户开发、售前准备、客户接待、客户需求分析、产品介绍、试乘试驾、促成成交、交车、客户关怀、客户投诉处理、汽车信贷实务及汽车精品销售。每个项目都以实际的工作标准展开介绍，内容丰富，深入浅出，操作性强。

本书可作为中等及高等职业学校汽车营销及相关专业教材及全国汽车营销技能大赛的培训用书，也可供汽车销售一线的从业人员学习和参考。

图书在版编目（CIP）数据

汽车销售实用教程 / 林绪东，葛长兴主编. —2 版. —北京：机械工业出版社，2021.7（2024.8 重印）
高职高专汽车类专业创新一体化教材
ISBN 978-7-111-68708-5

Ⅰ.①汽… Ⅱ.①林…②葛… Ⅲ.①汽车 – 销售 – 高等职业教育 – 教材　Ⅳ.① F766

中国版本图书馆 CIP 数据核字（2021）第 140153 号

机械工业出版社（北京市百万庄大街22号　邮政编码100037）
策划编辑：齐福江　责任编辑：齐福江
责任校对：朱纪文　封面设计：张　静
责任印制：李　昂
北京捷迅佳彩印刷有限公司印刷
2024年8月第2版第3次印刷
184mm×260mm · 12.5 印张 · 323 千字
标准书号：ISBN 978-7-111-68708-5
定价：55.00 元

电话服务　　　　　　　　　网络服务
客服电话：010-88361066　　机　工　官　网：www.cmpbook.com
　　　　　010-88379833　　机　工　官　博：weibo.com/cmp1952
　　　　　010-68326294　　金　书　网：www.golden-book.com
封底无防伪标均为盗版　　机工教育服务网：www.cmpedu.com

FOREWORD 前 言

  中国汽车市场是全世界发展潜力最大的汽车消费市场，2008年全球金融危机后，国外汽车业也陷入严重危机，我国汽车业却是一枝独秀。2019年，我国汽车产销双双超过2 500万辆，分别达到2572.1万辆和2576.9万辆，稳居全球产销第一。中国还有数亿人预备进入有车生活时代。同时，汽车行业人才需求剧增，市场对人才的要求也越来越高，汽车企业已越来越难找到合格人才，尤其是高级汽车销售顾问人才。销售人才已成为维系汽车行业快速健康发展的、最紧缺和最关键的资源，企业之间激烈抢夺优秀人才的现象十分普遍。

  本书以培养优秀的销售顾问为目标，以汽车4S店培养销售顾问为模式，以一名销售顾问所应具备的知识、技能和组织能力为内容，以实际工作标准和销售过程贯穿全书，再加以大量的销售案例编写而成。特别是销售技巧贯穿整个销售过程，其中包括客户开发技巧、客户接待技巧、产品介绍技巧、促成成交技巧、价格谈判技巧等。本书除了重点介绍整车销售方面的技巧外，还介绍了汽车精品、汽车金融服务、客户投诉处理，几乎包括汽车销售的所有业务。本书的另外一大特点就是作为一名刚入行的销售顾问非常渴望学到的销售话术贯穿到整个销售过程当中。这对于初学者尽早成为一名优秀的销售顾问很有指导意义。

  本书由林绪东、葛长兴主编，宋玲安、黄李丽、罗杰雯、黄英健、腾小丽、马亚勤任副主编，参编人员有黄保养、王超、傅丽贤、陈百强、苏忆、姚美红。林绪东编写项目一、项目二，葛长兴编写项目三、项目四，宋玲安编写项目五、项目六，黄李丽编写项目七，罗杰雯编写项目八，滕小丽编写项目九，马亚勤编写项目十，其他参编人员编写项目十、十一。

  由于编写水平所限，书中会有许多不足之处，欢迎广大读者批评指正。

编　者

教学资源二维码

主编微信二维码

CONTENTS 目 录

前 言

项目一　客户开发 ·· 1
　　任务一　客户开发的渠道和方法 ·· 2
　　任务二　开发客户技巧 ·· 9

项目二　售前准备 ··· 15
　　任务一　销售顾问的准备 ··· 15
　　任务二　4S店售前准备 ··· 24

项目三　客户接待 ··· 28
　　任务一　客户接待标准 ·· 30
　　任务二　客户接待技巧 ·· 37

项目四　客户需求分析 ··· 53
　　任务一　私人消费购买行为分析 ··· 54
　　任务二　集团组织汽车市场特征及购买行为 ·································· 61
　　任务三　需求分析技巧 ·· 64

项目五　产品介绍 ··· 76
　　任务一　汽车产品知识的学习 ·· 77
　　任务二　产品介绍技巧 ·· 96

项目六　试乘试驾 ··· 110

项目七　促成成交 ··· 118

  任务一　异议处理 ·· 118
  任务二　价格谈判技巧 ·· 127
  任务三　成交技巧 ·· 136

项目八　交车 ··· 142

  任务一　交车的工作标准 ·· 142
  任务二　交车技巧 ·· 149

项目九　客户关怀 ··· 153

  任务一　客户关怀的工作标准 ·· 153
  任务二　客户关怀技巧 ·· 154

项目十　客户投诉处理 ··· 160

  任务一　客户投诉的原因和内容 ·· 160
  任务二　有效处理客户投诉的意义 ·· 162
  任务三　有效处理客户投诉的原则和步骤 ···································· 164
  任务四　处理客户投诉的技巧 ·· 168

项目十一　汽车信贷实务 ··· 174

  任务一　汽车消费信贷管理 ·· 174
  任务二　汽车消费贷款程序 ·· 177
  任务三　汽车消费贷款保证保险 ·· 180

项目十二　汽车精品销售 ··· 183

  任务一　纯正精品销售的概述 ·· 183
  任务二　纯正精品销售的步骤 ·· 188

项目一 客户开发

学习目标

1. 了解客户开发的渠道。
2. 掌握客户开发的技巧。
3. 掌握制定客户开发方案的技巧。

案例导入

这是一个刚步入汽车销售行业的大学生小强的实习感受。他是这么写的：

我很向往实习生活，因为做汽车销售一直都是我的梦想，想象着自己西装革履、文质彬彬地向客户介绍着自己的车。但是经过3个月的实习生活我才知道，汽车销售真不是这么一回事。

刚进入4S店的第一个月，我们的工作基本上都是培训，汽车基础知识、汽车文化、汽车销售技巧……一开始，我们不以为然，这些基本的东西我们在学校早看腻了，我们需要的是实实在在的实战经验。但是经理只是淡淡一笑，先培训一个月再说吧！

进入销售的第一天（严格来讲，只是站在展厅接待一下客户），我们几个人都是斗志昂扬的，但是经过第一天之后，我的气就泄了一半。一开始以为来买车的客户只是爱车但不懂车，满以为自己的知识对付他们绝对绰绰有余。但第一天就让我碰壁了，因为来的不是一个普通的买车人，而是已经购买了三辆车的客户。当我被他用专业知识问得哑口无言的时候，我才明白自己是多么无知。

最后，那个客户直接要求经理给他换一个销售顾问咨询。对我的打击可想而知。好在经理并没有借此来打击我，而是鼓励我。告诉我做汽车销售不是要耍嘴皮子就行，首先要求自己基本的汽车知识必须过关，其次是汽车文化一定要了解，还要清楚竞争对手的产品以及和自己车型的对比，最后才是销售技巧。

3个月的实习，我没有再急着去卖一台车，而是在和每一个客户的交流当中，不断去补充和完善自己的知识。在汽车销售行业，没有基本功根本就无法立足。而我作为一名汽车销售实习生，首先要做的，是先把所有的知识都吸收。这3个月的实习感受，我相信对自己今后的工作，一定会有很大的帮助。

案例分析

不管做什么行业，没有基本功都无法立足。作为汽车销售顾问更是如此。高科技产品的汽车销售和普通商品销售不一样，对销售人员的要求更高。没有扎实的汽车销售基本功和娴熟的销售技巧，根本做不好汽车销售。

任务一　客户开发的渠道和方法

一、寻找客户的目的和意义

1. 扩大客户基盘，促进销量的增加

通过寻找客户能够形成稳定的客户源，增加展厅客流，提高留档客户的量与质，缩短成交的时间，争取更多的成交客户。

2. "牧羊原理"，确保销售的稳定

销售人员要想确保销售量的稳定，必须不断地补充客源，即潜在的客户，但要想保障客源，必须寻找客户。

3. 明确销售工作的目标性、计划性

寻找客户是汽车销售工作的开始，客户的不同，销售工作的侧重点也不相同，所以，寻找客户这一环节，有利于帮助销售顾问明确销售工作的目标性和计划性。

在销售流程的潜在客户开发这一步骤中，最重要的就是通过了解潜在客户的购买需求来和他建立一种良好的关系，而只有当销售顾问确认关系建立后，才能获得该潜在客户的同意进而进行邀约。一旦建立了积极的关系，这一潜在客户将会感到很舒适，他将很可能会成为我们的客户。

二、寻找客户的渠道

销售顾问应掌握10种潜客开发的渠道：来电/到店的客户、保有客户换购、保有客户推介、户外活动（车展、巡展等）、维修的外来客户、沿街拜访、跨行业交叉合作、个人或他人社会关系推介的客户、互联网方式收集的客户信息、同行业推介等。

1. 走出去

利用各种形式的广告（平面，户外，媒体，网络），参加车展、汽车新闻发布会、新车介绍、小区巡展，参加各类汽车文化活动、发送邮件（图1-1）、大客户专访、政府和企业招标采购，约定登门拜访展厅客户、保有客户，以及销售顾问充分利用自己的名片，朋友和社交圈。

图1-1　给客户发送邮件

2. 请进来

在展厅接待客户，邀请客户前来参加试乘试驾、新车上市展示会，组织相关的汽车文化活动。通过各种活动把他们请到店里来。主要的渠道如下：

（1）来店客户

就是通过广告引流直接到店的客户（图1-2）。

图1-2　到店看车的客户

（2）来电客户

接待打购车热线咨询的客户时（图1-3），作为一名汽车销售人员，一定要运用相应技巧请他们来店。

图1-3　接待客户来电咨询

（3）亲朋好友介绍的客户

要多通过亲戚、朋友、同学，介绍客户来店。

（4）老客户介绍的客户

保有客户介绍的客户（图1-4），这是最容易成交的客户。定期跟踪保有客户，这些保有客户也是我们开发客户的对象，因为保有客户的朋友圈子、社交圈子也是我们的销售资源。

图1-4 保有客户引荐的客户

（5）车展、巡展客户

通过车展、巡展等途径进行集客，引导客户来买车（图1-5）。

图1-5 车展集客

除了上述的一般渠道，4S店开发客户还有一些特有渠道——售后服务站外来的保有客户。比如，奔驰汽车的维修站也会修沃尔沃、宝马车等，而这些客户也是我们开发的对象。

作为一个刚步入这个行业的销售顾问，一定要牢牢抓住来店、来电的客户。而作为一个老的销售顾问，老客户介绍的客户一定是最优先级的。

三、寻找客户工作的标准

1）有多种渠道寻找客户名单。
2）根据客户信息来确定名单的优先等级。
3）准备好记有客户信息的 DMS 系统。
4）与潜在客户进行联系。
5）做自我介绍并介绍专营店。
6）说明来意并确认客户有足够的交谈时间。
7）挖掘该潜在客户对汽车的需求，以便建立良好的客户关系。
8）根据客户提供的信息，给客户提供一些有价值的建议或活动信息，邀约客户。
9）客户同意来店后，请客户定下具体的日期及时间。
10）将有关该潜在客户的重要信息和谈话内容记入电话记录或者 DMS 系统。

四、寻找客户的关键技能

1. 客户开发的准备工作

不管你采用哪一种方式去开发客户，你都必须事先做好准备工作，否则，你就达不到预期的目的。那么，要做哪些准备工作呢？

第一，要详细了解和熟悉产品的品牌、车型、技术参数、配置等（图 1-6）。要做到在与客户交流的时候，对于相关问题你都能流利地回答。

图 1-6　熟悉产品知识

第二，要熟悉本公司对这个汽车产品的销售政策、条件和方式（图 1-7）。

图 1-7　熟悉销售政策

第三，要详细了解汽车销售过程中的各项事务，如付款方式、按揭费用的计算、上牌的手续、保险的内容、保险的费用等。

第四，要了解竞争对手的产品与你所售车型的差异（图1-8）。有的时候客户会讲某款车比你的车好，那个车有什么装备，你有没有？这个时候你就要了解对方，事先了解之后，你才能有应对的策略。

图 1-8　了解竞品

第五,了解客户。你要了解客户属于哪个类型(图1-9),这样,你在与客户进行交流的时候,就会有的放矢,占据主动。

客户基本上可分为三种类型:
➢ 第一种是主导型,这类客户一般从事领导工作。
➢ 第二种是分析型,这类客户一般是从事技术工作的,如财务部的经理等。
➢ 第三种是交际型,多为了解车型等情况的客户。

图1-9 了解客户类型

第六,了解客户真实的购买动机、付款能力、采购时间等。

2. 电话邀约

电话邀约客户是销售顾问重要的日常工作之一(图1-10),是销售顾问必备技能。在电话中只能纸上谈兵,一切只能是空谈,只有邀约客户到店才有成交的可能。成功邀约客户来店,这并不容易。电话邀约七步骤:

作为汽车销售人员,在日常的销售工作中使用最多的三种方法:
• 打电话
• 登门拜访
• 发送信函

您好,请问是李先生吗?我是xxx店的销售顾问XXX。请问现在方便接听电话吗?李先生还记得我吧,上次在XXX车展接待您的小X,当时你对我们这款车非常感兴趣……

图1-10 电话邀约

1)确认客户姓名。
2)自我介绍。
3)问候,确认是否方便接听电话。
4)寒暄、赞美。
5)告知目的,陈述利益。

6）告知时间地点。

7）最后给予客户额外的利益，告别。

> 【案例】
> 1）确认客户姓名：×××/先生/小姐，您好！
> 2）自我介绍：我是××专营店的×××啊，还记得吧？
> 3）确认是否接听方便：我有个摄影方面的问题想向您请教，您现在方便接听电话吗？
> 4）寒暄赞美：您上次看车时给××留下很深的印象，××一直想认识摄影方面的专家，现在××有个关于摄影的问题想请教您，不知您能不能帮忙？××最近想买部入门级的单反相机，上网看了几款，不知如何决定……
> 5）告知目的，陈述利益：太感谢您啦，王先生！对了，最近我们店周年庆，举办文化沙龙的活动，活动的主要内容有三点：第一是我们邀请了国内顶尖的演艺团体来表演，让您可以感受浓郁的艺术氛围；第二是名师字画的品鉴会，可以了解艺术品鉴赏和收藏方面的知识；第三是我们邀请了国内知名的教育专家来做一个有关儿童教育方面的专题讲座。这次活动一方面体现了我们店对客户的真诚关怀，更重要的是可以认识很多像您这样的业界精英，给您带来更多的商机。不知道您到时是否能参加？
> 6）告知时间地点：这次活动非常难得，而且名额有限，要不我先帮您预定下来？我们是在周末和周日做活动，您哪天来比较方便？
> 7）最后给予客户额外的利益，告别：您看您是自己过来，还是××开车去接您？到时我们会为您准备一份精美的小礼品。真诚期待您的大驾光临！我们到时见！

3. 客户开发的方法

（1）车辆展示法　在特定地点以新车为载体，吸引客户注意，聚集客户，获取潜在客户信息的一种方法。在特定的地区可利用节假日举办车展、试乘试驾活动、车友活动等。

（2）关系拓展法　借助人际关系收集潜在客户的方法。收集的客户具有可靠性大、成交概率高的优点。销售顾问利用各种关系建立自己的朋友圈，让亲戚和朋友熟悉自己的职业，发动亲戚和朋友帮自己收集潜在客户。

（3）沿街拓访法　在陌生的环境中以最直接的询问方式来收集潜在客户信息。寻找好拜访对象，直接上门拜访，这种方法是推销员长期以来的生存之道，挫折感很强，但也最能锻炼人。

（4）网络营销法　网络营销（On-line Marketing 或 E-Marketing）就是以国际互联网络为基础，利用数字化的信息和网络媒体的交互性来辅助营销目标实现的一种新型的市场营销方式。常见的方法有搜索引擎营销、博客营销、微博营销、病毒营销、百科营销、视频营销、IM营销、社会化网络营销等。

（5）客户推荐法　就是通过已购车的客户介绍新客户的一种方法，是销售行业最主要的潜客开发方法，具有介绍的新客户满意度高、成交容易、交易成本低的优势。

（6）同业交流法　同行业不同级别的市场中，同行之间相互交流、互换信息，销售顾问介绍客户购车的一种方法。

任务二 开发客户技巧

一、方案制定

首先要确定开发客户的对象，考虑与他接触的方式，是打电话、请进来，还是登门拜访（图1-11），这些都需要你去选择。同时还要选择时间、地点、内容，找出从哪里切入比较容易找出话题以及与客户拉近距离的捷径，确定谈话的重点和谈话的方式，这些都是事先要在你的准备方案里面明确的。

图1-11 登门拜访客户

二、要有耐心和毅力

在进行客户开发的时候，方案制定出来并不能确保这个方案一定成功。在实际工作当中，都是经过了反复的努力才成功的，特别是汽车销售工作。市场上目前有两大商品，一个是住房，另一个是汽车。客户在购买住房和汽车时，不会那么草率地决定，他总是会反复斟酌的。因此，汽车销售人员要有足够的耐心和毅力。

> 【案例】
>
> 在销售过程中有"三难"，即面难见、门难进、话难听。要想解决这些问题，你就得有常人所没有的耐心和毅力。
>
> 例如当你给客户打电话而客户拒绝接听时，你可以换一种方式——寄邮件；寄邮件石沉大海了也不要灰心，心里面一定要说："我一定要见到他。"不行的话，你就到他单位门口去等，等他的车来了以后，拦住他，告诉他你是谁，你是哪个公司的，然后彬彬有礼地把一张名片递给他，说："我以前跟您联系过，这是我的名片，你先忙着，抽空我再打电话跟你联络。"话不要说太多。客户拿到你的名片后会这样想："这家伙还挺有毅力的，我们公司的员工如果都像他这样就好了，我得抽空见见他。"
>
> 从心理学的角度上来讲，人都有好奇心，正是这种好奇心会让客户见你。

> 【自检】
>
> 请您回答下面的问题
>
> 　　有一个人仰着脖子看天,第二个人走过来看看他,也把头抬起来看着天,第三、第四个人也跟着抬头看天,最后围了一大群人。过了一会儿,第一个看天的人把头低下来了,他一看周围站了那么多的人,就问第二个人在看什么,第二个人反过来就问他:"你还问我呀,不是你先看的吗?"第一个人听后觉得很好笑,他说:"因为我的鼻子出血了,所以把脖子仰一会儿。"
>
> 　　请问这个笑话说明了什么问题,能给我们的销售带来什么启示?

三、把握与客户见面的时间

　　依据经验,与客户见面一般在上午 10:00 左右或下午 4:00 左右比较好。因为买车的人多数都是有决定权的,多数在单位、在家庭或者其他环境里是一个领导级的人物。作为领导,他从员工一步一步地走到现在的岗位,上班时形成了先紧后松的习惯。但人的精力是有限的,他从早晨 8:00 开始忙,忙到 10:00,就需要休息,在他需要放松的时候你去拜访或联络他,他会把其他的事情暂时放在一边,去跟你聊几分钟。下午也是同样的道理。

四、与客户见面时的技巧

　　销售人员在与客户见面的时候也要讲究技巧。首先要有一个很好的开场白,这个开场白应该事先准备好。如果事先没有准备,应凭借实战经验进行应对。

　　有经验的销售人员到了客户那里,首先会观察客户的办公室环境,客户有哪些爱好,从他办公室里面的摆设就能看出来。例如客户办公桌椅的后面放了一个高尔夫球杆,那你与客户谈话的时候就可以从高尔夫球杆谈起;如果客户的办公室一角放了一套钓鱼的钓具,你也可以从这个话题开始;如果实在没有反映其爱好的摆设的话,你可以称赞他的办公环境布置得非常协调,令人身心愉快,这也是一个话题。不管怎么说,见面先美言几句,客户总不会心里不舒服。心理学认为,当一个人在听到他人赞美的时候,他所有的戒备都会放松,在这个时候是最容易乘虚而入的。

五、学会目标管理

　　企业有企业的目标管理,部门有部门的目标管理,销售人员也应该进行目标管理。下面介绍一种目标管理的方法,叫作数字目标。

> 　　1、15、7、8、96,这一串数字的含义是:一位销售人员一天要打 15 个电话,在这 15 个电话里面,要找出 7 个意向客户。一个星期 5 天,就会找到 35 个意向客户。在这 35 个客户当中,有两个客户能够购买你的车,一个月按四个星期计算,就是 8 个客户,一个月卖了 8 辆车。一年 12 个月就是 96 辆车,也就是说保守一点讲,你一年至少能卖 96 辆车出去。这个数字很有用。
>
> 　　如果你说,你今天只打了 15 个电话,并没有 7 个意向客户,可能只有 5 个,或者 3 个,甚至更少。没有关系,你只需要对数字信息进行调整,多打电话,15 个电话不行,打 20 个,直到获得 7 个意向客户为止。

当然,电话的数字是有一定积累的。如果你是新的销售人员,要想天天获得7个意向客户是有一定难度的,那就需要你不断地去接触客户,就像我们刚才讲的,走出去,如把名片发给你认为有可能成为你客户的人。

六、销售诱导活动话术

1. 借助基盘客户获得潜在客户资料

销售顾问:李先生,你好啊!我是××公司的小李啊!最近工作挺顺利的吧!

技巧:对于基盘客户,要经常保持联系,这样他们在周围人群准备买车时才会想到你。一般而言,可以通过下面三种方式保持与客户的密切联系:①重大的节、假日邮寄贺卡和送小礼物。②每年至少与他们通话五次。③每年亲自访问六次。

每次打电话时,要多关心对方的工作、身体、家庭的情况,拉近与客户的距离。

客户:啊!是小李啊!最近一段时间老加班。

说明:说明客户记得打电话的销售顾问。

销售顾问:说明你们公司业务相当好啊!平时还要多注意休息,虽然你的身体比我强壮。

技巧:借机一方面赞美客户良好的业务状况,同时通过适当的言语,表达对对方的关注。

客户:是啊!谢谢你的关心。最近车卖得不错吧!

说明:如果与客户的关系不错,他们也会像朋友一样反过来关注你的工作与事业。

销售顾问:托你的福,上次你介绍的那位朋友最终买了一款跟您相同型号的车,今天他来保养的时候还提到您呢。谢谢您给我介绍了那么多朋友。对了,上次曾听你介绍过,××单位的老总是你的朋友,正好我们公司有点业务方面的事情想麻烦他,您能不能把他的联系方式告诉我一下?

技巧:对于客户每一次给予的帮助要及时感谢,除了在适当的时候跟进道谢外,以后每次有机会时要注意提及。如果能够像乔·吉拉德那样能够给予一点佣金或礼物作为回报的话,对客户转介绍客户会有很大的帮助。同时,尽快切入你打电话要找这位客户的真实意图,别在电话中老占客户的时间,浪费他们的金钱。

客户:你等一等,我找一下……他的办公电话是……手机电话……要不要我先打个电话给他?

说明:只要客户信得过你,通常情况下他们都会把自己知道的情况告诉你。当然,这必须是你与客户的关系就像朋友一般。

销售顾问:谢谢了!等哪天有空的时候我专程去拜会他一下,就说你介绍的,可以吗?

技巧:为了避免客户事先把你准备开展的业务情况告诉你要找的人,增加销售的难度,不要在电话中介绍即将开展的业务任何的细节。在这里,你的目的只有一个,就是拿到电话,让客户认可是他介绍的即可。

客户:没有问题。

说明:得到客户的认可。

销售顾问:要不今天先到这里,你的工作也很忙,改天等你有空的时候我专程登门拜访。那谢谢了!再见!

技巧:得到所需的信息后,一般人都会与客户聊下去,甚至聊很长时间,这不是一个好的做法。建议此时尽快结束电话,让客户做自己的事情,你也可以重新开始一个新的电话。

2. 巧妙应对客户的拒绝

销售顾问:您好!是××公司的刘先生吗?

技巧:开场白。

客户:有什么事吗?

说明:一般而言,只有要找的人和接电话的人是同一个人时,对方才会用这样的表达方式。

销售顾问:我是××汽车销售公司的客户专员×××。听说贵公司准备采购一批新车,正好我们公司经销的汽车与你们的采购条件较符合,所以特地打电话向您请教这方面的情况。

技巧:做完自我介绍后,要说明打电话的意图。这里,为了消除客户的戒备心理,并让客户能够接纳销售顾问,"请教"这个词要常用,同时,要做停顿,给客户一个思考的空间。

客户:你是怎么知道我的电话的?你们是怎么知道我们准备采购汽车的?

说明:当客户提出这样的问题时,说明他们真的有购车的计划,算是找对人啦。

销售顾问:正如您所知道的,要做好销售必须有敏锐的眼光,我们汽车销售顾问也不例外。从最近某媒体对贵公司的报道来看,随着贵公司业务迅速发展,必定会有添购汽车的需求,所以我就打了这个电话。这不,正好有这样的机会让我们能够为贵公司提供服务。

客户:真是这样的吗?不过我们已经初步选定合作单位了,如果以后再有这样的机会,我们会主动与你们联系的。

说明:客户开始拒绝销售顾问,并想迅速中断这次电话拜访。此时,只要客户未果断地挂断电话,还有销售的机会。

销售顾问:我理解你们的要求,也感谢您接了我的电话。其实今天打电话的目的不是来向您推销我们的汽车,只是找一个机会把××公司为什么预先都选定了某款车但后来又重新调整了他们的选择的情况向你汇报一下。

技巧:一般而言,任何一个客户都较关心他们的同行、特别是竞争对手的情况。要让客户尽快接受销售顾问的邀约,最佳的方法是找到他们的竞争对手、他们的同行在购车时关注的问题,最容易获得陌生客户的接纳。同时,"汇报"这个词也容易拉近与客户间的距离。

客户:是这样的!今天下午开完业务会后我刚好有点空,你下午四点来我的办公室,我们具体谈一下,顺便带上产品资料和报价单。

说明:只有你准备要找客户谈的问题是他们感兴趣的,才能引起他们的好奇心,才会给你时间见面。要做到这一点,事先的情况摸底必不可少,即所谓不打无准备之战。

销售顾问:好的,下午四点我会准时到达。再请教一下,贵公司的地点是……您的办公室在×楼。

技巧:销售顾问要表明自己能够准时赴约,同时在挂断电话之前再与客户核实一下地点,剩下的事情就是准备好相关的资料准时赴约。当然,也要对整个见面过程进行预估,准备好相应的应对话术。

客户:在……306室。

销售顾问:好的!谢谢您!我们下午见!

3. 客户要求介绍产品时的技巧

销售顾问:听说贵公司准备采购一批新车,我正是为这事与您联系并向您请教(停顿,等待客户的回应)。

技巧:凡是向客户了解有关情况时,都要以一种礼貌的态度,用"请教""指教"这样一些客套用语,表明你的高素质。

客户:没错,我们是有这个考虑,但目前还没定。既然今天你打电话来,那么就介绍一下你的汽车吧!

说明:当客户愿意与你接触时,一般会在电话中提出介绍产品的要求,这是一种习惯性的思维。同时，在没有完全接纳你的情况下，在你介绍的过程中可以随时拒绝你。

销售顾问：感谢初次接触您对我的认可。汽车采购是一件大事，需要考虑的因素很多，相信你们更关注如何避免购车中的风险吧。

技巧：一般情况下，很多销售顾问会以客户没有时间听介绍为借口，寻找直接见面的机会，如"我相信您也很忙，不一定有时间听我介绍"或"我的介绍需要很长时间，会影响您的工作"等，但当他们提出这样的理由时，很容易被客户的"没有问题，我现在有时间""没关系，你就在电话中介绍吧"而导致失败。因为对于客户而言，如果答应见面，意味着花的时间可能会更多。此时，最佳的方式就是自己提出一个问题，寻求客户的认同。只要客户认同，那么约定上门见面的机会就会出现，可能性就会增加。

客户：那当然，谁都希望以最省的投资买到性价比更好的汽车。

说明：客户的回答证实了你的猜测，也引起了客户对"购买风险"问题的关注，此时会增强他们与你见面的欲望。

销售顾问：既然如此，我想我们更应该安排一个时间见一个面，这样才会有机会把与你们公司相类似的一些客户是如何避免汽车采购中的风险的情况向您做一个汇报，以供你们参考。

技巧：此时，要乘胜追击，主动提出见面要求。同时，要注意沟通内容中要有该客户的竞争对手或同业如何避免采购风险的问题暗示，再次强化他们的好奇心与深入了解的愿望。只有这样，才会让他们肯见一个陌生的推销员。

客户：既然如此，那就预定在周二下午三点吧！

说明：客户主动提出见面时间，这正是此次电话邀约要达到的目标。

销售顾问：今天是周五，那下周一下午三点时我再打一个电话与您确认一下，应该没有问题吧！

技巧：如果客户给出的时间不在第二天，那么应该在拜访前的一天提醒客户。此时，应征询客户的意见，给自己留下再次打电话的机会。要不然，当你兴高采烈地到了客户办公室时，或许他们已经把这件事情忘记得一干二净，演了一个"空城计"。凡是老道的销售顾问都吃过这样的亏，主要原因是这件事对于你很重要，对于你客户而言他们却并不一定认为很重要。

客户：没有问题！

说明：获得了客户的认可与承诺。

销售顾问：那就这样说定了，谢谢您！再见！

技巧：结束时必须对客户表示感谢。

4. 当客户要求提供资料时的技巧

销售顾问：听说贵公司准备采购一批新车，我正是为这事与您联系并向您请教（停顿，等待客户的回应）。

技巧：除了用"请教"这样的词汇表明销售顾问的专业与修养外，要懂得在这句话后做适当停顿，给客户一个思考和接纳你的空间。

客户：没错，我们是有这个考虑，但目前还没定。既然今天你打电话来，那就把你们最新的产品资料和报价传真一份给我！

说明：客户总会在不了解销售顾问时拒绝，提出传真资料的要求也可能是一种拒绝，也可能是一种需求。但是，销售顾问不能被客户所左右而影响销售目标的达成。

销售顾问：看来您是一个汽车方面的专家，只要看一下汽车产品的资料就可以知道哪个品牌和车型更适合您。就冲这一点，我一定要上门当面请教。

技巧：对客户进行适当的赞美，你会收到意想不到的效果，因为"赞美可以使白痴变成天才"，赞美可以拉近销售顾问与客户间的距离。

客户：哪里啦，只是皮毛而已。

说明：这也许是客户的客套话，也许是真的如此。

销售顾问：上个月，我遇到一位汽车采购专家，他们公司的情况与你们公司差不多。听他的介绍，我发觉他对汽车非常了解。当我说先传真资料和报价给他时，他说一定要见到我本人，因为他认为除了考虑品牌和车型外，最重要的是服务。他会从我身上看到我们公司的服务，判断今后是否能够给他们提供完善的服务。所以，我建议不论今后是否把我们作为候选对象，只有见个面才会让您更放心。

技巧：通过寻找与客户背景情况相近或相似的案例来说明见面的重要性，这样做可以引起他们的共鸣。如果在自己的客户中找不到这样的案例，不妨在打电话之前做一些策划，对客户会提出的问题进行预测，事先准备好回答的话术。这里，有一个核心问题要强调：就是暗示客户购车过程中存在大量的风险，其中一个就是售后服务的问题，虽然都是同一个品牌，但服务也会大相径庭。同时，表明今后选择谁都要注意这个问题，以争取见面沟通的机会。

客户：这几天我比较忙，不一定有空，你还是把资料先传真过来，我先看一下。

说明：当客户再次提出这样的要求时，不要让步，要争取见面的机会。只有面对面，才能对客户的情况了解更多。

销售顾问：既然你很忙，要不这样，我后天下午三点打电话给您，如果您能抽出时间的话，我们见个面具体再谈。

技巧：学会体谅客户的难处，主动提出下次联络的时间，争得客户的同意，为下次沟通奠定基础。

客户：那也行！

说明：得到客户承诺，此次电话的目的初步达到。

销售顾问：好，那就谢谢您！我后天下午三点打电话给您！再见！

项目小结

本项目主要讲述了汽车销售的第一个环节——客户开发。汽车销售中最大的难题就是寻找客户。要解决这一难题，首先要依据产品的特征来锁定你的客户群。在访问、接待客户前要做好充分的准备，要具备很强的业务能力，特别是专业知识，要有端庄的仪表和良好的心理素质。要开发潜在客户，就要制定开发方案。首先要明确开发客户的渠道，找到客户；然后确定开发客户的优先等级，并且了解汽车特点、购买事项、竞争对手、客户需求等信息，做好开发客户的准备工作；制定客户开发方案时，要明确各个要素，要有耐心和毅力，要把握好与客户见面的时间和技巧，并且利用数字目标进行管理。在开发客户的过程中，要与客户建立互信的关系，还要注意一系列的细节。

复习思考题

1. 客户开发渠道有哪些？如何有效进行客户开发？
2. 客户开发的方法有哪些？
3. 作为一名刚入行的销售顾问，有哪些有效的集客方法？
4. 车展时如何有效收集客户信息？

项目二 售前准备

学习目标

1. 了解汽车销售顾问的定义、职业定位、工作内容。
2. 掌握汽车销售顾问素质与能力需求。
3. 了解售前准备工作的内容。

任务一 销售顾问的准备

汽车营销，就是汽车企业为了更好、更大限度地满足市场需要而达到企业经营目标的一系列活动。汽车销售顾问是指为客户提供顾问式的专业汽车消费咨询和导购服务的汽车销售服务人员。其工作范围实际上也就是从事汽车销售的工作，但其立足点是以客户的需求和利益为出发点，向客户提供符合客户需求和利益的产品销售服务。其具体工作包含：客户开发、客户接待、需求分析、产品介绍、试乘试驾、异议处理、销售成交、新车交付等基本过程，还可能涉及汽车保险、上牌、装潢等业务的介绍、成交或代办。在4S店内，其工作范围一般主要定位于销售领域，其他业务领域可与相应的业务部门进行衔接。

有的人天生具备销售的潜质，即便如此，要想成为一名优秀的汽车销售顾问，仍需要后天的不懈努力。汽车销售顾问是蕴涵丰富技术含量的职业，不仅要了解这一行业的职业定位，更要努力使自己具备相关的职业素质与能力。

一、汽车销售顾问的基本任务

1. 寻找汽车市场（需求）

中国汽车市场需求量大，作为汽车销售顾问首先要发现市场，寻找汽车需求者，针对客户需求来进行自己的营销活动。

2. 实施营销活动

汽车销售顾问应针对汽车市场实施一系列能够更好地满足客户需求的营销活动。我国汽车产业发展迅速。2009年，汽车产销量突破1300万辆，成为世界第一汽车生产大国。2010年，中国汽车行业继续保持较快的增长势头，汽车产销双双超过1800万辆，仍蝉联全球第一。2019年，全国汽车产销2572.1万辆和2576.9万辆，再次刷新全球纪录，成为名副其实的世界汽车大国之一。

中国汽车行业的不断壮大和购车需求的不断上涨，刺激了众多汽车生产商纷纷投资中国，在中国一比高下。一方面表现为汽车需求越来越多，另一方面表现为汽车销售的竞争越来越激烈。在此背景下，作为接触客户的一线工作人员，对于汽车行业的发展和经营有着举足轻重的作用。

汽车销售人员是接触客户的第一点，汽车销售员的工作不是销售这两个字就可以涵盖的。应从以下几个方面来理解：

1）汽车销售员是客户的顾问，是客户改变生活、获得商业机遇的顾问。
2）汽车销售员是客户第一时间想到的顾问，第一时间要会谈的人。
3）汽车销售员不是单纯的销售顾问，还是客户的购车顾问。

可以说专业销售顾问不仅要掌握接待客户、识别需求、产品介绍、异议处理、商业沟通、商业谈判等技巧，而且还要发展自己个人的销售风格、独特的销售方法，根据不同的客户来调整自己的销售方法。

二、汽车销售顾问的职业素养

一个合格的汽车销售顾问应该具备什么知识与技能呢？是不是任何一个人都有可能成为优秀的汽车销售顾问呢？

一个优秀的销售顾问必须具备基本的知识、能力与素质：

1）丰富的产品知识、汽车类知识、社会知识、用户知识。
2）娴熟的销售技巧、良好的客户关系、客户投诉处理能力。
3）良好的职业形象、过硬的心理素质和身体素质。
4）良好的语言表达能力、沟通能力、现场应对能力。

1. 丰富的产品知识

丰富的产品知识包括产品知识、汽车专业知识、社会知识、用户知识。

（1）产品知识

产品知识即所销售汽车主要卖点、配置变化、技术优势等。

（2）汽车专业知识

汽车专业知识即汽车行业状况、国家与地方政策、竞争对手信息。

（3）社会知识

社会知识即时事、经济、体育、金融、房地产、人文风俗等。很多销售顾问认为只要有丰富的产品知识、专业知识就能做好汽车销售了。其实在实际销售中，这些专业知识占的比例可能不到30%，因为销售是一个与人打交道的过程，怎样才能拉近和客户的关系，和客户成为朋友，这需要丰富的行业知识。行业知识指的是销售顾问对客户所在的行业在使用汽车上的了解。例如，面对的潜在客户是一个礼品制造商，而且经常需要用车带着样品给他的客户展示，那么，他对汽车的要求将集中在储藏空间、驾驶时的平顺性等。客户来自各行各业，如何做到对不同行业用车的了解呢？其实，这个技能基于你对要销售的汽车的了解。比如，客户属于服装制造业，那么也许会用到汽车空间中可以悬挂西服而不会导致皱褶的功能。许多销售顾问对客户用车习惯的注意及了解都是从仔细观察开始的。

行业知识不仅表现在对客户所在行业用车的了解上，还表现在对客户所在行业的关注上。当你了解到客户是从事教育行业的时候，你也许可以表现得好奇地问：听说，现在的孩子越来越不好教育了吧？其实不过是一句问话，对客户来说，这是一种获得认同的好方法。当客户开始介绍他的行业特点的时候，你已经赢得了客户的好感，仅仅是好感，已经大大缩短了人与人之间的距离。汽车销售中这样的例子非常多，但并不是容易掌握的，关键是要学会培养自己的好奇心，当你有了对客户行业的好奇心之后，关切地提出你的问题就是你销售技能的一种表现了。

（4）用户知识

用户知识主要包括客户群体、消费习惯、客户的购买动机、客户的爱好、客户的决策人购买力等。比如，从事小商品行业的客户喜欢车子的空间大一些，可以顺带一些货物，像SUV、SRV这样的多功能车比较受他们的欢迎；从事路桥工作施工作业的客户偏好越野性能好的吉普、SUV车。

汽车和一般商品不一样，汽车属高科技产品，结构复杂、技术含量高、专业性强。作为一名专业的销售顾问，必须具有一定的汽车专业知识、丰富的产品知识，并对所销售的产品了如指掌，这样才能很好地展示给客户。

2. 娴熟的销售技巧和维系客户关系的能力

作为一名销售顾问，满足客户需求、销售产品是最终任务，娴熟的销售技巧、促成成交的能力显得尤为重要。另外，如何与客户交往以及怎样处理客户投诉、提高顾客满意度，也是销售顾问的基本职业能力。

一般以销售为核心的企业在处理客户关系时偏重于维持长久的客户关系上，从而可以不断提升客户的忠诚度，让客户终身成为自己企业的客户，而且还会不断介绍新的客户进来，这也是一种营销手段。如果强调在销售顾问上，"客户关系"这四个字则更多地被用在鼓励销售顾问为客户提供更多更好的服务，以及一种非常贴近的服务态度。而在这里谈到的客户关系的主要倾向是如何有效促进以销售为目的的客户关系，如何通过掌控客户关系来完成销售，或者有效地通过客户关系来影响客户的采购决策。

努力完成销售过程的客户关系包括三个层次，第一个层次是客户的亲朋好友。来车行看车的基本上没有单独来的，多数都是全家以及陪同来的朋友，陪同来的朋友通常是购车者的朋友，或者是公司同事，销售顾问通常只注重购车者，而忽视与客户同来的其他人，而他们的意见对于购车者是有一定的影响的，因此一定要重视客户的亲朋好友。第二个层次是客户周围的同事；第三个层次是客户的商业合作伙伴，即客户业务的上游或下游业务。

为什么客户的商业伙伴有时候也是汽车销售员试图影响的对象呢？请看下面的例子。

在澳大利亚，在销售汽车以后，通常会在一周内给客户打一个电话，电话中会表达三层意思：第一层意思是，感谢客户从我们的车行购车。这个做法实际上向客户表明我们不只是为了一个交易，而是从交易开始，我们就开始建立了一个关系。第二层意思就是新车开得怎么样？是否有需要帮忙的地方，上牌照是否需要帮助，以及出外远游需要的目的地的地图等都是我们可以协助的。这个做法的目的是，让客户感受到不是完成交易后关系就结束了，而应该是一个全新的关系的开始，这样做的结果就是，70%的客户在3年以后购买他们的第二辆车的时候还会选择这些销售员。其次还有保养、维修方面的事宜，一个车可以带来的额外价值也会回来。打电话的第三层意思，也是汽车销售员非常需要关注的一个内容，就是询问客户新车开得怎么样，有什么感受，有什么评价，有什么全新的体会。我们收集了客户的真实感受以后，每一周都筛选出对我们车行产品评价最好的评语和体会，汇总约七八条，都有客户的真实姓名，将其抄写在一张大纸上，招贴在车行显著的位置。这样做的目的就是吸引其他新的客户访问车行的时候，有机会可以看到我们的老客户对汽车的评价。这个办法确实产生了奇效，经常发生的事情是，客户在看到这张纸时并不太相信我们这些都是真实的信息收集,所以一般会问我们多长时间更换一次,我们说每周一次,然后不等他们继续问,我们主动邀请他们到我们的办公室,给他们展示以往的记录,客户有时候看得很认真,而且经常还会发现有自己认识的人说的话,凡是发现有认识的人的名字时,他们都会打电话进行确认,一般这样的客户最终都会成为我们的客户。这就是客户周围关系的价值,通过其认识的、熟悉的人来影响他们对我们车行的信任,从而建立买卖关系。

汽车销售顾问必须学会如何与客户周围的这些人建立有效的某种关系,通过对这些关系的了解和影响来对采购者发挥影响力,从而缩短销售过程,向有利于自己的方向发展。

3. 良好的职业形象

汽车销售顾问是一个与人打交道的职业,直接面对的是顾客,要成为一名优秀的销售顾问,必须具备各方面的素质和能力,比如职业形象、专业礼仪、语言表达能力、与人沟通的能力、心理素质、专业知识、产品知识、行业知识等。

汽车销售顾问因为平时与客户打交道的机会很多,因此必须始终保持专业形象,尤其是参加涉外活动,要注意服装穿着和仪表仪容,朴素、大方、整洁、合乎时令的服装不仅是精神面貌的体现,同时也是对宾客、对主人的尊重。此外,汽车销售顾问还必须是一个值得信赖、守口如瓶的人,要让客户觉得完全可以把某些秘密告诉你。良好的职业形象并不是说要长得多漂亮、多帅,而是要内外兼修。

首先要穿着职业装,保持职业人员的形象;其次,要穿出专业的感觉,让客户觉得可以信赖。在这一方面,男士和女士有着不同的着装要求。

(1)女性汽车销售顾问的装扮艺术

一个神采奕奕、精力充沛、装扮得体的人,自然能散发出令人无法抗拒的魅力。因此,作为汽车销售员的职业女性,装扮要得体,打扮应适合时间、场所、年龄和身份。

适合上班场合穿着的服装,多半式样简单、彩度较低,因此,需要靠饰品搭配,才能显出服装的价值,以及自己的个性,更能让单调的服装增色。只要把握下列几项原则,就不致搭配得太离谱。

◆ 选择简单中带有典雅风格的饰品,颜色单纯,线条利落,造型要配合服装及化妆。设计大胆夸张、颜色鲜艳、金光闪闪、孩子气重的应避免佩戴。
◆ 耳环应避免有垂坠。
◆ 如果工作时会碰击任何办公器材,请勿佩戴戒指或手链。
◆ 为了安全起见和避免张扬,工作场合应避免佩戴过于昂贵的宝石。
◆ 与丝巾搭配的环扣,也是重要的饰品,尤其是在冬天,运用的机会特别多。
◆ 手表也可以当饰品,不妨多准备几款。
◆ 冬天可以选择亮度较高的胸饰,夏天则应选择质料较轻巧的胸饰。
◆ 切勿戴脚链,手链应避免配有响铃。
◆ 应避免过宽的腰带,皮带头也不可太过夸张。
◆ 平时多准备几款饰品,挑选出上班时常用的,装成一盒,可以节省不少选择搭配的时间。

◆ 佩戴饰品时，也要讲求简单大方，尽量避免太过繁复的搭配。如戴了耳环、项链，再搭配胸饰；用了丝巾环扣又加上胸饰；戴了手表、戒指又戴上手链。上述这些搭配方式都会显得太过复杂。

（2）男性汽车销售顾问需修饰的几个方面

男人爱美不像女人那般投入，但若不注意自己的形象，就会成为时代的落伍者。一个头发杂乱、衣着不整、眼神散漫的男人，会得到客户的信赖吗？结论当然是会影响他的交际和正常生意。男销售员尤其应该保持整洁大方的形象。

◆ 如身上有异味，则要经常清理。
◆ 胡须、头发常清理。
◆ 衣装不要太随便。
◆ 精神面貌不容忽视。

（3）西装的着装要求

西装是目前世界各地最常见、最标准、男女皆用的礼服。西装的最大特点是简便、舒适，它能使穿着者显得稳重高雅、自然潇洒。西装与衬衫、领带、皮鞋、袜子、腰带等是一个统一的整体，只有它们彼此间统一、协调，才能衬托出西装挺括、飘逸、光彩夺目的美感。下面按从内到外、从上到下的顺序简述一下西装的穿着礼仪。

1）衬衫的选择与穿着。能与西装相配的衬衫很多，最常见的是白色或其他浅色。领子应是有座硬领，衣领的宽度应根据自己的脖子长短来选择，比如说：脖子较短的人不宜选用宽领衬衫；相反，脖子较长的人也不宜选用窄领衬衫。领口不能太大，也不能太小，以扣上领口扣子以后，自己的食指能上下自由插进为比较标准。袖子的长度以长出西装袖口2cm左右为标准。

衬衫在穿着时，长袖或短袖硬领衬衫应扎进西裤里面，短袖无座软领衬衫可不扎。如果在平时，长袖衬衫不与西装上装合穿时，衬衫领上面的扣子可以不扣，让其敞开，但一般只能敞开一粒扣子，袖口可以挽起，但一般只能按袖口宽度挽两次，绝对不能挽过肘部。如果与西装上衣合穿，或者虽不合穿，但要配扎领带时，则必须将衬衫的全部扣子都系好，不能挽起衣袖，袖口也应扣好。

2）领带的选择与系扎。领带是西装的灵魂，在西装的穿着中起着画龙点睛的作用，经常出席较正式场合的男士应准备七条左右的领带。

领带选择的基本原则是：衬衫、领带与西装三者之间要和谐、调和。比如说，西装和领带的花纹不能重复；如果衬衫是白色的，西装是深色的，那么领带就不能是白色的，而应是比较明快的颜色；如果衬衫是白色的，西装的颜色朴实淡雅，领带就必须华丽、明快一些。当然，这三者的色彩关系还应照顾到穿着者的肤色、年龄、职业、性格特征等。

领带除色泽外，还应注意种类、质地、款式等。在比较正式的礼仪场合，领带应选配质量好一点、款式新一点的一般型领带，而不要选易拉结。

在他人面前系领带，最好不要将衬衫领子竖起来再套上去，而应先将领带平整地套在衣领外，然后将宽的一头轻轻压入领角下，抽拉窄的一端，使领带自然滑进衣领内。

领带系好后，应认真整理，使之规范、定型，领带上片的长度以系领带者呈标准姿势站立时，领带尖正好垂至裤带带扣中央下沿为最佳。

如果配有西装背心或毛衣、毛线背心，领带须置于它们的里面，且下端不能露出领带头。前开身毛衣不宜紧贴西装内穿，毛衣、毛背心不能扎束在裙子或裤子里面。

3）西装上衣的选择与穿着。选择西装以宽松适度、平整、挺括为标准。

当穿好西装后，两臂自然下垂时，两肩以及前、后襟应无褶皱，两袖的褶皱不明显，衣领要平整、无翻翘之处。

穿着西装时一定要系好领带，同时注意外衣、衬衫和领带颜色的调和。

西装纽扣的功能主要在于装饰，其前襟纽扣的扣法，可以从以下四句话去把握：扣单粒为正式，两粒都扣显土气，一粒不扣是潇洒，只扣下粒便俗气。

西装上衣的几个前襟外侧口袋，都是装饰用的。除左上方的口袋可以根据需要置放折叠考究的西装手帕外，其余的口袋不应放入任何东西，以保证西装的"笔挺"，钱夹、名片卡、手纸、钥匙等物品应放入西装前襟两边内侧的口袋里。

4）手帕、手表的选择。西装手帕是正式场合的装饰之物，男士的装饰手帕一般是白色的，女士的装饰手帕除白色外，还可有粉红色、灰色等。

穿着西装时，最好佩方形手表。

5）西裤与腰带的选择。西裤的选择除面料外，主要应考虑两个因素：一是大小，二是长短。西裤的腰部大小要适中，选择方法是，将前面的扣子扣好，拉链锁上之后，一只手的五指并拢，看看手掌能否自由地插进，如能，则大小合适。西裤长短的选择可以这样，将裤扣扣好，让裤腰下沿正好接于胯骨上沿，两腿站直，这时，若裤脚下沿正好接于脚面，则最标准。西裤的两侧口袋不宜放置物品，特别是容易造成隆起的物品。

由于西裤腰带的前方显露于外，因此，必须以雅观、大方为原则进行选择。一般来说，西裤腰带的颜色以深色，特别是黑色为最好；带头既要美观，又要大方，不要太花哨；腰带的宽度以 2.5~3cm 为佳，具体宽度应考虑一下自己的体型。腰带扎好后，不应在腰带、裤鼻上扣挂钥匙等物品。

6）鞋袜的选择。俗话说："脚底无好鞋，显得穷半截"，可见鞋的重要性。我们常用"西装革履"来形容一个人的正规打扮，由此可见，正式场合穿西装就得穿皮鞋，不能穿凉鞋、球鞋或旅游鞋。皮鞋以黑色系带皮鞋为上乘，偶尔也穿深色咖啡色皮鞋，鞋面一定要整洁光亮。

着西装时，袜子应长一点，以坐下跷腿时不露出小腿为宜。袜子的颜色最好是深色，或者是西装和皮鞋之间的过渡色。女士如穿裙子，应穿 4/4 的袜子或连裤袜，不要将袜头或腿露在外面。穿薄料子的衣服时，里边的衬裙应长度合适，不要太露。

4. 良好的语言表达能力、沟通能力、现场应对能力

销售顾问的主要工作就是接待客户、和客户沟通、了解客户的需求、展示产品、处理客户的异议，最后完成交易。语言表达能力、沟通能力、现场应对能力显得尤为重要。良好的语言表达能力并不是能"说"能侃就行，而是要说得头头是道，令人信服。这时的"说"是要有条理性、逻辑性地说。

（1）沟通能力

沟通能力，就是要和客户沟通，了解客户的需求。一个成功的销售顾问应该是销售给客户一辆让客户不后悔的车，只有这样客户才会信赖你，才会帮你做销售。怎么样才能做到这点呢，那就是要和客户沟通，了解客户的真正购车需求。只有了解客户的需求后，才能为客户量身定做一套属于客户的购车方案，这样销售给客户的车才是最适合客户的。

沟通技能的提高不仅对于销售行为有着明显的促进作用，甚至对周围人际关系的改善都起着明显的作用。在销售的核心技能中，沟通技能被看成是一个非常重要的技能。而在沟通中最重要的不是察言观色，也不是善辩的口才，许多销售顾问可能知道答案是什么，是倾听。倾听是沟通中的一个非常重要的技能，但是，比倾听更加重要以及更加优先的应该是在沟通中对人的赞扬。因此，在测试销售顾问的核心实力中，赞扬就是销售沟通能力中一个非常重要的指标和技能了。

赞扬他人的本能一般人都有，但是运用在销售和与客户沟通的过程中缺乏系统性。汽车行业的销售顾问应该如何运用它呢？有以下三个基本的方法需要反复练习和掌握。

在客户问到任何一个问题的时候，都不要立刻就该问题的实质内容进行回答，要先加一个沟通中的"垫子"，这里说的垫子，就是我们上面提到的赞扬。

客户问："听说，你们最近的车都是去年的库存？"（一句非常有挑衅味道的问话）

销售顾问："您看问题真的非常准确，而且信息及时。您在哪里看到的？"（最后的问话是诚恳的，真的想知道客户是怎么知道这个消息的）

没有参加过培训的销售顾问回答多数是直接的，如下：

销售顾问："您听谁说，不是的，我们现在的车是最新到货的。"（客户会信吗）

> 经常赞扬客户的观点和看法，尤其是客户对汽车的任何评价和观点，从而建立良好的沟通方式。记住：沟通中最重要的不是察言观色，也不是善辩的口才，你们知道是什么吗？比倾听更加重要以及更加优先的应该是在沟通中对人的赞扬。
>
> 任何人都渴望成功，渴望实现自己的理想。成功学的图书有一千多册，其中主要有三个流派，第一个是最早的戴尔·卡耐基流派，第二个是最系统的拿破仑·希尔流派，第三个是比较现代的奥格·曼狄诺流派。虽然成功学中的三个主要流派各有各的特点和长处，但是在赞扬别人这个方面他们是共通的。卡耐基有专门的培训课程就是如何赞扬他人，该课程是一项7小时的课程，但是要求参与的学员通过半年的时间来实践，从而彻底提升自己周围的人际关系。
>
> 运用赞扬的技巧切记：真诚、要有事实依据。

（2）应变能力

现场应变能力就是面对不同客户、不同问题的灵活、机智、快速反应处理能力。也就是面对机遇时能牢牢把握，面对危机时能化"危"为"机"。

三、销售顾问的售前准备工作

当您决定加入销售顾问的行列后，您一定要做些准备工作。越有准备，便越有把握，有把握便会有运气。

1. 练好口才

（1）打开陌生人的嘴

如何发展客户的网络呢？陌生人是生意的生命之源，但陌生人好像建屋时的砖头瓦块一样，本身是不能搭建成屋子的，如何将陌生人变成客户呢？您要列一个表，统称为资料储备库。

列出您所有认识的人的名字之后，再将您知道的资料写下来，例如年龄、婚姻状况、家庭、收入、职位以及可以见面的机会等，然后在每一个资料上写一个数目字，最后您将这些数字加起来,您便会为自己制定出一种见人的冲动。这是做过准备工作而培养出来欲望:整天幻想做白日梦的人,是没有内心的热诚和冲动的。

有了见客户的方向之后,要如何落实?

首先,我们要决定,见客户谈生意的时间要多久呢?以不超过15min为限。生意主体应该是一针见血,切勿拖泥带水,越涉及枝节,越减低震撼力,在这15min之内,究竟要讲些什么话呢?

既然只有15min,千万要迅速引起他的注意力及兴趣。那么,首先要做到的是让您的话具有震撼力。

(2)话语更具有震撼力

汽车销售人员要掌握一套有效果、有目的、具有震撼力的话语。为了让要说的话能够产生效果,您要好好准备自己的表达方法。那么如何练习呢?

首先,您将要讲的话写出来,反复修改:由开始的5000字到4000字,再到3000字,每一次的改变,您都会得到一次全新的收获。天下最好的老师是自己累积回来的经验,而经验是碰钉子碰回来的。

将写好的讲词再熟读:慢慢来,这是要经过时间的。当您念熟之后,您便会产生一股自然感和压迫力。这种出自熟能生巧的力度,并不是高压力,也不是死缠烂打的"烦"劲。客户会因为您的熟练和投入,而产生信任。

最后,练好功夫之后,要找人过招。首先,您可以把洗手间的门关上,对着镜子练习表情。有了把握之后,便和人对拆,最好是直属上司,操练纯熟之后,您的自信心便会建立起来。

准备好、苦练好才去见客户,有什么好处呢?

收获大:全世界最残酷的惩罚就是在商场,一句话讲错,便失去了一单生意。您在百货公司购物,营业员一句话讲错便可能让您远离这个百货公司,失去的又何止一单生意。机器纺出来的布是平整的、均匀的,手工纺出来的布力道是不一的。话不是随意说的,要经过组织、系统分类,讲出来才会产生震撼力。

令客户信服感动:熟练、顺利、流畅的话语,令您有系统地表达思想,令客户信服感动。自己讲得流畅的时候,信心便不断地增加。人生除了赚钱之外,最需要的,其实是赢取他人的尊敬和赞赏。

2. 积累客源

做销售难,难就难在不认识人。相信任何做销售的人都有同感。怎样才能突破认识人的难关呢?首先要将认识人这个步骤列为工作的一个部分。

要立志做一个成功的销售顾问,首先要定下一个目标。每天最低限度和四个陌生人认识并倾谈。如果您每天要和四个陌生人谈生意,您一定感到有压力,但当您转变心态,去认识四个朋友,了解他名字上的特色和出处,指出其与众不同的地方,了解他的工作情况,明白他在工作上的困难以及体验他保持今天成就的窍门,相信陌生人也乐意向您吐苦水。只要您成为好听众之后,陌生人便会与您成为好朋友。由陌生人变成朋友,由朋友变成客户,这个方程式是要遵守的。

既然要每天认识四个人,就一定要将认识人这件事变成生活的一部分,很有纪律地遵守,否则不吃饭。

当您回家的时候,首先要自我检讨一下,今天是否已经认识了四位陌生人呢?吩咐家人每天下班后都要问你一个问题:"今天认识四个人了吗?"如果还没有达到目标,您一定要急急忙忙吃完饭便起身，走出家门去和人攀谈。您有这么多邻居，这么多朋友，或者到附近的酒吧茶楼。请记住交朋友的宗旨：您的目的是告诉人家您是要和人家交朋友的，至于销售，6个月后再说吧！试试这个方法吧！如果您没有足够的客户或者朋友，您是根本不能在商场立足的。

当您养成了这种习惯并督促自己执行之后，您便会将工作变成一种乐趣。不过，您要遵守一个原则，切勿存有因为要做生意而去结识朋友的心态，您第一次认识人，是显示了您对人的关心罢了，至于生意，一定要将陌生人变成朋友之后才方便开口，否则，认识人的过程将会变成压力，大打折扣了。

认识朋友这个步骤，是一个工作和生活上的需要和习惯，切勿偶尔为之，一定要每月每天地做，才会有结果。销售顾问认识朋友，犹如一家石油公司一般，石油公司在提取石油之前，早已投入了大量的资金去购置工具机器，又要聘请大量人员来进行开采和钻探工作。石油公司投下大量金钱去做一些不知有没有结果的钻探工作，但他们的心态认为这是成功之前的必然投资。做销售的人可能认识了100个人才得到一单生意，但这并不代表浪费了99个人，因为我们得到了一个结果，得到了一个好客户，这是做销售的心态和代价。因为先99个人的投资，才有一个人的收获。

当然，一般销售人却不是这么艰苦，要99个工作才得到一个回报。现实的情形是：当我们认识25个人之后，我们往往得到5个谈生意见面的机会，在这5个会面的机会中，我们将达成一单生意。所以，我们要保持一个记录，每做完一单生意之后，我们要保持25个人的存货，否则，我们的生意会变得越来越困难了。

3. 专业的训练

专业销售人才是训练出来的，不是天生的。你想想看，如果是天生的，何以顶尖的销售人才都集中在施乐、IBM、AVON（雅芳）、TOYOTA（也就是丰田汽车）等公司呢？何以代表这些公司的每一位销售顾问，都具备一流的专业销售技巧呢？没有别的原因，因为这些公司都有自己优秀的培训团队，懂得如何训练出一位专业的汽车销售顾问。

施乐、丰田都以拥有优秀的销售顾问在业界享有盛名，他们也正是凭着销售顾问的专业销售能力，在竞争激烈的市场环境中创造了竞争上的优势。他们是如何做到的呢？

首先，他们都坚信销售顾问是训练出来的。因此，他们从不吝惜投入金钱与时间去训练销售顾问，并投入庞大的资金设立自己的训练机构，开发各阶段的业务训练教材。每位销售顾问从踏入公司的那一刻起，就要不断地接受训练。

施乐的一位训练主管曾说："我们最喜欢训练那些刚步入社会的新人，他们就像一张白纸，可塑性高。在基础销售训练的课程中，参加训练的销售顾问虽然每个人领悟的快慢有别，但是经过多次反复的练习之后，每位销售顾问都能够达到我们期望的标准。您能够感受到他们进步神速，有如一些刚学步的幼儿！您看着他们跌跌撞撞，但不久他们每一个都能在您面前表演出走路的样子。"

在日本，素有"技术的日产，丰田的营销"这项美誉，丰田公司拥有大批的优秀汽车销售顾问，10年前，在日本就有35500位优秀汽车销售顾问，这些汽车销售顾问都要经过1年的训练期，才能成为一位正式的汽车销售顾问。新人在进入公司后的前4个月交由机械部门训练，让汽车销售顾问对汽车的构造有个透彻的了解，接下来的2个月，开始接受销售训练。训练的重点分为两个部分，一个是"人间性"，另一个是"科学性"。

"人间性"指的是汽车销售顾问要了解客户的人性面、感情面及客户所处的立场，也就是我们通常所说的"情商"的培养,同时还要注重汽车销售顾问所需的毅力、诚实、态度等的修行;而"科学性"的重点是计划性的销售商品知识的充实以及销售技巧的训练。经过训练后,新进的汽车销售顾问实际配属到各分公司的营业所,由分公司营业所的资深汽车销售顾问带领,做实战练习。

丰田对汽车销售顾问采用的看法是,除了极端胆怯及没有一点毅力的人以外,都能被训练成一位优秀的汽车销售顾问。与其辩才无碍,不如能注意倾听、心胸开阔,这更容易成为一流的销售人才。

施乐也好,丰田也罢,只要你去了解他们,你就知道不是上天特别厚爱,让他们拥有优秀的销售顾问,优秀的销售顾问是他们训练出来的。

对所有的潜在客户来说,产品是不会说话的,你所销售的产品和竞争对手销售的产品在本质上是没有区别的。所有的汽车都是交通工具的一种,为什么有的客户选择了福特,有的客户却选择了本田呢?如果福特的汽车销售顾问改做本田的汽车销售顾问,本田的汽车销售顾问改去销售福特车,你会发现他们依然在各自的岗位上做出很好的业绩。

任务二　4S 店售前准备

一、销售工具准备

1)准备名片和笔(红、黑各一),均应能正常使用(图2-1)。

图 2-1　文具的准备

2)准备好常用的表单资料,每类表单保证至少有 10 页空白,能持续记录。

二、饮料茶水准备

1)展厅内必须准备饮料车及 3 种以上的饮料(图2-2)。
2)保证纸杯的充足,不低于 20 只,准备好托盘,人多时使用。

三、车辆准备

1)展车保持正常销售状态,按《品牌汽车终端布置标准》执行(图2-3)。

图 2-2 饮品的准备

图 2-3 车辆的准备

2)试乘试驾车需每天进行清洁,并符合《品牌汽车终端布置标准》。

四、排班准备

1)做好前台轮班人员的安排(图 2-4),制定《前台轮班表》,保证展厅内有两人接待,当接待客户时,用耳麦通知下一个人来顶替。

图 2-4 值班的准备

2）做好当日值班人员的安排；值班人员应每小时巡视展厅一次，检查展车及展厅内部环境整洁与否。

五、电话准备

销售热线在营业时间内安排值班人员接听（图2-5），非营业时间有转接功能。

图 2-5　销售热线

六、展厅准备

1）展厅卫生有专人维护，自 8∶30 开始（依据当地作息时间），每隔 2h 对展厅进行一次维护（图2-6）。

图 2-6　展厅维护

2）展厅内音响、温度、绿化符合《品牌汽车终端布置标准》（图2-7）。

3）销售经理每日 9∶00 之前使用《营业前5S检查表》（图2-8）对展厅实施检查，如有问题立即整改。

图 2-7　展厅布置标准

展厅车辆 5S 管理检查表		负责人	
5S 项目管理检查车型		时间	
项目	内容	要求	
车身漆面部分	前保险杠、LOGO、发动机舱盖、前左右翼子板、后视镜外壳、车顶(天窗)、四车门、门把柄、防擦条、后左右翼子板。行李舱盖，后保险杠	不得有手印、尘土、水痕等，并保持整洁、光亮	
车身玻璃部分	前风窗玻璃、车外后视镜面、侧风窗玻璃、后风窗玻璃，车内后视镜面、玻璃胶条	不得有手印、尘土、水痕等，并保持整洁、光亮	
发动机部分	冷却液、制动液、洗涤液、转向助力液、电解液、空调制冷剂，机油，发动机舱内所有电器设备的清洁	检查各油液面高度，如不够及时通知技师进行添加。所有电器设备保持清洁、光亮	
底盘部分	减振器，挡泥板，轮胎、车轮、车轮螺栓盖，轮毂，展示板	不得有手印、尘土、水痕等，并保持清洁。光亮，LOCO 需与地面保持垂直	
车内饰部分	四车门内饰板、顶逢、遮阳板、方向盘、仪表台、储物箱、CD 收放机、地毯、座椅及头枕、安全带、各电器开关	内饰不得有污迹，座椅及头枕，各电器开关等调回原始位置。CD 收放机调至 FM100.0 或 FM94.5 频道	
行李箱部分	行李舱盖上的字标、LOGO、备用轮胎、千斤顶、三角牌，随车工具	不得有脱落，污迹，各随车物品按指定位置放置	

图 2-8　展厅车辆 5S 管理检查表

复习思考题

1. 优秀销售顾问应具备哪些素质和能力？
2. 如何理解社会知识？丰富自己的社会知识有哪些途径？
3. 怎样提高自己的语言表达能力、沟通能力、现场应对能力？

项目三 客户接待

学习目标

1. 了解客户接待工作的标准。
2. 掌握电话接待、展厅接待客户的技巧。

案例导入

  这是美国中部一个普通城市里一个普通地区的一家比较知名的车行。这个车行展厅内有6辆各种类型的越野车。这天下午，阳光明媚，微风吹拂，让展厅看起来格外明亮，店中的7个销售顾问都各自在忙着自己的事情。

  这是一个普通的工作日，一对夫妻带着两个孩子走进了车行。凭着做了10年汽车销售的直觉，乔治认为这对夫妻是真实的买家。

  乔治热情地上前打招呼（汽车销售的第一个步骤——客户接待），并用目光与包括两个孩子在内的所有的人交流，目光交流的同时，他做了自我介绍，并与夫妻分别握手。之后，他看来是不经意地抱怨天空逐渐积累起来的云层，以及周末可能来的雨雪天气，似乎是自言自语地说，也许周末的郊游计划要泡汤了。这显然是很自然地转向了他需要引导到的话题。他诚恳地问："两位需要什么帮助？"——消除陌生感，拉近陌生人之间距离的能力。

  这对夫妇说他们现在开的车是福特金牛，考虑再买一辆新车，他们对越野车非常感兴趣。乔治开始了汽车销售流程中的第二个步骤——搜集客户需求的信息。他开始耐心、友好地询问：什么时候要用车？谁开这辆新车？主要用它来解决什么困难？在彼此沟通之后，乔治开始了汽车销售的第三个步骤——满足客户需求，根据客户的需求推荐符合客户需求的产品给客户。他们开始解释说，周末要去外省看望一个亲戚，他们非常希望能有一个宽敞的四轮驱动的汽车，可以安全以及更稳妥地到达目的地。

  在交谈中，乔治发现了这对夫妻的业余爱好，他们喜欢钓鱼。这样的信息对于销售顾问来说是非常重要的。这种客户信息为销售顾问留下了绝佳的下一次致电的由头。汽车销售不是一个容易学习和掌握的流程性工作，它不像体育运动，体育运动是只要按照事先规定的动作执行，执行到位就可以取得比一般人好的成绩，而在销售工作中，既有流程性质的内容，也有非常灵活的依靠某种非规则性质的内容。比如，掌握及了解客户业余爱好的能力，就是被大多数销售顾问所忽视的，甚至根本就不会去考虑。优秀的销售顾问一直认为自然界中"变色龙"的技能对销售过程最为有用。客户由此感知到的将是一种来自销售顾问的绝对真诚、个性化的投入和关切。在这种感知下，客户会非常放心地与销售顾问交往。由此，在上述的案例中，乔治展现出自己也对钓鱼感兴趣，至少可以获得一个与客户有共同兴趣的话题，从而建立起与客户在汽车采购以外的谈资。

乔治非常认真地倾听来自客户的所有信息，以确认自己能够完全理解客户对越野车的准确需求，之后他慎重而缓慢地说："车行现在的确有几款车可以推荐给你们，因为这几款车比较符合你们的期望。"——销售流程中的第四个步骤：产品展示。他随口一问：计划月付多少车款？此时，客户表达出先别急着讨论付款方式，他们先要知道所推荐的都是些什么车，到底有哪些地方可以满足他们的需要，之后再谈论价格的问题（客户的水平也越来越高了）。

乔治首先推荐了"探险者"，并尝试着谈论配件选取的不同作用。他邀请了两个孩子到车的座位上去感觉一下。因为两个孩子好像没有什么事情干，开始调皮，这样一来，父母对乔治的安排表示赞赏。

这对夫妻看来对汽车非常内行。他推荐的许多新的技术、新的操控，客户都非常熟悉，由此可见，这对夫妻在来之前一定搜集了各种汽车方面的资讯。目前，这种客户在来采购之前尽量多地搜集信息的现象是越来越普遍了。40%的汽车消费者在采购汽车之前都通过互联网搜索了足够的有关信息来了解汽车。这些客户多数都是高收入、高学历，而且多数倾向购买较高档次的汽车（如越野车），从而也将为车行带来更高的利润。其实，客户对汽车越是了解，对汽车的销售顾问就越有帮助。但是，现在有许多销售顾问都认为这样的客户不好对付，太内行了，也就没有任何销售利润了。乔治却认为，越是了解汽车的客户，越是没有那些一窍不通的客户所持的小心、谨慎、怀疑的态度。

这对夫妻看来对"探险者"非常感兴趣，但是，乔治也展示了"远征者"——一个较大型的越野车，因为，后者的利润会多一些。这对夫妻看了一眼展厅内的标有价格的招牌，叹了口气说，超过他们的预算了。这时，乔治开了一个玩笑："这样吧，我先把这个车留下来，等你们预算够了的时候再来。"客户哈哈大笑。

乔治此刻建议这对夫妇到他的办公室来详细谈谈。这也就是汽车销售流程中的第五个步骤——协商。协商通常都是价格协商。在通往办公室的路上，他顺手从促销广告上摘了两个气球下来，给看起来无所事事的两个孩子玩，为自己与客户能够专心协商创造了更好的条件。

汽车行销售顾问的办公桌一般都是两个倒班的销售顾问共同使用的，但是，尽管如此，乔治还是在桌上放了自己以及家人的相片，这其实是另外一个与客户有可能谈到的共同话题。他首先写下夫妻俩的名字、联系方式，通常采购汽车的潜在客户都不会是第一次来就决定购买，留下联系方式，以便将来有机会在客户到其他的车行都调查过以后，再联系客户成功性会高许多。他再一次尝试着先问了客户的预算是多少（销售流程的异议处理），但客户真的非常老练，反问道，"你的报价是多少？"乔治断定他们一定已经通过多种渠道了解了该车的价格情况，因此，乔治给了一个比市场上通常的报价要低一点的价格，但是，客户似乎更加精明，面对他们的开价，乔治实际只能挣到65美元，因为这个价格仅比车行的进价高1%。乔治表示出无法接受，于是，乔治说，如果按照你们的开价，恐怕一些配置就没有了。于是，乔治又给了一个比进价高6%的报价。经过再次协商，乔治最终达成了比进价高4%的价格。对于乔治来说，这个价格利润很薄，不过还算可以了，毕竟，客户第一次来就能够到达这个步骤已经不错了，而这个价格则意味着车行可以挣到1000美元，乔治的提成是250美元。

乔治非常有效率地做好了相关的文件，因为需要经理签字，只好让客户稍等片刻。通常，对于车行的销售经理来说，最后检查销售顾问的合同并予以确定是一个非常好的辅导缺乏经验的销售顾问的机会。乔治带回经理签了字的合同，但在这时，客户却说他们还需要再考虑一下。此时，乔治完全可以使用另外一个销售中的技巧——销售流程中的促成成交环节，那就是压力签约。他可以运用压力迫使客户现在就签约，但是他没有这样做，他宁愿让他们自由地离开。这其实也是这个车行的自我约束规则，这个规则表示，如果期望客户再回来，那么不应使用压力，应该让客户在放松的气氛下自由地选择（受过较高的教育的客户绝对不喜欢压力销售的方式）。乔治非常自信这个客户肯定会回来，他给了他们名片，欢迎他们随时与他联系。

两天以后，客户终于打来电话，表示他们去看了其他的车行，但是不喜欢他们的车，准备向乔治购买他们喜欢的车，虽然价格还是高了一点，但是可以接受。他们询问何时可以提车？令人高兴的是，车行里有现车，所以乔治邀请他们下午来。

下午客户来了，接受了乔治推荐的延长保修期的建议，并且安排了下一次维护的时间，还介绍了售后服务的专门人员——汽车销售流程的最后一个步骤，售后服务安排。并由专门的维护人员确定了90天后回来更换发动机滤清器。这个介绍实际上是要确定该客户这个车以后的维护、保养都会回到车行，而不是去路边廉价的小维修店。

世界各地的汽车消费者应该是不同的，比如他们关心的内容会有差别，他们采购时对品牌的看法也有差别。汽车本身作为一个大众消费的产品，对于中国大多数的消费者来说，仍然需要度过一个圆梦阶段。许多采购汽车的消费者不是因为真正需要汽车而采购，而是抱着一种因为单位的其他同事有了车自己也应该有一辆的心态而采购的。于是在中国，汽车消费者在购买汽车后的2年时间里，仅仅开了不到2000km的情况也就不足为奇了。也正因此，使得许多廉价的汽车占到了一定数量的市场份额。那么，我们试问，圆梦阶段以后呢？有没有已经进入成熟消费过程的消费者呢？他们的消费行为有什么特点呢？这些都将是我们需要进一步了解的中国汽车消费者的消费行为。

案例分析

规范汽车的销售流程能提升销售顾问的营销技能和客户满意度，也是销售顾问完成销售任务的基本保证。作为一名汽车销售顾问，必须对销售流程非常熟悉。只有对销售流程非常熟悉，才能严格按流程执行，服务好客户，完成销售任务。

任务一　客户接待标准

一、目的和意义

1. 引导客户进入舒适区

主动迎接客户，减少客户被冷落的现象，让客户体会到客户至上的理念和品牌形象；通过热情、真诚的接待来消除顾客的疑虑和戒备，营造轻松、舒适的购车环境；努力与客户建立一种私人关系，更是让客户在展厅逗留更长时间，或愿意与我们再次联系，获得预约时间。

2. 初步了解客户需求

销售顾问需要尽可能多地搜集来自客户的所有信息，以便充分挖掘和理解客户购车的准确需求。销售顾问的询问必须耐心且友好，这一阶段很重要的一点是适度与信任。销售顾问在回答客户的咨询时服务的适度性要很好地把握，既不要服务不足，也不要服务过度。这一阶段应让客户随意发表意见，并认真倾听，以了解客户的需求和愿望，从而在后续阶段做到更有效地销售。销售顾问应在接待开始便拿上相应的宣传资料,供客户查阅,加深与客户之间的感情。

3. 树立销售顾问的个人形象

客户接待使客户对汽车品牌形成一种正面形象,可以在客户心目中树立销售顾问专业、可信赖的个人形象,降低客户的提防心理,从而得到客户的认可。

二、工作标准

1. 电话接待工作标准

1)在电话铃响 3 声之内(彩铃 10s 内)接听所有电话,清楚说明专营店的名称和自己的姓名(图 3-1)。

图 3-1　铃响 10s 内应接电话

2)回答客户前先问客户怎样称呼,以后的通话中使用尊称。

3)回答客户问题,如果问到价格时,按要求只报价,不谈价(图 3-2)。

图 3-2　电话报价

4)如果需要转接客户电话,必须用手遮住话筒(图 3-3)。

5)如被访者不在或正在忙,可请客户留下电话、姓名,待有空回过去。

6)如果有其他客户进店或经过身边,起立、微笑并致意。

7)铃响超过 3 声后接听客户电话,应该先向客户致歉。

8)如果接到客户不满和抱怨,要认真聆听,做好记录转交并第一时间处理。

图 3-3　错误的电话转接

9）对于客户讲述的重点事项，要用自己的话复述客户的意思。

10）销售顾问应主动邀请客户来展厅看车或试乘试驾（图 3-4）。

图 3-4　邀约客户试乘试驾

11）销售顾问介绍当期举行的促销/店头活动，为每一位来电客户提供邮寄/电邮资料服务（图 3-5）。

12）在感谢客户以及说"再见"之前，询问客户还有其他什么要求。

13）主动留下客户联系方式（除电话外，还可以询问 QQ、MSN、邮箱等）。

14）对客户的来电表示感谢，等客户挂电话之后再轻轻挂断电话（图 3-6）。

15）发感谢短信，告知客户本人和专营店的地址（图 3-7）。

16）填写《来电客流量登记表》和《客户管理卡》（图 3-8）。

项目三 客户接待

图 3-5 邮寄店头资料给客户

等客户挂电话之后再轻轻挂断电话

图 3-6 挂断电话的方式

图 3-7 给客户发感谢短信和公司地址

图 3-8　填写来电客流量登记表

2. 展厅接待工作标准

（1）客户在门口时

1）前台 2 名销售顾问，有客户来时，1 名销售顾问主动出门迎接（图 3-9）。

图 3-9　销售前台值班

2）客户驾车来店时，销售顾问至停车场迎接，引导客户停在离展厅最近的停车位上，并为开车客户打开车门，手护额部，表示尊重（图 3-10）；若客户停车位不足时，为客户提供代客泊车服务。

3）雨雪天和炎热的夏日，到门外迎接客户，主动为客户打伞遮阳挡雨（图 3-11），雨雪天气，为客户提供雨伞罩和雨衣存放处。

4）询问客户来访专营店的目的是看车还是修车，是否有认识的销售/服务顾问。

图 3-10 到停车场迎接客户

雨雪天和炎热的夏日,到门外迎接客户,主动为客户打伞遮阳挡雨

图 3-11 为客户打伞

(2)客户进店时

1)客户进店时,前台人员以微笑相迎,并鞠躬 10°~15°(图 3-12),亲切问候"上午好/下午好,欢迎光临"。

2)如果有 1 名销售顾问去接待客户,则前台接待通过耳麦告之办公室内销售顾问补充到前台。

3)若有多人来店时,不可忽视任何人,如果客户分散赏车,则使用耳麦寻找其他人员支援。

4)若有儿童随行,则征询家长意见,协助客户照看好儿童。

5)向客户做自我介绍,表情一定要愉悦。

6)询问客户称谓,在和客户沟通中,至少三次提到客户的尊称(图 3-13)。

图 3-12 欢迎客户

问过别人姓氏后,一定要记住,和客户交谈时一定要称呼客户的姓。

图 3-13 请问客户称呼

7)询问客户如何才能为他提供帮助,并引导客户到洽谈舒适区。

8)若客户找人,则使用耳麦立即联系被访者,不能够仅仅指示一下,然后请客户到休息区等候,为其提供饮品。

9)若客户来找其他销售顾问,则该销售顾问必须能叫出客户的姓氏称呼。

10)确认客户只是想一个人随意参观时,通过感谢客户的光临适时离开,但要保持适当距离(3m),时刻关注客户需求。

（3）客户进店后

1）向客户递上自己名片的同时，索要客户名片；客户坐下后，主动提供三种以上免费饮品供客户选择。

2）询问客户应如何为他提供具体的帮助；通过询问了解客户目前所处的购车决策阶段和购车预算。

3）选择合适的时机和技巧，留下客户资料。

4）时刻注意客户饮品，少于1/2时，立即为客户续杯，如果客户离开后再坐下，为客户换杯。

5）专营店的所有员工在接近客户3m内时都要主动点头示意、问候（即使忙于其他工作）。

（4）客户离店时

1）客户离店时这是争取留下客户联系方式的最后机会了。

2）提醒客户带走产品资料及名片。

3）将客户送出展厅，感谢客户惠顾，并主动邀请客户下次到店。

4）微笑、挥手、目送客户离店。

（5）客户离店后

1）洽谈后展车座椅归位，打扫干净洽谈桌，将看过的车辆擦拭干净。

2）及时补充填写《到店客流量登记表》和《客户管理卡》。

3）客户离店后10min内发送接待短信，加深客户的印象。

4）客户离店后20min内，客户关系部对客户进行简短回访，询问客户对接待的评价。

任务二　客户接待技巧

一、客户的想法

1. 客户希望

1）客户希望通过打电话同样可以获得想要的信息，致电询问时应尽快接听电话，铃响3声之内如无人应答会有不好的感觉。

2）客户希望有热情礼貌的接待，期待有让自己放心的销售顾问接待我，如果是再次到展厅，希望销售顾问能够记得自己的称呼。

3）客户希望在展厅有宾至如归的感觉，对自己提出的疑问都耐心地解答。

4）客户希望在自己需要的时候能够得到及时的帮助。客户在看车的时候不希望被打扰，而在需要帮助的时候，又希望能够得到及时的帮助。

2. 客户不希望

当客户进入展厅查看自己感兴趣的车时，他不希望旁边有人打扰他，特别不喜欢公司的销售顾问在旁边喋喋不休。在我们日常的工作当中经常会出现这样的情况，客户有可能是一个人，也可能是两个人或三个人结伴而来，他们站在自己感兴趣的车面前看车，一边看一边品头论足。有些销售顾问看到这种情况之后，就跑过去准备接待他，而这些客户看到销售顾问走过来，他们马上就拔腿走了（图3-14）。

1）客户不希望有压力，喜欢在轻松的氛围中多待一些时间，希望专营店能了解自己的需求并提供相应的服务，而不是被强拉着听车辆介绍。

2）客户不希望在参观展示厅时销售顾问离得远远的，当有问题的时候都不知道问谁。

图 3-14　客户为什么离开

二、销售顾问的误区

1. 急于上前接待

销售顾问常见的想法是急于上前接待，可以说 80%~90% 的销售顾问都抱有这种心理状态。有的客户还没进门，销售顾问就跃跃欲试准备去接待了。

2. 主动放弃客户

当客户来到专营店时，销售顾问就应通过他的着装、行为、语言，来判断客户属于哪一类人群，是主导型的、分析型的，还是社交型的。然后通过这些信息的传递，销售顾问会得出这些客户的意向级别，是进来看看车的，还是进来躲躲外面的高温，还是真的是要买车的。经过自己的揣摩，对自认为不是来买车的客户就采取不理不睬的态度，主动放弃客户。

三、应对方法和技巧

主动地去揣摩、研究客户，是每个有经验的销售顾问应该具备的技能。通过这些分析和判断，销售顾问能够在跟客户接触的第一时间，在脑中整理出一套与客户交流的方案。

1. 电话接待技巧

电话接待要掌握的技巧主要有以下几点：

1）记住客户的名字。名字的魅力非常奇妙，每个人都希望别人重视自己。重视别人的名字，如同重视他一样。汽车销售顾问在面对客户时，若能经常、流利、不断地以尊重的方式称呼客户的名字（图 3-15），客户对你的好感就会越来越浓。

2）请教客户称呼和联系方式。获得客户的电话联系方式，有利于约客户来汽车销售店。

图 3-15　电话接待技巧

3）报价。不要直接说出最低价格。

4）吸引客户来店。通过氛围营造、激发客户兴趣、社会认同、心理暗示等技巧，邀约客户到店（图3-16）。

图3-16 电话邀约客户

> **电话接待话术示例1**
>
> 您好！××品牌××专营店。销售顾问×××（1次报名）为您服务……
> 女士/先生您好，您是不是收到我们的活动短信啦？今天打来的50个电话中，有40个是问咱们这款车的，上午就订了8台特价车了（社会认同/心理暗示）！您是想询问车辆的价格吧，您问的这一款车有2.0升、2.5升、3.5升三个排量一共七个车型。价格从371800元到190800元都有。不同的配置、排量、颜色、批次价格都不太一样（范围报价法）。可能刚刚我说话太快了，您没听清楚，我是这里的销售顾问×××，您叫我小×就行了（二次报名，加深印象），请问（稍作停顿，恭敬胆怯状）您贵姓啊？（请教称呼）

> **电话接待话术示例2**
>
> 价格方面您放心，现在我们店正在举行感恩200万元的活动，价格非常优惠，所谓百闻不如一试，并且我们这周六刚好有试乘试驾有礼活动，到店试驾即可获精美礼品，数量有限（使用邀请双理由），先到先得，送完即止。
> 您看是周六上午来方便还是下午来方便？（选择法）先生，您知道我们店的位置吗？方不方便留下您的联系方式，一会×××把我们店的详细地址和电话号码以短信的形式发给您。您看好吗？
> 您可以随时找我，我叫×××（再次报名），是展厅里最……（加强记忆）。如果有任何问题，请随时和×××联系。还有什么可以帮您的吗？××女士/先生，感谢您的来电，再见！

2. 展厅接待客户技巧

客户进门时怎么应对。当客户进门的时候，销售顾问应该面带笑容注视客户，不要让客户在心理上产生压力和紧张情绪。具体技巧如下：

（1）说好开口的五句话

先生/女士，您好，欢迎光临，里边请。

（来，认识一下）我是这里的销售顾问××，这是我的名片，您叫我小×就可以了。

请问先生您怎么称呼？

××先生/女士，很高兴认识您。

请问有什么可以帮您的吗？（您今天是来看车还是保养啊？）

（2）缓解客户进店后紧张的心理状态

客户为什么会紧张？因为客户不信任你。客户进店以后，会产生一种紧张的心理状态。为了解决这些问题，很多专营店的销售顾问想尽了一切办法来改善环境。作为销售顾问，改善环境的目的是缩短与客户之间的距离，尽快取得客户的信任。如果客户对你不信任，根本谈不上在这里买车。客户为什么会这样呢？

第一，在客户进展厅之前，都有一种期望，即花最少的钱买最好的产品，这是司空见惯的。

第二，客户担心他的要求和想法不能得到满足，这也很正常。比如，客户要求现货交易，而有的时候专卖店没有现货，客户不得不等两天；有时客户需要的颜色也没有，要等两天；客户有时还会要求价格再降低一些，有的时候也不能够得到满足。客户均有自我保护意识。

客户为什么有自我保护意识？客户担心价格不能降到其所希望的幅度，更担心受到欺骗，甚至认为按照设定的价格买了车以后，是不是被"宰"了，在这种情况下客户就有一种自然的自我保护意识。

> 【案例】
>
> 有些客户可能比他太太更了解汽车，出去看车都是他的事，但他太太其实不是不管，也会去关心车的价格和性能。
>
> 有的客户会这样想，他用尽了浑身的解数把价格降到一个程度之后，那个专营店可能也搞活动，又送给他一些超值的东西，从价格的角度一计算，降了几千块钱。他回去以后跟他太太说，"这个车我虽然是花了21万元买的，可实际上把这些超值的东西折价一算，我就花了19.5万元，省了那么多钱。"太太很开心，在她的圈子里面就开始讲，"我老公买这辆车只花了19.5万元。"当然19.5万元肯定是买不到的，因为她的计算方法不一样。
>
> 这位太太朋友的老公也到这个地方来买车，买完以后，她听了价格很不满意，人家是19.5万元就买到了，你为什么花了21.1万元啊？他肯定会想："卖车的骗了我，我太太朋友的老公那个价格能买得到，你为什么不卖给我？"
>
> 所以说客户会担心你在欺骗他，这是客户最常见的心理状态。有一句话传得很广，叫只有错买的，没有错卖的。有这个前提在，他能不怀疑吗？

自我保护意识的主要表现。前面讲过，有的客户进展厅看车的时候，看见销售顾问走过来，就赶紧掉头走人，这就是一种很自然的自我保护意识。

大家会经常遇到这样的问题，当你向客户要联系方式的时候，回答往往是："我就住在附

近,我会主动联系你,有你的名片就可以了。"客户之所以这么说,一是因为客户不信任你,二是因为客户有自我保护意识,他不想让你不停地给他打电话骚扰他。

虽然客户跟你谈了,但是他对你没有好感。在汽车销售公司经常有这样的工作安排,就是男客户进来以后,销售经理会安排女销售顾问上去接待,其目的就是想在最短的时间里让客户对销售顾问产生好感,尽快促成交易。

客户害怕进入实质,特别是在付款的时候。当事情都谈得差不多了,该付定金、签合同时,客户还是会犹豫,他总是在想,"我还有什么地方没有弄清楚?我还有什么问题没有得到解决?你提供的价格到底是不是最低价?"当你让客户付款的时候,绝大多数客户还会犹豫。

> 为了解决客户的这些问题,我们要做到以下几点:
> 第一,汽车公司的销售顾问应努力创造舒适、温馨的环境,比如,面对客户要微笑,但要掌握分寸,否则客户会产生反感。
> 第二,选择合适的开场白,找一些客户感兴趣的公共话题。
> 第三,尊重每一位到你公司来的人,切不可以貌取人。

> 【案例】
> 有位客户到展厅来,想要购买40多万元的进口车。当时这位客户开了一辆桑塔纳2000,那辆车可能平时没有怎么保养,车比较脏,而这位客户看上去也不像是有钱人。他的服装很普通,一个裤腿还卷着,皮鞋上也很脏,根本没擦过。他来了以后,就向我们的销售顾问询问那辆车的情况。当时我不知道这个事情,但我正好有事情与我的同行到宝马店去,经过展厅时就发现这位客户坐在洽谈区跟我们的销售顾问在谈,我看到客户这一身打扮,当时什么也没想,就出去把车开到宝马店去了。
> 等我在宝马店与他们的经理谈完事出来的时候,发现这位客户也正由这个宝马店的展厅向门外走,我想这个人肯定是来买车的。碰巧的是,他的车就停在我的车旁边,因为我走出我们公司的时候,这位客户的车停在那里,我还想这辆车怎么这么旧啊。我在开车门的时候他也在开车门,他抬头看了我一眼,我就借这个机会跟他讲话了。
> 我说:"这位先生,刚才你是不是到其他店看车了?"
> 他笑起来,说:"是啊,我刚从那个店过来。"
> 我说:"你现在回去呀?"
> 他说:"哎,我现在回去。"
> 我说:"这样吧,你能不能再回到那个店里去?"
> 他说:"我不想去了,"他接着又问了我一句:"你是谁呀?"
> 我说:"我是那家店的经理。"
> 他想了一下,说:"那好吧。"
> 我在前面开,我通过后视镜往后面看,他跟得很紧。到了我们公司以后,我把车停好,在门口等着他,我跟他肩并肩进去。由于我穿的是西装,显然和他形成一种反差,大家都在笑,我立即用眼神制止了他们。
> 回过头来,我说:"你刚才看的哪款?"
> 他说:"我看的就是这辆车。"

> 我说："好，你有什么不了解的地方，我来给你介绍。"
> 他看看我说："我怎么好意思让老板给我介绍。"
> 我跟他说："我不是老板，我也是打工的。"
> 我这样一讲，跟他之间的距离就拉近了，他觉得反正你是打工的，我们就有话好谈。我们很快就进入了话题，他问，"这辆车你什么价能卖给我？这辆车的售后服务怎么样？"大概不到20min，我们就成交了。
> 我叫财务部门的人过来收款，他问："我交多少定金？"
> 我说："交几万块钱就行了。"
> 他说："不用吧！"
> 他到他的桑塔纳后面把行李舱打开，拎个塑料袋出来，那里面有20万元。他说："我就把20万元全付给你，这是我的定金，等车准备好以后，我来提车，那时我把尾款带过来。"

这件事情就这么简单结束了。我把这件事情记下来作为与其他销售顾问分享的案例，告诫销售顾问在面对客户时，绝不可以以貌取人。

（3）赢得顾客好感

1）"示弱"可以赢得顾客好感。人们通常比较喜欢示弱的人。与人打交道时，把自己摆在一个比较弱势的位置，做出需要顾客帮助的姿态。示威，人人都会，但示弱却很少有人能够做到，它更能表现一个人的智慧和勇气。要尊重别人的自尊、感情。示弱并不代表你就是个弱者，也不能说明是你低头服输。少一点傲气，多一点傲骨，时刻让自己保持低姿态，这才是君子之风范。

"示弱"运用举例，当顾客显示出擅长的领域时，是"示弱法"的最佳运用时机。

> 【案例】
> 顾客有的时候由于对产品心中没底，会请一位有一定汽车知识的同伴帮助选车，这位"同伴"会问一些较专业的问题。
> 顾客："你们雅阁车的VSA每秒钟对车辆的行驶状态监测多少次啊？"

此时销售顾问应该赞扬其很专业，并表示钦佩之情。

2）找寻与顾客的共同点，人们对与自己有相似特征的人会产生好感。

> 【案例】
> 一位有外地口音的顾客进入展厅。
> 销售顾问："您好，欢迎光临××特约店！有什么可以帮到您？"
> 顾客："我看看你们的×××车。"（东北口音）
> 销售顾问："好的，您这边请。"
> 顾客："这车都有什么配置？"
> 销售顾问："这款车有……"
> 请问通过这两句简单回话，您发现了什么问题？

> **注意**：销售顾问通常的应对是立刻开始介绍产品配置，从而失去与顾客建立良好关系的机会！

此时，正确的做法如下：

> 销售顾问："先生，听您的口音是东北人吧？"
> 顾客："是啊，咋地？"
> 销售顾问："没什么，我女朋友老家就是东北的，所以听您说话觉得特别亲切。"
> 顾客："是吗！……"（惊讶地）
> 销售顾问："真没想到您和我的女朋友竟然都是铁岭的！先生您怎么称呼？"
> 顾客："我姓张。"
> 销售顾问："那我就叫您张哥吧！张哥您在本地是做什么生意呢？"
> 顾客："做点小工艺品，不是什么大生意。"

> **注意**：销售顾问通过找到与顾客的共同点，不仅可以有效地赢得顾客的好感，而且可以了解顾客更多的背景情况，使产品介绍更有针对性！

3）外表的吸引力。第一印象是赢得好感的开始。

让顾客对你有好印象，外表所占的比例如图 3-17 所示。

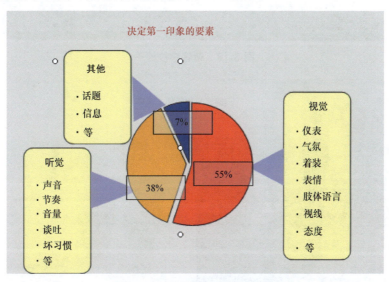

图 3-17　决定第一印象的要素

4）积极的氛围和环境。营造一个良好的氛围，这一点对我们非常重要。任何客户只有在心情好的情况下，才有可能产生购买的欲望。很多销售顾问见到客户以后，经常会不由自主地说一些沉闷的话题，例如："哎呀，今天的天气真是太热了，满身大汗。"这样的话题尽可能少说，尽可能说一些轻松愉快的话题。在进入到实质销售之前，一定要让客户有个愉悦的心情，否则销售很难成功。

5）洽谈桌五部曲。

● 请：为了您便于看到您感兴趣的车，您是否可以坐到这边来？（面向展车）

● 拉：帮客户拉椅子（图 3-18）。

● 问：我们这里有免费的两种热饮、两种冷饮（热饮是咖啡和红茶；冷饮是可乐和果汁），来点什么（图 3-19）？

图 3-18　帮客户拉椅子

图 3-19　询问客户需要的饮品

● 递：这是您感兴趣的车型资料。（双手递资料）

● 坐：为了给您做更好的介绍，我是否可以坐在您旁边呢？（坐右手边）（图 3-20）。

项目三 客户接待 45

图 3-20 坐在客户右手边,方便交谈

> 先生,您是从事什么行业的?啊!这么巧,我好几个客户也是做您这行的,住××小区的梁××先生您认识吗?车牌是桂A××××,黑色天籁公爵2.5升,还有××公司的陈××总经理,蓝色逍客,车牌粤A××××,您认识吧!我能否请教您一张名片呢?(寒暄、赞美)

3. 客户自己看车时的技巧

第一次来店的客户看车时,销售顾问也不能松懈。尽管你没有在车子旁边陪同客户,看起来好像你是在忙自己的事情,可是忙自己的事情只是一种假象,因为你要对进来的这位客户负责任。

① 从业务角度来观察。从业务的角度上来讲,销售顾问要观察客户围着汽车看什么,是看车头、看车尾,还是看驾驶座附近的仪表板。只有了解客户所关心、所重视的东西,才能在脑子里准备好应对策略。客户都喜欢货比三家,也许在来这里之前,他已经去过其他的店了。他这个时候进来,可能是进行一些细节上的比较。客户观察车头就是在审视那款车的车头与这款车的车头有什么差别,从审美角度来看哪个更好看一些。销售顾问观察到这种现象以后,就可以有的放矢地准备营销策略了。

② 恰当安排客户带来的儿童。客户进来的时候,可能会带着儿童。儿童进来以后要注意两个方面的问题。

• 孩子的安全。孩子是客户带进来的,销售顾问应照看好孩子,应把孩子安排到儿童娱乐区去,并找专人去照看。

• 车辆的安全。注意不要让儿童攀爬车辆。儿童攀爬车辆一方面对儿童不安全,容易出现摔碰现象;另一方面对新车不安全,如果因攀爬造成车辆的损坏,将会造成难以收拾的局面。因此,销售顾问应尽早将儿童安排在娱乐区。

③ 注意细节。专营店里面还应摆放一些点心、糖果,营造这种环境的目的是把客户紧张的

心理缓解下来。很多汽车销售公司都采取这种方法，美化环境，播放背景音乐，甚至车里边还会根据客户喜好的不同预备不同的 CD 音乐。例如，有的客户想听听车的音响系统好不好，这个时候销售顾问要注意细节，要问客户喜欢听哪方面的音乐，客户马上就会眼睛一亮，"怎么，还有我喜欢听的。"

（1）取得信任的四大原则

1）对朋友会产生信任，销售顾问主动表达与顾客交朋友的意愿。

【案例】
销售顾问："买不买车都没关系，咱们这段时间聊得很投缘，我是真想交您这个朋友。"
以朋友的身份表达为顾客的利益全力以赴，在向顾客进行产品介绍的过程中，一定要以研究顾客需求、判断顾客问题为出发点。总之，一定要让顾客感觉与你接触有很多收获，并且你所提出的建议都对他有帮助。

【案例】
销售顾问："看您一身职业装，一定总穿高跟鞋吧？所以，我必须重点向您介绍一下 BA 制动辅助系统……"

2）对提供帮助的人产生信任。愿意帮助他人的人是值得信赖的。
真诚地为顾客提供帮助，必将获得回报！

3）对专家会产生信任。专家代表着"权威"，当人们对未知的事物无法判断时，人们会选择最简单的判断依据。例如：权威人士的话。
在实际工作当中如何运用"专家效应"？

4）对同类人产生信任。当人们对未知的事物无法判断时，人们会选择最简单的判断理由，就是与自己同一类的其他人的想法和意见。

【案例】
当一位医生准备买车时，如果销售顾问能够举出很多医生都选择广州本田雅阁，并有实际的成交单据为佐证。那么，这个顾客购买的可能性将大大增加！
如果是教师、舞蹈演员、银行职员、煤矿工人、私营老板、电业局的领导呢？作为销售顾问，我们应该知道怎么做了。

（2）记住四大话题

1）顾客的职业。顾客的职业是他的长项，谈论顾客职业方面的话题有助于放松顾客紧张的神经，使顾客进入舒适区。顾客的职业也是他的骄傲，这是赞美顾客的好时机。请教与顾客职业有关的问题，可以使顾客在回答问题的过程中获得被人尊重的满足感。

【案例】
顾客喜欢炒股，顾客是幼儿园教师、医生、律师，你该怎么聊？能根据所了解到的想到介绍什么配置吗？

> 【案例】
> 顾客是网络工程师、摄影师、厨师,该怎么请教?

2)客户的爱好。寻找共同的爱好,可以增进相互之间的好感。
顾客喜欢上网,该聊些什么?同样可以找到赞美顾客的契机。

> 【案例】
> 销售:"您平时喜欢哪些休闲活动?"
> 顾客:"没事的时候会去钓鱼。"
> 销售:"钓鱼可是一个既要技术又要耐心的运动,不是什么人都行的。"
> 顾客的爱好可以告诉我们对产品介绍有利的信息。
> 顾客喜欢钓鱼,你向该顾客介绍哪些地方?

3)客户的家庭。家庭总是使人感到舒适、温馨,所以关于家庭的话题最能让顾客心情放松并且愉快。
家庭话题同样能为销售顾问的产品介绍指明方向,同时也是赞美顾客的好机会。
顾客带着3岁的孩子来到展厅看车,你该如何应对?

4)车辆的使用类信息。对顾客用车情况的了解,是有效展示产品卖点的基础。
欲知卖点,必知需求;
欲知需求,必知问题;
欲知问题,必知使用。
使用是卖点之母!

> 【案例】
> 一位河南的客户要给他在南京的办事处配一辆车。经过货比三家,他到这里购买了这辆车。当我们询问他为何选择在此买车时,他的回答是他认为这家店在细节上让他耳目一新。
> 当时他说:"我想听听这辆车的音响效果怎么样?"
> 销售顾问就问他:"您喜欢听哪方面的音乐?"
> 这位客户笑起来了:"怎么?我想要的音乐你有吗?"
> 销售顾问说:"您说说看。"
> 这位客户是河南人,他说:"我想听豫剧。"
> 大家想想看,你们的汽车公司里面有豫剧的CD吗?可能99%的回答是没有。但是这家店就有。销售顾问立刻到总台把豫剧碟调出来,放进去给他听。
> 这个客户看到那个CD上写的是豫剧,客户非常感动,当时就说:"我不听了,我们下面就办手续吧。"
> 通过这一件小小的事情,他说:"你们公司能把事情考虑得这么细,买车以后,我还有什么不能相信你们的地方呢?"
> 这件事情告诉我们,以后在进行管理的时候,要经常举一反三,要注意细节。要尽量比其他汽车销售公司考虑得更周到,要做到别人做不到的我能做到,这就是不可模仿的竞争力。

做到专业。销售顾问一定要观察客户的行为，了解客户喜欢什么、关心什么，这样做不仅可以直接进入主题，而且客户会认为你非常专业，从而能赢得客户的信任。对于客户来讲，汽车是一个很复杂的产品，由很多部件构成，涉及了很多专业知识。他买车只是使用，对于维修常识等一窍不通。如果他与你接触以后发现你是这方面的专家，从心理上来讲，客户就信服了，因为他以后将会有求于你。"我在你这儿买的车，我就找你"，很多客户都是这样的心理状态。但是现在脱节的是，在你这儿买的东西，你不负责，因为你不懂专业知识，不懂维修，不懂技术，他还需要去找售后服务，这中间又隔了一层。当客户与你交谈的时候发现你是专家，就比较容易接近，他会想，"我在哪儿买不是买，在你这儿买的话，以后你可以给我一些帮助"。了解客户的这种心理状态后你就知道该怎么去处理了，就会理解我们为什么强调销售顾问的业务能力要加强，要具备这样的素质的道理了。

4. 做好来店 / 来电及意向客户管理的技巧

取得客户信任、缩短了与客户间的距离之后，销售顾问接下来就要做好对来店 / 来电客户的管理。作为 4S 店，一定要有这方面的工具，要将与客户交流的过程，包括客户的想法和要求、客户的意向级别等，都详细地记录下来。客户的意向级别一般是根据客户购买的意向程度来确定的。

根据以往的经验，很多销售顾问都不知道什么是车的卖点，不知道公司可供资源的情况，不知道怎样去管理客户，不知道客户的优先级，每天上班总是凭感觉，一把抓。甚至有很多专营店的经理不知道今天、这一周、这个月将有多少要预订车的客户，不知道这些客户将要定的是什么车型，也不知道每天根据什么去控制销售顾问的进度，更不知道怎样分析和反馈市场上反映出来的重要信息。这些都是在汽车销售的日常工作中最常见、最基本的问题，每个 4S 店每天都会遇到这样的问题，因此很有必要讲一讲客户管理的方法及技巧。

（1）客户意向级别的设定

把来店的或者是打电话咨询的这部分客户，根据其意向的级别进行分类，一般分为四个等级。每个等级可以用一个符号来代替，可以根据自己专营店的情况来决定。

第一个等级，O 级客户。

第一个等级是预定了购车合同、交了定金的客户，这也是一个意向级别最高的客户。

尽管客户付了定金，但是如果客户明天说不买了，要求退定金，这个要求也是合理的，是受到保护的。4S 店要求在提升客户满意度、提升销售技能、提高管理能力的同时，不能去做与客户为"敌"的事情。退订只能证明你的工作没做好，在客户没有交完全款，把车提走之前，都把他定为第一级别的意向客户。这个意向客户的级别是非常高的，这样的客户 95% 以上是可以得到保证的，但也不排除有 5% 的客户会出现退订的可能。

第二个等级，H 级客户。

第二个等级的确定标准是客户车型定了，价格也确定了，只是没有确定车的颜色。他可能是跟他太太、朋友，或者是自己单位的领导、同事之间有不同的意见。有的喜欢黑色的，有的喜欢白色的，颜色上最后还不能统一，但是对于买车来讲这个已经不是什么太大的障碍了。这个级别的客户应该在一个星期之内就能够买车，把他定为第二种意向客户。

第三个等级，A 级客户。

第三个等级的意向客户是，他可能要购买某个价格区域内的车，例如某客户想买 10 万元左右的车，这样我们就知道10万元左右的车他是有承受能力的，在这种情况下他有可能会在品牌之间进行选择，有可能选择A品牌，也有可能选择B品牌，但都是10万元左右的。

对这样的客户要注意的是，因为他是在做比较，所以他可能会在一个星期以上、一个月以内做出买车的决定。这是一种概率，不是绝对的，所以把一个星期以上和一个月之内可以做买车决定的客户称为第三个等级。

第四个等级，B级客户。

第四个等级就是客户想买车，但是不知道买什么样的车。他拿不定主意是买10万元左右的，还是买10万元以下的，或是10万元以上的，他自己的购车目的还不明确。除了价钱没确定，品牌也没确定，他未确定的因素还有很多，但是他想买车，有买车的需求，至于买什么样的车自己还没定位，究竟哪一款车适合自己也不知道，现在正处于调研阶段。这种客户属于第四个等级，他可能需要一个月以上的时间才能决定购买。

第五个等级，C级客户。

C级客户是有购车需求，但是资金暂时还没有到位，可能资金一到位马上转化为A级客户，因此不要因为客户级别低就不跟踪。

购车客户级别分类见表3-1。

表3-1 购车客户级别分类

级别	判断标准	购买周期
O级	已预定合同或订金	随时提车
H级	车型、价格已定，没有确定车的颜色	一个星期内
A级	预算、购车时间已定	一个星期以上和一个月之内
B级	有购车需求，车价格、车型未定	一个月以上
C级	有购车需求，但资金未到位	六个月以上

（2）如何应用客户级别分类

把客户分为这四个等级后，可按照意向级别把他们分别填在表上，以后就可以根据客户意向级别，按照设定的时间给他打电话进行联系。因为客户可能在不断地变化当中，他虽然今天说自己资金没有到位，一个月以后才可能买车，说不定钱提前到账了，他马上就会来买，就是说你与客户联系的时候有一个先后顺序，能从概率的角度进行科学的安排。

客户意向级别分类的好处：

1）销售经理会了解到很多信息。将客户按其意向级别分类后，销售经理最起码就能知道在一个星期之内要来订车的客户有多少，来买什么型号的车。还能了解已经交了定金的有多少客户。既然客户交了定金，肯定合同也签了，合同里肯定明确了这位客户买的是什么车，什么型号，什么颜色。销售经理马上就会知道还有多少库存，同时还能了解什么车型好卖，什么颜色的车好卖，负责订车的领导根据这份表格可以制订出下一个订车的计划，该订哪些车型、什么颜色、数量多少等。

2）销售经理会管理好销售顾问的销售进度。根据这个表的内容，销售经理就能知道你这个星期将有几个客户要来订车，这几个客户不能够放松，要赶紧让他付款，交定金。对于第二个级别的客户，应该在一个星期之内让他付款，不能让他再发生变化。

四、关键技能——展厅接待话术

1. 接待新客户

销售顾问：你好！欢迎光临（鞠躬、微笑、点头示意）！准备看什么样的车？

技巧：当看到客户接近展厅入口处时，迎上去，表示热情。此时，客户不一定会回应销售顾问，更多地会朝样车所在的方向走去。

客户：随便看看（径自走向样车旁边）。

（说明：表明客户还没有明确的购车目标，此时不要过早地打扰客户，以免让他们产生压力而迅速离开展厅。当客户走进车行的时候，大多数的客户希望自己（注意，是自己，不需要销售干预）可以先看一下展厅内的汽车。大概看完了，有了明确问题时，他会做出若干的动作，这些动作就是信号，这些信号就是销售顾问应出击的发令枪。一些关键的信号如眼神，当客户的目光聚焦的不是汽车的时候，他们是在寻找可以帮助的销售顾问。还有一些动作，他们拉开车门，或者要开发动机舱盖或行李舱盖，这些都是信号。

销售顾问：先生（小姐、太太），你好！需要我帮忙吗？

技巧：如果客户没有提出介绍汽车产品的要求，应不要过多地干扰客户，此时所面对的客户较多是还没有明确购车目标的。如果发现客户在样车旁边驻足时间较长，或伸手去拉车门把手时，应及时给予回应。此时，可以视客户的要求进行下一步的销售行动。

销售顾问：你好！欢迎光临（鞠躬、微笑、点头示意）！准备看什么样的车？

（说明：迎接客户的开场白。）

客户：这款车怎么样（边走到样车面前，边指着样车）？

（说明：如果客户做出这样的回应，应迅速给予他们反应。这说明客户已经对某款车产生了兴趣。）

销售顾问：您真有眼光，凡是来我们展厅的朋友都会被这款车吸引，这也是我们这里卖得最好的一款车。

技巧：通过对客户的赞美，可以拉近与他们之间的距离，特别是强调这款车销量大，进一步增强客户对自己看法的信心。

客户：那就介绍一下吧！

（说明：当客户提出介绍产品的要求时，请不要轻举妄动，否则容易落入客户设置的陷阱。）

销售顾问：这款车有十大卖点五大优势，如果要一一介绍的话，可能会占用您很多的时间。能否请教一下，当您准备拥有一部车时，您会最先关注哪一点？

技巧：进入产品展示之前，一定要注意弄清楚客户的关注点以及他们要求介绍产品的真实意图——是想了解产品还是想寻求某种答案，以便展开有的放矢的介绍。由于客户的目的不同，介绍的方式与"对话"内容也有很大的差异。

2. 接待老客户

销售顾问：您好！张大哥，欢迎再次光临（握手、微笑）！这几天我们几位同事都谈到您，说好几天没有见到您了。

技巧：当看到客户再次回到展厅时，除了迅速到展厅入口处接待，还要叫得出客户的姓与职务，与客户握手，表示出你的热情，拉近双方的距离。

客户：真的吗？正好出差去了。

（说明：客户可能会以为这是笑话，但却会使双方后续的沟通变得更轻松。）

销售顾问：今天准备再了解哪一款车呢？

技巧：在试探客户的需求和购车欲望的强度。

客户：旗舰型，怎么样？现在有哪些优惠了？

（说明：明确是否与上次洽谈时客户关注的车型一致。如果一致，找出还未下决心的原因；如果不一致，说明客户调整了投资目标，需进一步强化客户对新选定车型的认同。）

销售顾问：张大哥，这几天我一直想打电话给您。你上次看中的那款车自上市以来一直热销。这不，昨天刚到了 10 辆车，今天一大早就提走了 3 辆，下午还有 2 辆要现货。我还担心要是您来迟了没车交付，还真对不住朋友呢。

技巧：通过建立压力，让客户产生如果不尽快做决定，那么他们相中的车将会出现无车可提的后果。另外，通过"朋友"这个词汇强调与客户间的关系，利于后续的销售。

客户：这么好卖啊！不会吧？

（说明：客户会习惯性地认为这是销售顾问惯用的一种销售伎俩。）

销售顾问：真没想到，这几天买车的人会那么多，还真有点儿招架不住了。怎么样，您最后定了哪个价位的？

技巧：给客户进一步施压，但说这个话的时候要注意，如果展厅内的客人很少，甚至有空荡荡的感觉，那么这样的话就会让客户感觉是在说假话。如果展厅内客人很多，销售顾问跑来跑去，这样表达的效果就会大大增强。

客户：还没定！还有些问题没有弄清楚。

（说明：只要客户说出这样的话，销售机会就来了。）

销售顾问：哪些问题让您下不了决心呢？

技巧：诱导客户说出他们的难处、担心和问题。

客户：主要是……

（说明：在客户表述他们的问题时，一定要用小本子记下来，等他们把问题和盘托出后，就可以进行下一步销售了。）

销售顾问：大哥，我还以为是什么大问题呢！您担心的这些都不是问题，你看……我说得没错吧！还犹豫什么？

技巧：先表明这些都不应该是影响客户购车的因素，然后把客户提出的问题一个个地抽丝剥茧，同时不断地向客户求证疑虑是否已经消除。如果消除，接下来就可以要求成交了。

3. 导入销售正题

销售顾问：您好！欢迎光临（鞠躬、微笑、点头示意）！准备看什么样的车？

（说明：专业的接待。）

客户：随便看看（径自走向样车旁边，围着样车绕了一圈，随后走到驾驶人座位一侧，伸出手准备打开车门）。

（说明：表明客户虽有购车意愿，但还处于调查阶段。此时，不要过早地打扰客户，销售顾问可以在离客户 1.5m 左右的距离随时待命，在客户需要时及时提供帮助。）

销售顾问：先生（小姐、太太），你好！需要我帮忙吗？

技巧：客户没有提出介绍要求，不要过多地干扰，给他们触摸和仔细观察的机会。

客户：我先看看（打开车门坐进车内）。

（说明：此时，销售顾问可以坐到前排乘员的位置或后排，随时给予响应。）

销售顾问：怎么样，转向盘的设计有高档车的那种手感吧！内饰色彩符合您的要求吗？座椅的包裹性如何？

技巧：应用"询问"导入销售的正题。这里，需注意观察客户进入车内后的兴趣点，及时通过诊断性问题对客户的需求进行判断。同时，通过客户的亲身感受与销售顾问的介绍，强化对汽车产品卖点的接纳程度。

客户：不错！颜色也很协调，座椅也很柔软，转向盘的设计也很独特。

（说明：只要客户认同，就可以顺势进行心理诱导。）

销售顾问：您真有眼光！您想知道为什么转向盘会成为该车的一大卖点吗？

技巧：通过询问激发客户的兴趣，这是产品展示的一大技巧。只有客户感兴趣时，你的介绍才是有效的。

客户：不知道，为什么？

（说明：客户的好奇已经被激发。）

销售顾问：……（全方位展示转向盘）

技巧：此时就可以全方位进行产品重点展示了。

项目小结

本项目主要讲述了汽车销售流程的第二个环节——客户接待。详细地讲解了电话接待和展厅接待的技巧，如何给客户留下良好的第一印象。等客户进店之后，还要综合了解来店客户的心理状态，了解客户究竟想要销售顾问提供什么样的服务，同时避免急于上前介绍，反而把客户吓跑的误区。要学会主动揣摩客户心理，在客户进门、看车和出现紧张情绪时采取相应的对策。取得客户的信任之后，还要做好客户的管理，要能准确地进行客户意向级别分类，填表后汇总各种信息，从而进行科学管理。

复习思考题

1. 电话接待技巧有哪些？
2. 如何面对客户的电话询价和展厅询价？
3. 意向客户级别如何分类，怎样对不同级别客户进行管理？
4. 如何破解客户进店时的自我保护意识？

项目四 客户需求分析

学习目标

1. 明确汽车市场的特征。
2. 了解购买行为的形成过程。
3. 掌握影响购买行为的因素及这些因素对购买行为的影响。

案例导入

就消费者目前的购买力而言，添置一辆新车对大多数人来说毕竟不是小事，很多消费者买车除了自己在汽车市场上转悠一段时间外，还得拉上亲朋好友去给自己出谋划策。李先生是公务员，计划买车已经有一段时间了。说到买什么车，他有些无所适从，从经济的角度考虑，日系、韩系车比较省油，但欧系、美系车的使用寿命又要长一些，真不知道怎么选择。

刘先生现在开的是一辆一年前买的风神，他说当时也考虑了许久，综合各种情况，觉得买车已是不易，油费是一笔不小的开销，最后还是选择了省油的车型。

一些消费者对车的了解比较深入，他们也就完全有资本站在专业角度对目前的车市进行一番分析后再下定论。

张先生可谓是"汽车发烧友"，对各种车的性能以及车市动向了如指掌。他认为，买车不仅要看车的情况，还要看本地的路况更适合什么车。日系车比较划算，但实际上本地的路况并不好，日系车"小马拉大车"式的发动机不太适合，这样更易产生磨损，从而缩短车的实际使用寿命。

每个人选择的出发点不同，通过分析最终得到的结果也会不同。消费者越来越不盲目跟风，也不完全相信广告，而是更看重个性，一般会结合自己的实际情况做出决定。

案例分析

对消费者来说，买车不是一件小事，不同的消费者想法千差万异。揣摩消费者的购车心理，也是一位优秀的销售顾问必备的技能。只有了解了消费者的真实购车想法后，才能很好地为消费者服务。

任务一　私人消费购买行为分析

在开始工作之前，必须了解市场，知道哪里可能有潜在客户。了解潜在客户的工作、爱好、性格，经常出入的地方，消费倾向，与人沟通的方式以及常见的消费行为。

一、消费者行为分析

消费行为是一种表现在客户采购产品时的行为倾向。他们要询问许多他们不明白的问题，他们要解决内心的怀疑，会运用各种可能来调查、了解面对的商家、销售顾问。他们用眼睛观察，用耳朵倾听，用大脑思考，他们集合所有收集到的信息做最后的判断。他们看销售顾问的衣着，看你推荐的产品是否符合他们的标准和需求；他们感受车行内大厅的气氛、布置，甚至努力从车行内其他的客户表现上来感受你的信誉；他们不仅观察你，同时还在观察其他的销售顾问（举止、谈吐），分析你们的话语。以上所有这些都是消费行为的表现。销售顾问试图努力影响的就是客户最后判断的结果，争取获得客户的信任才是第一位的。

许多销售顾问认为，应该努力先让客户喜欢上自己推荐的产品，或者一些初级的销售顾问努力完成的第一件事就是力争签约。但是从客户的第一次拜访到签约是一个漫长的过程，尤其是对于价格较高的产品，这其中包含着许多步骤，其中的第一步就是获得信任。要获得一个陌生人的信任是一个非常艰巨的挑战。比如，你回顾一下，你周围的同事在多长时间内开始信任你的？或者，你是多长时间开始信任同事的？如果参加旅行团，你会用多长时间信任一个以前不认识的同一个旅行团的成员呢？有许多人，共同在一起工作了很久都没有获得同事的信任又是为什么呢？

赢得一个人的信任的第一步就是了解这个人，了解他的文化，了解他的思想，了解他的价值观，了解他喜欢什么、他憎恨什么。具体地说，就是了解他喜欢什么电影，他喜欢什么人物，他对某一公众现象是怎么评价的。没有足够的时间，没有足够的机会，你怎么可能用较短的时间来了解一个陌生人呢？比较常见的办法就是通过分析他的行为。一个人的言谈举止揭示了他的内心世界，揭示了他的看法、他的观点以及他的价值观。

如同绝大多数的人一样，客户在短暂的沟通中，一定会通过他们的提问，他们的行为举止，他们的议论流露出他们的思想、观点，以及他们认为什么要素才是符合他们需要的车的标准。这就是在本节中强调销售顾问必须掌握的消费行为。

目前，社会上非常流行用年代来区分不同的人，比如有这样的说法，"60后""70后""80后"和"90后"的人。所以说，首先，要了解的是到你展厅的客户普遍的年龄段。

其次，要了解到你展厅的潜在客户的学历情况。

再次，要了解客户从事的具体工作，或者其在工作中的地位、职位、影响力等。

有了这三个信息，作为销售顾问，已经基本上可以为你的潜在客户画一幅肖像了。他们的年龄较大说明他们比较成熟，一般不会轻易改变自己的既有看法，他们一般在了解自己不了解的东西的时候倾向运用已知的、过去被反复运用的方法来形成自己的看法。他们学历较高，或者至少在向高的方向发展，因此，他们在判断事物的时候，通常会运用逻辑思维，会理性地思考，他们更倾向独立思考，而不是被煽动和蛊惑；或者他们比较理智，善于排斥感性对他们的影响，而且会对感性的销售顾问更加警惕。他们一般在自己的工作岗位上有一定的权力，因此，他们习惯在复杂的局面下做各种复杂的、责任重大的决策。因此，采购一辆汽车的决策对于他们来说并不是一个多么复杂的决策，他们承认风险，他们对金钱的理解习惯为一种投资，而不是一个固定的数字。

二、汽车个人购买行为的类型

1. 从容不迫型

客户特征：这种购车者严肃冷静，遇事沉着，不易为外界事物和广告宣传所影响。他们对销售顾问的建议认真聆听，有时还会提出问题和自己的看法，但不会轻易做出购买决定。从容不迫型的购车者对于第一印象恶劣的销售顾问绝不会给予第二次见面机会，而总是与之保持距离。

对策：对此类购车者，销售顾问必须从熟悉产品特点着手，谨慎地应用层层推进、引导的办法，多方分析、比较、举证、提示，使购车者全面了解利益所在，以期获得对方理性的支持。对于这类买家，在打交道时，销售建议只经过对方理智的分析思考才有被接受的可能；反之，拿不出有力的事实依据和耐心地说服讲解，销售是难以成功的。

2. 优柔寡断型

客户特征：这类购车者对是否购买某一车型或颜色等犹豫不决，即使决定购买，但对于价格、赠送、品牌、售后等又反复比较，难于取舍。他们外表温和，内心却总是瞻前顾后，举棋不定。

对策：对于这类购车者，销售顾问首先要做到不受对方影响，商谈时切忌急于成交。要冷静地诱导购车者表达出所疑虑的问题，然后根据问题做出说明，并拿出有效例证，以消除购车者的犹豫心理。等到对方确已产生购买欲望后，销售顾问不妨采取直接行动，促使对方做出决定。必要时，要主动地帮对方做决定。比如说："好！那现在我拿《定金协议书》给您签吧！"或"好吧，现在我带您去交款吧！"

3. 自我吹嘘型

客户特征：这类购车者喜欢自我夸奖，虚荣心很强，总在别人面前炫耀自己见多识广，高谈阔论，不肯接受他人的劝告。例如，我跟你们经理很熟，我如何如何好。对这类购车者进行销售的要诀是，从他自己熟悉的事物中寻找话题，适当利用请求的语气。

对策：在这种人面前，销售顾问最好是当一个"忠实的听众"，津津有味地为对方称好道是，且表现出一种羡慕钦佩的神情，彻底满足对方的虚荣心，这样一来，对方则较难拒绝销售顾问的建议。

4. 豪爽干脆型

客户特征：这类购车者多半乐观开朗，不喜欢婆婆妈妈式的拖泥带水的做法；决断力强，办事干脆豪放，说一不二，慷慨坦直；但往往缺乏耐心，容易感情用事，有时会轻率马虎。

对策：和这类购车者交往，销售顾问必须掌握火候，使对方懂得攀亲交友胜于买卖，介绍时干净利落，简明扼要讲清你的销售建议。事先交代清楚买与不买一句话，不必绕弯子，对方基于其性格和所处场合，肯定会干脆爽快给予回复。

5. 喋喋不休型

客户特征：这类购车者的主要特点是喜欢凭自己的经验和主观意志判断事物，不易接受别人的观点。他们一旦开口，便滔滔不绝，没完没了，虽口若悬河，但常常离题万里，销售顾问如不及时加以控制，就会使与对方的洽谈成为家常式的闲聊。

对策：应付这类购车者时，销售顾问要有足够的耐心和控场能力，利用他叙述评论兴致正高时引入销售的话题，使之围绕销售建议而展开。当购车者情绪激昂、高谈阔论时要给予合理的时间,切不可在购车者谈兴高潮时贸然制止,否则会使对方产生怨恨,越想急切地向对方说明,越会起逆反作用。一旦双方的销售协商进入正题,销售顾问就可任其发挥,直至对方接受你的建议为止。

6. 沉默寡言型

客户特征:这类购车者与喋喋不休型购车者正好相反,老成持重,从容不迫,对销售顾问的宣传劝说之词虽然认真倾听,但反应冷淡,不轻易谈出自己的想法,其内心感受和评价如何,外人难以揣测。一般来说,沉默寡言型的购车者比较理智,感情不易激动,销售顾问应该避免讲得太多,尽量使对方有讲话的机会和体验的时间,要循循善诱,着重以逻辑启导的方式劝说购车者,详细说明车辆的价值和销售利益所在,并提供相应的资料和证明文件,供对方分析思考、判断比较,加强购车者的购买信心,引起对方购买欲望。有时购车者沉默寡言是因为他讨厌销售顾问,他们对销售顾问的主观印象欠佳就闭口不理。

对策:对待这种购车者,销售顾问要表现出诚实和稳重,特别注意谈话的态度、方式和表情,争取给对方良好的第一印象,提高自己在购车者心目中的美誉度。善于解答购车者心目中的疑虑,了解和把握对方的心理状态,才能确保双方面谈过程不致冷淡和中断破裂。

7. 吹毛求疵型

客户特征:这类购车者怀疑心重,一向不信任销售顾问,片面认为销售顾问只会夸张地介绍车辆的优点,而尽可能地掩饰缺点与不足,如果相信销售顾问的甜言蜜语,可能会上当受骗。因此,这类购车者多半不易接受他人的意见,而是喜欢鸡蛋里面挑骨头,一味唱反调、抬杠,争强好胜,喜欢当面与销售顾问辩论一番。

对策:与这类客户打交道时,销售顾问要采取迂回战术,先与他交锋几个回合,但必须适可而止,最后示弱宣布"投降",假装战败而退下阵来,心服口服地宣称对方高见,并伴赞对方独具慧眼、体察入微,不愧人杰高手,让其吹毛求疵的心态发泄之后,再转入销售的论题。身处这种场合,销售顾问一定要注意满足对方争强好胜的心理,请他批评指教,发表他的意见和看法。

8. 虚情假意型

客户特征:这类购车者大部分在表面上十分和蔼友善,欢迎销售顾问的介绍。销售顾问有所问,他就肯定有所答;如你有所求,则他就或多或少会有所允,但他们唯独对购买缺少诚意。如果销售顾问明确提出购买事宜,对方或顾左右而言他,或者装聋作哑,不做具体表示。应付这类购车者,销售顾问首先要取得对方的完全信赖,"空口白牙"是无法使他们心悦诚服的,必须拿出有力的证据,如关于已购车者的反馈、权威部门认可的鉴定证明等。

对策:在这类购车者面前,销售顾问应有足够的耐心与之周旋,同时可提出一些优惠条件供对方选择考虑。这种类型的购车者总是认为,销售顾问一定会抬高报价,所以一再要求打折扣,甚至怀疑到产品的质量。此时,销售顾问正确的做法是不能轻易答应对方的这种过分要求,否则会进一步动摇他的购买决心和购买欲望。一般来说,这些购车者在适当的条件下,洽谈成交也是可能的,销售顾问不要轻易放弃说服工作,只要有1%的成功希望,就要投入100%的努力。

9. 冷淡傲慢型

客户特征:这类购车者多半高傲自视,不通情理,轻视别人,不善与他人交往。其最大特征就是具有坚持到底的精神,比较顽固,不易接受别人的建议,但一旦建立起业务关系,则能够持续较长时间。由于这种类型的购车者个性严肃而灵活不够,对销售商品和交易条件会逐项检查审阅，商谈时需要花费较长时间，销售顾问在接近他们时最好先由熟人介绍。

对策：对这种购车者，有时候销售顾问用尽各种宣传技巧之后，所得到的依然是冷淡、傲慢的态度，甚至是刻薄的拒绝。销售顾问必须事先做好思想准备。碰到这种情况时，销售顾问可以采取激将法，给予适当的反击，如说一句："别人说你不好说话的哦！不过我觉得并非如此呀！"如此这般以引起对方辩解表白，刺激对方的购买兴趣和欲望，有时反而更容易达成销售交易。

10. 情感冲动型

客户特征：一般来说，情感冲动型的购车者或多或少带有神经质：第一，他们对于事物变化的反应敏感，一般人容易忽视的事情，这种人不但注意到了，而且还可能耿耿于怀；第二，他们过于自省，往往对自己所采取的态度与行为产生不必要的顾虑；第三，他们情绪表现不够稳定，容易偏激，即使在临近签约时，也可能忽然变卦。

对策：这些购车者往往感情用事，稍受外界刺激便为所欲为，至于后果如何则毫不顾忌。这类购车者反复无常，捉摸不定，在面谈中常常打断销售顾问的宣传解释，妄下断言，而且对自己的原有主张和承诺，都可能因一时冲动而推翻，从而给销售制造难题。面对此类购车者，销售顾问应当采取果断措施，切勿碍于情面，必要时提供有力的说服证据，强调给对方带来的利益与方便；支持销售建议，做出成交尝试，不断敦促对方尽快做出购买决定；言行谨慎周密，不给对方留下冲动的机会和变化的理由。

11. 心怀怨恨型

客户特征：这种类型的购车者对销售活动怀有不满和敌意，若见到销售顾问的主动介绍，便不分青红皂白，不问清事实真相，满腹牢骚破口而出，对你的宣传介绍进行无理攻击，给销售顾问造成难堪的局面。针对这种购车者的言行特点，销售顾问应看到其一言一行虽然貌似无理取闹，但实际上有某种失望和愤激的情感掺杂在里面，认为销售顾问都是油嘴滑舌的骗子。

对策：这些购车者的抱怨和牢骚中可能有一些是事实，但大部分情况还是由于不明事理或存在误解而产生的；而有些则是凭个人的想象力或妄断才对销售顾问做出恶意的攻击。与这类购车者打交道时，销售顾问应先查明购车者抱怨和牢骚产生的原因，并给予同情和宽慰，一定要心平气和。

12. 圆滑难缠型

客户特征：这种类型的购车者好强且顽固，在与销售顾问面谈时，先是固守自己的阵地，并且不易改变初衷；然后向你索要车辆宣传资料等，继而找借口拖延，还会声称另找其他4S店购买，以观销售顾问的反应。倘若销售顾问经验不足，便容易中圈套，因担心失去主顾而主动提出更优惠的成交条件。

对策：针对这类圆滑老练的购车者，销售顾问要预先洞察他的真实意图和购买动机，在面谈时造成一种紧张气氛，如现货不多、已有人订购等，使对方认为只有当机立断做出购买决定才是明智举动。对方在如此"紧逼"的气氛中，销售顾问再强调购买的利益与产品的优势，加以适当的"引诱"，如此双管齐下，购车者就没有了纠缠的机会，失去退让的余地。由于这类购车者对销售顾问缺乏信任，不容易接近，他们又总是把自己的意志强加于人，往往为区区小事与你争执不下，因而销售顾问事先要有受冷遇的心理准备。在洽谈时，他们会毫不客气地指出产品的缺点，且先入为主地评价车辆的缺点和4S店实力，因此在面谈时，销售顾问必须准备足够的资料和佐证。另外，这些购车者往往在达成交易时会提出较多的额外要求，如送装饰、打折、送服务等，因此销售顾问事先在价格及交易条件方面要有所准备，使得销售过程井然有序。

13. 不同年龄、性别的客户类型

（1）年老的客户

客户特征：这种类型的客户包括老年人、寡妇、独夫等，他们共同的特点便是孤独。他们往往会寻求朋友及家人的意见，来决定是否购买商品。对于推销员，他们的态度疑信参半，因此，在做购买的决定时他们比一般人还要谨慎。

对策：进行商品说明时，你的言辞必须清晰、确实，态度诚恳而亲切，同时要表现出你很乐于消除他的孤独。向这类客户推销商品，关键在于你必须让他相信你的为人，这样一来，不但容易成交，而且你们还能做个好朋友。

（2）年轻夫妇与单身贵族

客户特征：对于这类客户，你可以使用与上述相同的方法与之交谈，一样可以博取他们的好感。

对策：对于这类客户，你必须表现自己的热诚。进行商品说明时，可以刺激他们的购买欲望。同时，在交谈中不妨谈谈彼此的生活背景、未来、感情等问题，这种亲切的交谈方式很容易促使他们冲动购买。然而，你必须以充分考虑这类顾客的心理负担为原则。

总之，只要他们对商品具有信心，再稍受刺激，自然会购买。

（3）中年客户

客户特征：这种类型的顾客既拥有家庭，也有安定的职业，他们希望能拥有更好的生活，注重自己的未来，努力想使自己活得更加自由自在。

对策：最重要的是和他们做朋友，让他们能信赖你。你必须对其家人表示关怀之意，而对其本身，则予以推崇与肯定，同时说明商品与其美好的未来有着密不可分的关联。这样一来，他在高兴之余，生意自然成交了。中年家庭是消费市场的领先者，如果你拙于言辞，那么还是尽量避免浮夸不实的说法，认真而诚恳地与顾客交谈，这才是最好的办法。

（4）对待顾客应男女有别

对男顾客要细心，对女顾客要耐心。顾客的性格、爱好显然各不相同，但异中有同，同中有异。就顾客的性别而言，一般来说，男士买车时，往往比较粗心，女士则比较细心。

针对这种情况，销售顾问接待男顾客时，要细心一些，接待女顾客时，要耐心一些。这样结合起来，以长补短，多加关注，买卖才容易做成。

一般男顾客买车的目标比较明确，易于做出买或不买的决定，比较相信销售顾问，这些都是成交的有利因素。销售顾问在这种情况下，责任不是轻了而是重了。因为如果不细心帮助顾客挑选，买回去就可能因为不合适而使顾客失望，造成不良影响，甚至造成投诉，给双方带来诸多麻烦。

女顾客一般比较细心，她们观察仔细，往往反复几次，拿不定主意，而且特别喜欢观察别的顾客是否购买，效仿性较强；她们挑选得特别细，互相比较，不厌其烦；她们询问得特别细，产地、性能、价格、质量无所不问，而且特别注意别人使用的情况。

针对这些，销售顾问要特别耐心，而且要有针对性地接待。例如可以多多介绍别人用后的反映，卖得快不快，价格高不高，挑选时要多拿些车型资料，让其充分选择，不要催促。总之，要特别耐心细致，切不可有烦躁的表现。

三、影响汽车产品个人购买行为的因素

影响汽车产品个人购买行为的因素主要有文化因素、社会因素、个人因素和心理因素等几

类。各类因素的影响机理是，文化因素通过影响社会因素，进而影响消费者个人及其心理的活动，从而形成消费者个人的购买行为。

1. 文化因素

文化因素包括核心文化和亚文化。核心文化是人类欲望与行为最基本的决定因素，是人们在成长的过程中，从家庭、学校、社会学习和感受而来的一套基本价值观。

亚文化：每个文化都包含了更小的团体所形成的次文化组合，它们提供成员特定的认同对象和社会化作用，并对人们造成更直接的影响。

社会象征性是人们赋予商品或服务一定的社会意义，使得购买某种商品和服务的消费者得到某种心理上的满足。

文化因素对购买行为的影响原因归纳如下：

1）可以指导购买者的学习和社会行为。

2）文化的渗透性可以在新的区域中创造出新的需求。

3）文化自身具有的广泛性和普及性，使消费者个人的购买行为具有攀比性和模仿性。

2. 社会因素

1）社会阶层。营销学上划分阶层的主要标准是购买者的职业、收入、受教育程度、价值倾向等。不同层次的购买者由于具有不同的经济实力、价值观、生活习惯和心理状态，并最终产生不同的消费活动方式和购买方式。

2）相关群体。相关群体是指能够影响消费者消费行为的个人或团体。分为三类：紧密型群体、松散型群体、渴望群体。相关群体对汽车产品个人购买行为的影响主要表现在以下三个方面：

第一，为群体成员提供某一特定的生活方式和消费模式，促使群体内的成员根据特定的消费模式采取购买行为。

第二，运用群体力量影响个人购买者的购买态度，改变已有的产品观念。

第三，影响个人购买者对产品及品牌的选择。

3）家庭。家庭可分为四类：丈夫决策型、妻子决策型、协商决策型、自主决策型。私人汽车的购买，在买与不买的决策上，一般是协商决策型或丈夫决策型；但在款式或颜色的选择上，妻子的意见影响较大。从营销观点来看，认清家庭的购买行为类型，有利于营销者明确自己的促销对象。

4）角色地位。角色地位是指个人购买者在不同的场合所扮演的角色及所处的社会地位，其需求及其购买行为要考虑与其角色和地位相一致。

3. 个人因素

1）职业。企业在制订营销计划时，必须分析营销所面对的个人购买者的职业，在产品细分许可的条件下，注意开发适合于特定职业消费者需要的产品。

2）经济状况。经济状况实际上决定的是个人和家庭的购买能力。它对于企业营销的重要性就在于，有助于了解个人购买者的个人可支配收入变化情况，以及人们对消费开支和储蓄的态度等。当企业对经济发展形势估计有误时，则应按实际经济状况重新调整企业营销策略，如重新设计产品、调整价格，或者减少产品和存货，或者采取一些其他应变措施。

3）生活方式。生活方式不同也会形成不同的消费需求。在企业与消费者的买卖关系中，一方面个人购买者要按照自己的爱好选择商品，以符合其生活方式；另一方面企业也要尽可能提供合适的产品，使产品能够满足消费者个人生活方式的需要。

4）个性和自我观念。个性是影响个人购买行为的另一个因素，它所指的是个人的性格特征，以及与购买者相关联的自我观念或自我形象。对于企业营销来说，了解个人购买者的这些个性特征，可以帮助企业确立正确的符合消费者个性特征的产品品牌。

四、消费者购车需要考虑的因素

1. 消费者购车三要素

汽车的潜在消费者只有具备了三个因素才有可能走进车行看车。有些虽然不是在短期内就采购，但仍然具备了这三个因素，那就是钱、决定权以及需要。三个条件之中最重要的应该是需要，没有需要，就不会来看车；而有了需要没有钱，也没有用，因此也不会来车行；有了需要，有了钱，但是没有对钱的运用的权力，通常也不会来看车。很少有女性消费者独自来车行看车的，她们有需要，她们有钱，但运用钱的权力不足够，所以，她们通常会与父亲或者丈夫一起来看车。对于销售顾问的挑战是，如何尽快判断走进车行的这三四个人，谁是决策主力，谁是未来汽车的使用者（需求来源），谁是提供经济支持的（钱）。这是销售顾问在接触走进车行的人时首先要考虑的问题。

2. 影响消费者选择经销商的因素

如今基本上没有绝对垄断的市场了，消费者可以选择的余地太多。经销商面对太多的竞争对手，必须清楚客户为什么会选择一个车行作为自己采购汽车的地方。

影响消费者选择经销商的因素：一个是经销商的实力；另一个是经销商展示出来的售后服务能力。

很多销售顾问都会自信地说："客户选择我们车行是因为我们卓越的销售能力、我们满足客户需求的能力。"但是，根据调查，经销商的实力以及展示出来的售后服务能力才是一个汽车消费者更为看重的。其中，车行的实力不是销售顾问的技巧可以提高的，销售顾问的技巧再高也不会对增加车行实力的重要因素——投资额起到多大的作用，但是一个经销商展示出来的售后服务能力倒的确是销售顾问才有机会表现的。如果销售技巧比较低劣，那么客户是无法理解和信任一个车行的信誉以及未来的售后服务能力的，因此在两个因素当中，销售顾问至少有能力影响其中的一个。

在这两点以后，客户选择一家车行的第三个因素就完全与销售顾问有关了。客户认为，一个赢得信任的销售顾问完全可以影响他们采购汽车的决策。那么一个赢得信任的销售顾问应该具备什么素质呢？尤其是作为汽车销售顾问，到底应该在哪些方面提升自己的销售能力呢？最重要的就是要深刻认识客户的消费行为，只有在认识之后才有可能谈其他技能的增加，而且有许多技能其实都是提高对客户消费行为准确认识的工具和方法。

五、个人购买决策过程

消费者个人的购买过程，一般包括五个步骤：需要确认→信息收集→评估选择→购买决定→购后感受和评价。

1. 需要确认

确认需要是个人购买过程的起点。通常消费者的购买行为发生在接受了某种需要刺激以后，这种刺激主要来自两个方面：一方面是内在刺激，比如由于交通转车不便而确实需要汽车；另一方面是外在刺激，比如各种宣传、广告、促销活动激起个人产生购买欲望。

2. 信息收集

消费者确认需要后，就开始搜集各种相关信息，以便确定是否需要实行其购买行为，以及能够满足需要的产品和服务类型。通常消费者的信息来源主要有以下四个方面：

1）个人来源。即通过家人、朋友、邻居、同事等私人交往范围掌握的汽车相关信息。

2）商业来源。即通过汽车产品广告、汽车销售顾问、经销商和展览会等汽车营销方式提供的信息。

3）公共来源。即通过消费者团体、政府部门、大众传媒等社会公众传播获得的信息。

4）经验来源。即通过自身对产品的认识、检验、比较和使用所获得的经验信息。

3. 评估选择

消费者收集到相关信息后，会形成一组备选方案。然后将方案进行筛选、分析、比较、评估，从而确定最优方案。

4. 购买决定

将购买行为现实化，是个人购买决策过程的核心。通常，在评估选择阶段，消费者已经有所偏好，形成购买意图。但这种意图和最终的购买决策之间，仍然会出现偏差。主要原因有两个方面：一是受他人态度影响，而且关系越亲密，受影响的程度越大。二是受意外因素的影响，比如说失业、疾病等。

5. 购后感受和评价

消费者购买产品后，在使用过程中会形成对该产品的态度：非常满意、比较满意、一般、比较不满意和非常不满意。这些态度对能否将顾客发展成忠实顾客起着决定作用。因此，汽车销售企业应及时了解消费者的态度，以便采取一些必要措施，增加顾客满意度。

任务二 集团组织汽车市场特征及购买行为

一、集团组织汽车市场的购买者及需求特点

集团组织市场是相对私人消费市场而言的。集团组织的购买者是各类集团组织。

1. 集团组织汽车市场的购买者类型

1）企事业集团消费型购买者。这类购买者包括企业组织和事业单位两大类型。企业组织是社会的经济细胞，是从事产品或服务的生产与经营的各种经济组织，其特点是自负盈亏、自我积累和自我发展。事业单位是从事社会事业发展的机构，是为某些或全部公众提供特定服务的非营利性组织，其特点是接受财政资助或得到政策性补贴，也可以在规定的范围内向其服务对象收取一定费用。

2）政府部门公共需求型购买者。这类购买者包括各种履行国家职能的非营利性组织，系指服务于国家和社会，以实现社会整体利益为目标的有关组织。

3）运输营运型购买者。这类购买者是指专门从事汽车运输服务的各类组织或个人。

4）再生产型购买者（含再转卖型）。再生产型购买者包括采购汽车零部件的企业或者对汽车中间性产品（如汽车的二、三、四类底盘）进行进一步加工、生产制造出整车的汽车生产企业。

5）装备投资型购买者。这类购买者包括那些将汽车作为装备投资，把汽车用作生产资料的各类组织，主要是各种基本建设单位。

2. 集团组织市场的特点

1）购买者数目相对较少。
2）购买数量一般较大。
3）供求双方关系融洽，联系密切。
4）购买专业性较强。
5）有些组织购买者的地理位置较为集中。
6）影响购买决策的人员众多。
7）购买的行为方式比较特殊。
8）需求具有派生性。
9）短期的需求弹性较小。
10）需求的波动性大。

二、集团组织购买行为类型

集团组织购买行为模式不同于个人购买行为模式，其复杂程度高得多。从购买活动的类型看，主要包括直接重购、修正重购和新购三种基本类型。

1. 直接重购

直接重购是指采购部门根据过去的一贯性需要，按原有订货目录和供应关系所进行的重复购买。在这种类型的购买行为中，集团组织的采购人员做出购买决策的依据是过去的经验，是对供应商已往的满意程度。由于这种购买行为所涉及的供应商、购买对象、购买方式等均为往常惯例，因而无须做出太多的新的采购决策，它属于一种简单的购买活动。

2. 修正重购

修正重购是指用户为取得更好的采购工作效果而修正采购方案，改变产品规格、型号、价格等条件或改变新的供应商的情形。这种购买类型下的采购行为比直接重购复杂，它要涉及更多的购买决策人员和决策项目。

修正重购有助于刺激原供应商改进产品和服务质量，还给新供应商提供了竞争机会，从而有助于用户降低采购成本。

3. 新购

新购是指购买者对其所需的产品和服务进行的第一次购买行为。这是所有购买情形中最为复杂的一种，因为它通常要涉及多方面的采购决策。

新购时如果所需的采购金额和面对的风险越大，采购决策的参与者就会越多，制定采购决策所需的信息就越多，决策所花费的时间也就越长。但对于所有的市场营销者来说，都是一个很好的机遇，可以充分利用组织购买者新购的机会，努力开辟组织市场。

三、集团组织的购买决策过程

1. 购买决策内容

集团组织在采购过程中需要决策的内容，首先与采购的业务类型有着密切的关系。通常情况下，采购者需要做出的决策内容，在直接重购业务中最少，在新购业务中最多。以新购业务需要的决策为例，其决策内容包括产品选择、价格决策、交货条件与交货时间的制定、服务水平的确定、支付方式的选择、订购数量确定、供应商选择的评估等。

2. 购买决策过程的参与者及其作用

1）使用者：指具体使用所采购产品或服务的人员。使用者在购买决策中的作用，一般是在采购的最初阶段从使用角度提出建议，他们的意见对选择产品的功能、品种、规格等方面起重要作用。

2）影响者：指内部或外部的所有对购买决策具有直接和间接影响作用的人员。最为重要的影响者多是集团组织内部的技术人员。

3）决策者：指集团组织内部有权决定采购数量和供应商的所有人员。在标准品的例行采购中，决策者往往就是采购者本人；而在复杂的采购业务中，决策者可能只是组织的领导者。

4）审批者：指那些有权批准决策者或采购者购买方案的所有人员。

5）采购者：指选择供应商、协商采购条款内容的直接实施购买行为的所有人员。其主要职能是选择供应商并与之进行具体条款的谈判。

6）控制者：指那些有权控制集团组织内外相关采购行动信息流动的人员。

3. 系统采购与系统销售

集团组织购买者不同于个人购买者的另两个特点是，其购买决策往往还要受到系统采购与系统销售行为的影响。

1）系统采购。系统采购是指采购者对各个相互关联的商品所进行的一揽子式购买行为。这种采购方式多见于政府购买和基本建设单位的购买活动中，比如政府及基本建设单位在建设大型公共设施、修建农田水利设施、城市的建设改造等方面所进行的采购活动多属此类。另外，在一些教育和卫生部门，也常常对其设施装备采取系统采购策略。

2）系统销售。系统销售是指供应商通过提供一组连带性商品，来满足用户的系统性需要的销售行为。这种销售方式是现代市场营销的一种策略。

4. 购买决策过程

采购活动包括如下八个阶段：

1）提出需要。
2）确定需求内容。
3）决定产品规格。
4）寻求供应商。
5）征求报价。
6）选择供应商。
7）发出正式订单。
8）审查履约状况。

四、集体组织的购买方式

1. 公开招标选购

公开招标选购即集团组织的采购部门通过一定的传播媒体发布广告或发出信函，说明拟采购的商品、规格、数量和有关要求，邀请供应商投标。招标单位在规定的日期开标，选择报价较低和其他方面合乎要求的供应商作为中标单位。这种招标方式常被用于政府采购、再生产者配套采购、重大工程项目建设单位装备采购等场合。

2. 议价合约选购

议价合约选购即集团组织的采购部门同时和若干供应商就某一采购项目的价格和有关交易

条件展开谈判,最后与符合要求的供应商签订合同,达成交易。汽车产品的大宗订单、特殊需求订单一般均采取此种购买方式。

任务三 需求分析技巧

在需求分析里,将以客户为中心,以客户的需求为导向,对客户的需求进行分析,为客户介绍和提供一款符合客户实际需要的汽车产品。

一、需求分析的目的和意义

今天的销售是以客户为中心的顾问式销售,是在市场竞争非常激烈的情况下进行的,所以不能再像以前那样采取"黄瓜敲锣——一锤子买卖"的做法,而要给客户提供一款适合他需要的车型,因此销售顾问要了解客户的购买动机,对他的需求进行分析。

客户需求是多方面的,可能是身份的需要,可能是运输的需要,也可能就是以车代步,更可能是圆梦。从车行的角度来分析潜在客户的动机,应该有五个重要的方面:弄清来意、购买车型、购买角色、购买重点、顾客类型。

1. 弄清来意

他们到底是来干什么的?顺便过路的?如果他开始仔细地看某一种确定的车型,那么看来有一些购买的诚意了。

2. 购买角色

到展厅一起来的三四个人,只有一个才是真正有决策权的人,那么其他人是什么角色?是参谋?是行家?是驾驶人?是秘书?还是朋友?

3. 购买重点

购买重点是影响这个客户做出最终采购决定的重要因素。如果他的购买重点只是价格,那么不管车的技术多么领先对他来说都没有什么用。如果他的购买重点是地位,那么无论多优惠的价格对他也不构成诱惑。

产品卖点

卖点是能够满足顾客需求、解决顾客问题的产品或服务的点。

卖点不等于特点,但特点有可能转化为卖点。

欲知卖点,必知需求;

欲知需求,必知问题;

欲知问题,必知使用。

使用是卖点之母

销售是讲话的过程还是对话的过程?

当你说句号时,顾客的心门将关闭;

当你说问号时,顾客的心门将打开。

切忌没有了解顾客的需求,就给顾客"放机关枪"!

二、客户期望

不同的客户，期望也是各异的。

期望销售顾问关注我真正的需求而不是主观地判断和推销，最好帮我缩小选择范围或者锁定待购产品。

希望销售顾问是诚实和值得信赖的，能听取我的诉求并提供我所要求的信息，但并不想承诺什么时候买车。

希望以置换的方式购得新车，想了解新车信息以及我现在所驾车辆的价格。

期望能和销售顾问愉快地交流，不希望听到任何争辩的言论，不希望销售顾问打探我的隐私。

三、工作标准

情况A：客户希望要一本型录。

1）询问客户想要哪种产品型录，恭敬地递给这位客户他所想要的型录，同时递上自己的名片。

2）询问客户是否愿意留下基本信息（姓名、地址、电话号码等），销售顾问填写《来店（电）客户登记表》，问客户今后是否可以和他再联系。

注：可考虑使用意见征询表或者赠品发放登记表等方式留下客户资料，以减少客户的抵触情绪。

3）感谢客户的光临。

情况B：客户希望看看车，但不知道对哪种车型真正有兴趣。建立客户对新车的兴趣。

1）通过提问与倾听的方式了解客户信息，尤其是购车的重要信息。

2）仔细倾听客户所说的话，重复客户所表达的购车需求。请客户确认你的理解是否正确，以使他相信你已了解他的主要需求。

3）根据客户提供的购车需求，为其推荐一款或两款你认为他可能感兴趣的车型。

4）给客户提供一本相关车型的型录。

5）主动邀请客户去看他所感兴趣的车。

6）以置换方式购买新车的客户，应先结合客户所使用的旧车情况，推介置换服务。

情况C：客户希望看看某一档次的车型。

1）给客户提供一本相关车型的型录。

2）询问客户的生活方式或所希望的汽车性能，以便决定向其推荐哪种档次。

3）询问客户是否已决定购买哪种档次的车，以帮助确定其所感兴趣的具体车型。

4）仔细倾听客户所说的话，重复客户的需求。

5）根据客户提供的信息向客户推荐某一特定档次的车。

6）询问客户以前是否看过这种车，以免浪费客户时间来重复提供他已获得的信息。

7）询问客户是否去过其他经销商处看过这种车，以免重复他的购车经历。

8）询问客户是否需要处理旧车后购买新车，推介置换服务。

情况D：客户希望商谈某一车型的价格。

1）请他确认所希望的车型和档次。

2）邀请客户去看其所要的车。

3）询问客户是否需要处理旧车后购买新车，推介置换服务。

四、关键技能——需求分析步骤及技巧

1. 需求分析五大步骤
需求分析五大步骤：①引导；②寒暄；③问询；④倾听；⑤归纳。

2. 寒暄的四大话题
寒暄的四大话题：①天；②地；③人；④车。

3. 问询的技巧
1）问询的三大步骤，见表 4-1。

表 4-1　问询的三大步骤

序号	步骤	发生时间	主要目的	主题内容
1	一般性	过去	了解购买动机	用车背景与曾经接触过的车
2	辨别性	现在	了解购买需求	购车的具体需求与细节
3	连接性	将来	了解购买标准	需求细节与产品卖点相连，过渡到产品介绍

2）通过封闭式提问，将客户需求与产品卖点结合起来。

> 销售顾问：××先生/女士，刚刚跟您聊这么多，知道您买车商务用途比较多，又经常跑高速……在选车时有三点对您来说非常重要：一是外形；二是安全；三是舒适。
> 　　第一是车辆外形。车如其人，人如其车，动感优雅的外观造型一定能帮您在生意场上树立儒雅的个人形象，您说是吧！
> 　　第二是安全。您经常跑高速，车辆的安全性对于您来说一定非常关键，对吧！
> 　　第三是舒适。您经常长途商务旅行，有时候需要在后排座椅上好好休息一下，所以后排座椅的舒适性对于您来讲一定非常重要，对吧！
> 　　刚刚上市的新天籁就是这样的一款车型，要不我帮您介绍一下？

3）向客户询问的四大话题：①客户的职业；②客户的爱好；③家庭；④使用类信息。具体话题见表 4-2。

表 4-2　销售顾问向客户询问的话题

序号	问题	提问话术
1	客户的职业	先生，我看您的气质，您是大学老师吧
2	购车预算	先生，您的购车预算大概是多少？这个问题本来不应该问，但是很多客户买车以后要么觉得配置低了，要么觉得配置太高，为了更好地帮您推荐车，所以才冒昧地问您这个问题
3	比较车型	先生，之前还看过什么车呢
4	购车用途	先生，您买车除了正常代步以外，还有什么其他特别的用途吗？（比如商务和长途旅行等）/先生您买车是公用还是私用啊
5	家庭成员	您小孩多大了
6	购车时间	先生，您想什么时候能够拿到车呢

(续)

序号	问题	提问话术
7	在用车辆	先生，我刚才看您开了一台捷达过来，是您自己的车吧
8	对配置的要求	先生，您选车对配置有没有特别的要求？比如导航、倒车影像等
9	购车决策人	先生，您今天能定下来吗？是否还需要听听家人的意见
10	付款方式	先生，您买车是一次性付款还是分期付款呢
11	对车辆性能的偏好	您比较关注车辆性能的哪一方面，比如动力、经济、舒适性等
12	使用人	先生，您买车主要是您自己用呢，还是家里人用

4. 倾听的技巧

（1）听的类型

1）主动地听。客户要买车，他需要买什么样的车，有什么样的顾虑，有什么样的要求，他都想告诉销售顾问，让销售顾问给他参谋。可是他发现你没有仔细听他讲，这个时候他就会心生不满，后果可想而知。

2）被动地听。人们会主动去听与自己切身利益有关的信息。还有一种是被动地听，被动地听实际上是一种假象，例如，很多单位领导在台上讲话，员工就在下面装听，这种听法就是被动地听。

（2）听的技巧

1）要听全，勿打断。

2）不要跟客户辩解。

3）要听懂，要正确理解。

4）要专注诚恳，微笑关注，点头回应。

5）创造让客户说话的机会，让对方充分表达。

6）积极是倾听的要点。

【案例】

某汽车公司的销售顾问小赵正在接待一个女客户，这位女客户与他谈得非常愉快，谈着谈着就到了定金先付多少这个话题上了。这位客户说："我看看我包里带了多少钱，如果带得多我就多付一点儿，少我就少付一点儿，我凑凑看，能凑2万元我就把2万元全付了。"

这位客户一边打开包，整理钱，然后一边说话。因为这件事情基本上已经定下来了，她很开心，就把她家里的事情说出来了，主要是说她儿子考大学的事情，而这名销售顾问在旁边一句都没听进去。

这时又过来一名销售顾问，就问他："小赵，昨天晚上的那场足球赛你看了没有？"

小赵也是个球迷，这两个人就开始在那里聊起昨天晚上的那场足球赛了，把客户晾在了一边。这位女客户愣了一会儿，把拉链一拉，掉头走了。

小赵感觉不对劲，他说："这位女士，刚才不是说要签合同的吗？"

这位女客户一边走一边说："我还要再考虑考虑。"

他说："那您大概什么时候过来啊？"

"大概下午吧。"他也没办法，只能看着她走了。

> 到了下午三点钟，这位客户还没来，他一个电话拨过去，接电话的人说："你要找我们总经理呀，你就是上午接待我们杨总的那位销售顾问吧。"
>
> 销售顾问就说："是呀。她说好下午要来的。"
>
> 对方说："我是上午送杨总过去的驾驶人。你就别想了，我们老板不会在你那儿买车了。"
>
> 小赵问："为什么呀？"
>
> 对方说："为什么你不知道啊，我坐在旁边都替你着急。我告诉你，我们杨总她儿子考上名牌大学了，她不仅在我们公司这么讲，只要一开心她见谁跟谁说。而你在那边聊足球，把她晾到旁边了，你没发现这个问题吧？"
>
> 这名销售顾问听了之后就傻了，煮熟的鸭子飞了。所以聆听是有很多学问的。

（3）听的方法

销售顾问在了解客户的需求、认真倾听的过程中还要注意一些方法。

1）注意与客户的距离。人与人之间的距离是很微妙的，有的客户很敏感。那么什么距离客户才会有安全感呢？当一个人的视线能够看到一个完完整整的人，上面能看到头部，下面能看到脚，这个时候这个人感觉到是安全的。

心理学里面基本的安全感是出自这个角度。如果与客户谈话时，双方还没有取得信任，马上走得很近，对方会有一种自然的抗拒、抵触心理。在心理学里边曾经有过这样的案例，当一个人对另一个人反感的时候，他连对方身体散发出来的味道都讨厌；当这个人对对方有好感的时候，他觉得对方身体散发出来的味道是香味。因此，当客户觉得不讨厌你的时候，他会很乐于与你沟通，比如上述案例的那个女客户会把她家里私人的事情告诉别人，这是很正常的。

2）注意与客户交流的技巧。销售顾问要认同对方的观点，不管对方是否正确，只要与买车没有什么原则上的冲突，你就没有必要去否定他。你可以说："对，您说的有道理。"同时还要点头、微笑，还要说"是"。这样客户才会感觉到你和蔼可亲，特别是有三个字要经常挂在嘴边："那是啊"。这三个字说出来，能让对方在心理上感觉非常轻松，感觉到你很认同他。

> 【案例】
>
> 一天，某客户来店后一直在查看一辆车，看完以后，这位客户说："哎，这一款车的轮毂好像比其他的车要大一些。"
>
> 这个时候你就要抓住这个机会赞美他了。因为现在轿车的发展方向都是大轮毂。大家从车展上可以看出，一些新推出来的车型都是大轮毂，这是一种潮流、一种趋势。
>
> 销售顾问可以说："哎呀，您真是观察得很仔细啊。"
>
> 这样一说客户会很高兴。这个时候客户还会说："我听说大轮毂一般都是高档轿车，甚至是运动型的跑车才会配备。"
>
> 而这个时候销售顾问又可以称赞几句了："哎呀，你真不愧是一个专家啊，我们有很多销售顾问真的还不如你啊。"
>
> 通过这两次赞美，客户彻底消除了疑虑，这个时候就很容易拉近彼此间的距离，与客户越谈越融洽，就能顺利地进入销售的下一环节。

（4）善意应用心理学

作为销售顾问，掌握心理学是非常重要的。从心理学的角度上讲，两个人要想成为朋友，一个人会把自己心里的秘密告诉另一个人。达到这种熟悉程度需要多少时间呢？权威机构在世界范围内调查的结果是——最少需要1个月。

再看看我们的周围，我们都有第一次进入新公司的经历。作为新员工和老员工，即使天天在一起上班，能够达到互相之间把自己内心的一些秘密告诉对方所需要的时间可能还不止1个月。我们与客户之间的关系要想在客户到店里来的短短几十分钟里确立巩固，显然是很不容易的。在这种情况下销售顾问要赢得客户，不仅是技巧的问题，还应适当掌握心理学的知识。

运用心理学进行销售时，要本着对客户的购买负责任的态度，本着给客户提供一款适合客户需求的汽车的目的，绝不能运用心理学欺骗客户。

5. 归纳并帮助客户解决疑难问题

在需求分析里，前面曾经举过一个例子，是说客户买车是因为一种个人的爱好，实际上跟解决问题不是直接挂钩，而是有间接联系的，下面再举个有直接关系的例子。

> **【案例】**
> 一个公司的老总来到某专营店，他想给主管销售的副总配一辆车。他看了一款车后觉得很不错，价格方面也没问题。这时销售顾问说："既然你都满意了，那我们就可以办手续了。"
> 这位老板说："等一下，我还得回去，我再征求一下别人的意见。"
> 这名销售顾问就想："这个时候不能放他回去，一旦放他回去，什么事情都会发生，万一半路杀出个程咬金就会把这个客户劫走了。怎么办？"
> 这名销售顾问就开始问他："是不是我哪个地方没有说好，我哪个地方介绍得不够，还是我的服务不好？"这个地方他正是运用了心理学。
> 客户老总一听这位销售顾问讲这样的话，就说："跟你没关系，你介绍得很好，主要是因为这个车不是我开，是给我的一个销售副总配的，我也不知道他喜欢不喜欢这个车。"
> 后来销售顾问又深入了解了情况，发现那位销售副总是新拿的驾照，驾车技术也不是太好，但是从事销售工作业务很多，电话也很多。所以他就跟这位老总说："我觉得给你推荐的这款车很合适，这款车是自动变速的，在电话多的情况下不用换档，接电话、遇红灯时，踩制动就可以了，车也不会熄火。"
> 这位老总一听："真的吗？"其实，他也不会开车，销售顾问到后面开出一辆自动变速的车，让他坐上去亲身体验一下。
> 销售顾问说："你看，前面有红灯了，你又在接电话，你踩制动，看这辆车会不会熄火？"
> 他一踩制动，车停下来了，没有熄火；制动踏板一松，车又继续往前走了。客户说："这辆车不错，我要的就是这款车。"
> 这就是帮助客户解决疑难问题，客户的问题解决了，交易也达成了。

五、关键技能——需求分析话术

1. 客户的购车背景

销售顾问：（看见客户走进展厅，急忙迎了上去）您好，我是这里的销售顾问小李，欢迎您的到来。准备要看什么样的车？

技巧：争取的开场白与陈述内容，特别是"看"的应用，较好地把握了客户的心态，因为这里所销售的车档次都较高。

客户：随便看看（接着走到了展车面前）。

（说明：客户考虑选择的可能是展厅中价值较低的车型，如果是最贵的，客户的语气和语态会发生很大的变化。）

销售顾问：（只需在离客户约1.2m的距离，不要过早打扰客户。如果发现客户在某个位置停留时间较长或回头时，要尽快靠前）这位先生，看来您对这款车非常感兴趣。

技巧：适当的距离与恰当时机的询问，不仅能够消除客户的紧张情绪，还能拉近与客户的距离。

客户：发动机是在哪里生产的？

（说明：客户提出了自己的问题，这也表明了该问题是他购车时会首先考虑的。）

销售顾问：看来您很专业！一般首先问到发动机的朋友都是汽车方面的专家（停顿）。

技巧：表示出对客户的赞美，同时适当的停顿给予客户思考的空间，也利于销售顾问决定下一步应该说什么。

客户：哪里啦，只是知道一点。

（说明：客户自谦，也是对销售顾问赞美的一个回应。）

销售顾问：我们这款车的发动机是德国原装发动机，动力性能非常的卓越。不过，我想请教一下，您之前接触过这款车吗？

技巧：简明扼要地回答客户的问题，但此时不要走进销售的误区，即在不了解客户真实意图前就进入到汽车产品的展示阶段。此时话锋一转，开始对客户的购车背景情况进行调查。

客户：在互联网上看过，还没有见过实车。

（说明：表明客户对此款车了解还不够深入，接下来销售顾问的产品展示功夫就会直接影响到这位客户后续的销售，但此时还不是展示产品的时机。）

销售顾问：那您有没有接触过其他同级的车呢？

技巧：了解客户对竞品的认知情况以及认同情况，这是制定后续销售策略的基础。

客户：我刚从隔壁的展厅过来，听他们介绍过××款车，相当不错，特别是发动机。

（说明：客户表明他刚接触到的竞品相当不错，尤其是对发动机的印象，此时，销售顾问初步明确了客户的选择范围。）

2. 客户需要解决的问题

销售顾问：（看见客户走进展厅，急忙迎了上去）您好，我是这里的销售顾问小李，欢迎您的到来。准备要看什么样的车？

技巧：对于来展厅的陌生客户，销售顾问小李热情地迎了上去，开场白简洁明了。

客户：听说新上市一款2.0L排量的车，不知怎么样。

（说明：客户表明了他的来意，是想了解新上市的那款车。）

销售顾问：（引导客户走向样车）您说的就是这款车，上个月18日刚上市，现在销售情况特别好。

技巧：销售顾问在向客户介绍前，先用总结性的语言点明了这款新车的销售情况非常好，给了客户一个心理暗示。

客户：介绍一下吧。

（说明：客户提出介绍要求。请注意，一般情况下，就像前例所述，不够专业的汽车销售顾问很容易顺势就被诱入汽车产品的展示阶段。如果这样的话，整个销售过程就容易被客户所主导。）

销售顾问：好的，只是不知道您是否有足够的时间听取我的介绍。同时，在介绍这款汽车前，能否向您请教几个问题？

技巧：这句话的目的是作一个缓冲，不至于让客户牵着鼻子走，同时可以变被动为主动。

客户：什么问题？

（说明：只要客户做出类似这样的回答，就可以按照我们的思路来进行客户需求的开发。）

销售顾问：在来这里之前，您是否接触过或听说过这款车？

技巧：了解客户的背景情况。

客户：听朋友说过。

（说明：是朋友的介绍促使客户来到展厅。）

销售顾问：能不能介绍一下，他对这款车是怎么看的？

技巧：探询该客户的朋友对这款新车的看法，也能够知道客户的了解程度，有利于把握客户的未来的投资取向。

客户：他说这是一款不错的车，特别是在安全系统方面，配置比较高。

（说明：这是有利的信息，朋友的正面意见将会对客户的决策起到帮助作用。）

销售顾问：您这位朋友说得非常正确。安全系统是这款车的一个重要卖点，除了车身设计外，配备了只有高档轿车才配备的ESP，同时还配备了双氙气随动转向前照灯。我想请教一下，安全系统的配置是否是您购车时重点考虑的问题？

技巧：进一步强化这位客户对安全系统的认识，增强他的信心。同时，提出诊断性问题，了解客户是否把安全系统放在选车条件的第一位。

客户：当然。我以前开的那款车安全配置比较低，有一次在高速公路上差一点儿出事故。

（说明：客户通过它自己的亲身经历，说明了原来那款车在安全系统方面的不足，这一定是客户在未来选车时必须考虑的关键因素，也是这个环节的话术要到达的目标——找到客户需要解决的问题。）

销售顾问：这也就是说，如果我没有理解错的话，安全配置是您选车时首先要考虑的问题。除此之外，还有什么问题必须考虑呢？

技巧：再进一步寻找客户所面临的需要解决的其他问题，只要找到了客户的问题，那么成功销售就近在咫尺了。

客户：就是该车的动力性如何？原来那款车虽然也是2.0L的排量，但由于车身自重较大，跑起来总感觉吃力。这款车的车身重量是多少？

（说明：客户再次表述了他面临的问题，即动力性表现，这是有经验的购车者才会提出的问题。此时，销售顾问必须对客户所提及的汽车产品非常了解，才有可能不至于出现销售破绽。）

销售顾问：您这个问题问得真到位，发动机是您最值得了解的地方，虽然只是2.0L的排量，但其输出功率达到了108kW，输出转矩达到了200N·m，自重比您所说的那款车还要轻，所以动力性是无可挑剔的。

技巧：对客户的需求进行肯定，目的是强化客户对销售顾问的认同。当然，客户提出的问题如果是自己产品的强项，那是再好不过；如果不是，就要设法进行转化，弱化客户对此项问题的关注与要求。

……

销售顾问与客户之间的对话继续在进行,接下来销售顾问就客户在购车中面临的需要解决的问题再进一步探询。

3. 客户解决问题的欲望

背景情况:

某客户经过比较,最终锁定了两个不同品牌的同级车,但由于各款车都有其独到之处,他较难取舍。其中,A品牌为新上市的车型,在同级车中是率先装备了ESP、双氙气随动转向前照灯、八向电动座椅等高科技安全与舒适性配置,但这款车外形设计过于时尚,整体视觉效果是车体不够宽大,同时还没有天窗;B品牌为已经在市场上销售一年多的车型,在同级车中销售相当不错,业界的评价也很高,虽然没有装备ESP和氙气前照灯,但宽大的车身、天窗和用户良好的口碑的确让客户割舍不掉。这一天,他来到了A品牌的展厅,想就这个问题寻求一个最终的答案。

销售顾问:通过刚才您的介绍,两款车都让您心动。说句实在话,购车选择是一件很难的事情,因为没有一款车、也不可能有这样一款车,把所有车型的优点集于一身。只是,一款车是否适合自己,最关键的是要看是否能够符合我们的投资要求,能否解决我们目前存在的问题。再次,我想请教一下,在您过去用车的经历中,上高速的机会多不多?

技巧:在明确了客户的选择范围后,进行立场转化,提出选车应该考虑的问题与角度,让客户感觉到是站在他们的立场上考虑问题,帮助他们出主意。接着,话题一转,开始导入到A品牌最有优势的部分——安全保障系统,寻找客户没有特别注意甚至是忽略掉的问题并进行强化。

客户:多,经常要出差,全省各地跑。

(说明:客户的回答正好符合后续需求引导的要求。)

销售顾问:那就是说,出差的时候遇到刮风下雨的机会比较多了?

技巧:把高速公路的行驶与恶劣条件联系在一起,暗示安全保障的重要性。

客户:那自然。

(说明:得到客户正面和肯定的回答,正好能够顺势进行引导。)

销售顾问:遇到风雨天您是不是要减慢车速而且还要小心翼翼?

技巧:强化风雨天的行车风险对客户心理上的影响。

客户:那肯定。

(说明:得到客户的正面答复。)

销售顾问:有没有在雨天高速行驶时遇到过紧急情况?

技巧:诊断性问题激发客户对行车危险的联想。

客户:有啊!半年前送一个客户去某地,在高速公路上就碰到过这样的情况,那一次差点把我们吓死了。

(说明:客户的回答证实了这种可能性的存在,也进一步强化了客户防范风险的意识。)

销售顾问:这么说,汽车的安全保障系统是你不得不重点考虑的问题了,特别是该车是否配备了ESP。

技巧:强化客户对汽车安全尤其是ESP配置的认同。

客户:没有错。

(说明:得到肯定的答复。)

销售顾问：那我再请教一下，您开车出差时会不会因为时间紧，经常在晚上赶路。
技巧：结合氙气前照灯的作用继续进行深一步问题的挖掘。
客户：差不多每次出差都会如此。
（说明：又一次得到肯定的答复。）
销售顾问：这样的话，行车过程中对灯光的要求就会比较高，不仅照度要高，而且视野要好。如果在弯道行驶和上下坡的时候能够自动调节，那么行车就安全得多了。
技巧：从灯光系统进行分析，强化氙气前照灯对客户行车安全的保障。
客户：你分析得没错。
（说明：再一次得到客户肯定的答复。特别提示：这样一而再、再而三地让客户给出肯定的答复，从心理学的角度看，此时即使提出的问题是错的，客户会也顺势回答"正确"。）
销售顾问：这样看来，行车安全的保障是您必须第一位考虑的问题，而这款车有没有天窗就显得不重要了。
技巧：在客户心理不断得到正面强化的情况下，提出必选的答案让客户选择。
客户：当然，如果安全保障系统完备，而又有天窗的话，会更好一些。
（说明：客户提出的虽然是一个折中的意见，但可以看出，刚开始时对天窗的要求强烈程度已经开始弱化，这正是此段话术的精髓所在。）
销售顾问：从这个角度看，在您刚才确定的这两款车中，也只有A品牌最符合您的要求了，我建议现在您就把这辆车开回去吧！
技巧：再次强化客户对A品牌的认同，并适时地提出了成交要求。

六、如何探寻客户的需求

在汽车销售中，将表面的现象称为显性的问题，也叫显性的动机；还有一种隐藏着的东西叫做隐性的动机。在冰山理论里会经常提到显性和隐性的部分，一个是在水面以上的部分，还有一个是在水面以下的部分。水面以上的部分是显性的，就是客户自己知道的、能表达出来的那一部分；水面以下的是隐藏着的那一部分，就是有的客户连他自己的需求是什么都不清楚。例如，某客户打算花10万元买车，可是他不知道该买什么样的车，这个时候销售顾问就要去帮助他解决这些问题。销售顾问既要了解客户的显性需求，也要了解他的隐性需求，这样才能正确分析客户的需要。

【案例】

个人爱好与实际需求

有一天，一位客户到某专营店来看车，他在展厅里仔细地看了一款多功能的SUV车，该公司的销售顾问热情地接待了他，并且对这位客户所感兴趣的问题也做了详细的介绍，之后，这位客户很爽快地说马上就买。他接着还说，之所以想买这款SUV车是因为他特别喜欢郊游，喜欢出去钓鱼。这是他的一个爱好，他很早以前就一直想这么做，但是因为工作忙，没时间，现在他自己开了一家公司，已经经营一段时间了，但总的来说还处于发展阶段，现在积累了一点儿钱，想改善一下。

当时客户和销售顾问洽谈的气氛比较融洽，要是按照以前的做法，销售顾问不会多说，直接签合同、交定金，这个销售活动就结束了。但是这名销售顾问没这么简单地下定论，他继续与这个客户聊,通过了解客户的行业他发现了一个问题。

这位客户是做工程的,他业务的来源是他的一位客户。他的客户一到这个地方来他就去接他,而跟他一起去接他的客户的还有他的一个竞争对手。这位客户过去没车,而他的竞争对手有一辆北京吉普——切诺基,人家开着车去接,而他只能找个干净一点的出租汽车去接。他的想法是不管接到接不到,一定要表示自己的诚意。结果每次来接的时候,他的客户都上了他这辆出租车,而没去坐那辆切诺基。这位客户并不知道其中的原因。但这名销售顾问感觉到这里面肯定有问题,销售顾问就帮助这位客户分析为什么他的客户总是上他的出租汽车,而不上竞争对手的切诺基。

销售顾问问:"是因为您的客户对你们两个人厚此薄彼吗?"

他说:"不是的,有的时候我的客户给竞争对手的工程比给我的还多,有的时候给他的是肉,给我的是骨头。"

这名销售顾问分析以后发现,他那位客户尽管一视同仁,但实际上他有一种虚荣心,不喜欢坐吉普车而要坐轿车,出租车毕竟是轿车。于是这位销售顾问就把这种想法分析给这位客户听。

销售顾问说:"我认为,您现在买这辆SUV车不合适,您的客户来了以后,一辆切诺基,一辆SUV,上哪个车脸上都挂不住。以前一个是吉普,一个是出租,他会有这种感觉,毕竟出租是轿车。到那个时候万一您的客户自己打的走了,怎么办?"

这位客户想想有道理。然后这名销售顾问又给他分析,说:"我认为根据您的这个情况,您现在还不能够买SUV。您买SUV是在消费,因为您买这辆车只满足了您的个人爱好,对您的工作没有什么帮助。我建议您现在还是进行投资比较好,SUV的价格在18万~20万元之间,在这种情况下我建议您还是花同样多的钱去买一辆自用车,也就是我们常说的轿车,您用新买的轿车去接您的朋友和您的客户,那不是更好吗?"

这位客户越听越觉得有道理,他说:"好吧,我听你的。"他之所以听从销售顾问的建议,是因为从客户的角度来讲,销售顾问不是眼睛只看着客户口袋里的钱,而是在为客户着想。他说:"我做了这么多年的业务了,都是人家骗我的钱,我还没遇到过一个我买车他不卖给我,而给我介绍另外一款车的情况,还跟我说买这款车是投资,买那款车是消费,把利害关系分析给我听,这个买卖的决定权在我,我觉得你分析得有道理。确实是这种情况,按照我现在公司的水平还不具备消费的那种水平。"于是他听从这名销售顾问的建议,买了一款同等价位的轿车,很开心地把车开走了。

在开走之前,那位客户对销售顾问说:"非常感谢你,我差点就买了一辆我不需要的车,差点白花了这20万元还不起作用。"他一句一个谢。

这名销售顾问很会说话:"先生,您不用对我客气,您要是谢我的话,就多介绍几个朋友来我这买车,这就是对我最大的感谢。"

这位客户说:"你放心,我一定会帮你介绍的。"

果然,没过多长时间,他亲自开车带了一个朋友来找那位销售顾问。经过介绍,大家一聊,销售顾问不是问买什么车,而是问买车做什么用,是从事哪个行业的,这几个问题一问,客户觉得这名销售顾问很会为客户着想,于是又在这儿买了一辆车。

这位销售顾问还是用同样的方法跟他说:"您买了这辆车以后,如果觉得好就给我在外边多宣传,多美言两句。"

那位客户说:"好,我们王兄就是在你这儿买的车,我就是他介绍来的。现在我也很满意,我也会给你介绍的。"下面肯定也会有这样的事情发生,因为那位客户也有他的朋友社交圈。

半年以后,第一位客户又来找这名销售顾问。他说:"我找你是来圆我的那个心愿的。"这名销售顾问一听就乐了,他是来买那辆SUV的。

以客户为中心的顾问式销售使这位销售顾问在半年之内卖了三辆车。

如果汽车销售公司都像以前那样只做一锤子买卖,客户可能当时购买了,回去以后发现不对,就再也不会上门购买了,也不会介绍他的朋友前来购买了。学习汽车销售的流程和规范,目的就是要解决这些问题,就是要把握客户的满意度,就是要与客户成为朋友,拉近与客户的距离,取得客户的信任,这样客户再次买车的时候就会来找你。

项目小结

本项目主要分析消费者的购车心理、消费者的12个类型和购车行为,针对不同购车者的不同应对方法。当今的汽车销售是以客户为中心的顾问式销售,要给客户提供一款适合的车型,就要了解客户的购买动机,对他的需求进行分析。既要了解他的显性因素,也要了解他的隐性因素。在问客户问题的同时,还要学会聆听。要认真地听,主动地听,而不是被动地听,否则会让客户感觉不被尊重。同时还要掌握听的方法,和客户保持适当的距离,让他产生安全感。与客户交流时要认同客户的观点,善意地应用心理学。当客户遇到疑难问题时,要主动地帮助他分析和解决。

复习思考题

1. 成交三要素是哪三个要素?
2. 如何分析判断一个客户是不是有购车意图?
3. 客户的类型有哪些?
4. 怎样才能为客户量身定做一套属于客户的购车方案?

项目五 产品介绍

学习目标

1. 了解汽车的品牌知识，掌握常用配置知识。
2. 分析销售车型，确定该车型的突出性能和卖点。
3. 掌握汽车产品介绍技巧。

案例导入

【案例1】

某汽车销售公司的销售顾问小李经过努力与一个客户约定了时间去登门拜访。那天小李如约前去拜访，这位客户请他坐下后一言不发地看着他。小李事先没有准备，被这位客户看得心里面直打鼓，不知道该说什么，心里想："这个客户怎么这么严肃？"

客户总是非常忙碌，他希望销售顾问有准备而来。这个时候客户等得不耐烦了，说："你有什么事，就快点说。"

小李听了更紧张了，结结巴巴地不知道从何说起。

客户说："好像你没有什么准备，我也很忙，这样吧，你把资料留下来，我抽空研究一下。"

结果，小李只好把资料留下来，无功而返。

【案例2】

一天，某汽车销售公司的销售顾问小张值班时，有位客户在展厅里看了一款轿车之后，向小张问了两个问题。

这个客户很关心安全问题，他问小张："这款车的ABS是哪里生产的？"

这个问题很普通，在汽车销售公司日常的销售过程当中，客户提这个问题的频率也比较高。而小张一下子不知道该怎么回答，因为他不知道这辆车所装配的ABS到底是国产的还是进口的，只好问旁边的销售顾问，结果没有得到满意的答复。小张为了把这辆车卖给客户，他就回答说："可能是进口的。"

这个客户又问："这款车现在没货，那什么时候才会有呢？"

这个问题也是日常销售中客户问得最多的一个问题。因为汽车销售公司不可能把每一款汽车、每一种颜色都备齐了。小张又着急了，他说："你等一下，我去问一下我们领导。"

刚巧，他的领导当时不在公司，而且电话又无法接通。客户等不及，就在那里不断地问他："怎么样？到底什么时间有货？"小张没有办法，最后说："大概需要半个月左右吧。"

客户提了两个问题，一个是不清楚，一个是大概，这位客户有点不高兴。客户说："我的时间这么紧，你却告诉我可能大概，你让我怎么决定，我还是到别的地方去看看吧。"

这个故事也很有代表性，活生生地把一个很好的意向客户丢掉了。

案例分析

作为一名优秀的销售顾问，除了要有良好的职业形象、语言表达、沟通能力之外，丰富的产品知识尤为重要。从案例可以看出，客户是不喜欢与不专业的销售顾问打交道的。

任务一 汽车产品知识的学习

汽车和普通商品不一样，结构复杂，技术含量高，尤其是使用的材料、外形设计、各种动力技术、安全技术、先进的电子配备、安全车身结构等十分复杂，要全面了解一款车，没有一定的专业知识是非常困难的。学习一款车的产品知识，一般从品牌的历史、产品的目标定位、外观、动力性、操控性、安全性、舒适性、经济性、竞争品牌等几个方面去认识。下面主要以高尔夫轿车为例来进行介绍。

一、产品的品牌

客户在购车时都会考虑品牌，因为老品牌经过多年的磨炼，在技术、服务上都会有自己的优势，值得客户信任。汽车的品牌史就是汽车品牌的发展历史，了解本车型从最初设计生产到最新一代上市所经历的历程，对客户认识一款车非常重要，这也包含了品牌文化。

1. 高尔夫轿车的品牌历史

1）高尔夫是欧洲最受欢迎的汽车。

2）高尔夫拥有46年历史，历经8代不断改进（图5-1）。

3）销量累计超过4000万辆，是汽车工业史上的传奇。

4）高尔夫轿车引领潮流、不断创新，在实用主义之上追求完美品质，是巴洛克风格在现代汽车工业的再现（图5-2）。

2. 高尔夫轿车品牌内涵

艺术灵魂与完美品质造就全新高尔夫。

1）汽车工业传奇。高尔夫轿车历经8代，走过46年光阴，拥有全球4000万用户。四摘欧洲最佳年度车型桂冠，横扫世界顶级车展大奖，成为汽车工业史上前所未有的传奇。1974年高尔夫问世，自此，世界汽车工业步入了"高尔夫年代"。无论哪一代车型，均引领了世界轿车工业的前行。

2）高尔夫是巴洛克风格在现代汽车工业的再现。巴洛克风格反对僵化的古典主义，追求自由奔放的格调。在建筑上，外观简洁雅致，内部则追求装饰完美，强调功能实用，形成强烈的反差。巴洛克风格强调在实用主义的基础上追求完美的品质，某种程度上起到了整个欧洲精神文化的奠基作用。200多年来，巴洛克建筑已成为现代都市的地标风景线。而今天，高尔夫用巴洛克风格的浪漫主义咏叹调让现代都市更完美。

图 5-1　高尔夫的发展史

图 5-2　高尔夫的设计风格

3）坚持不断创新、追求完美品质，为用户带来时尚品位与快乐享受。大众汽车从设计到制造，为每一代高尔夫都淋漓尽致地注入了德国工艺的精髓。高尔夫不仅是世界轿车工业发展的风向标，更是对现代都市人追求时尚品位、快乐生活的最佳满足。从乔治亚罗笔下的第 1 代高尔夫有棱有角的造型，到第 6 代高尔夫充满肌肉感的线条，简约优雅的品位一直引领世界汽车设计的审美观。从第 1 代高尔夫 GTI 让一部"小车"具备了令人难以置信的强劲动力，到第 8 代高尔夫装备的 TSI+DSG，让动力和节能无与伦比地实现了完美均衡（图 5-3）。高尔夫在汽车上延续着巴洛克时代的艺术家们在创造建筑、音乐、绘画中融入的勇于创新、追求完美的精神。高尔夫已经超越了产品的物理属性，以其艺术的灵魂和完美的品质令千万用户痴迷。

图 5-3　第 1~第 8 代高尔夫

二、品牌的定位

品牌定位就是指企业的产品及其品牌，基于顾客的生理和心理需求，寻找其独特的个性和良好的形象，从而凝固于消费者心目中，占据一个有价值的位置。品牌定位是针对产品品牌的，其核心是要打造品牌价值。品牌定位的载体是产品，其承诺最终通过产品兑现，因此产品定位必然包含其中。

例如一汽大众高尔夫 8 的定位就非常清晰。定位中小企业主、普通职员、公务员、专业人士、中层管理者为其主要消费群体。

高尔夫 8 的目标市场：

1）A+ 级市场和 A 级两厢车市场构成了高尔夫 8 轿车的目标市场，如图 5-4 所示。

图 5-4　高尔夫 8 目标市场

2）目标市场主要依据用户的年龄、性别、职业三项特征进行结构划分，如图 5-5 所示。

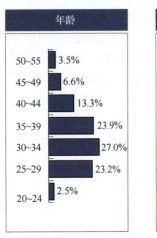

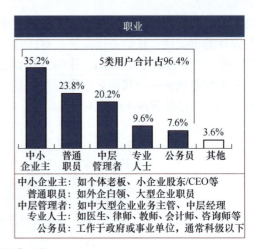

图 5-5 目标市场用户分布

3）按职业特征划分的五类用户群体中，公务员和中层管理者群体男性比例较高，公务员和企业主群体年纪偏大，如图 5-6 所示。

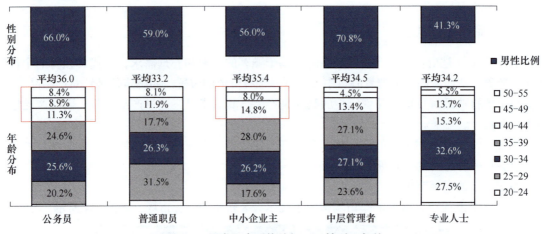

图 5-6 五类用户群体特征——性别·年龄

4）婚姻状况与年龄明显相关，公务员与中小企业主群体 80% 以上已婚，如图 5-7 所示。

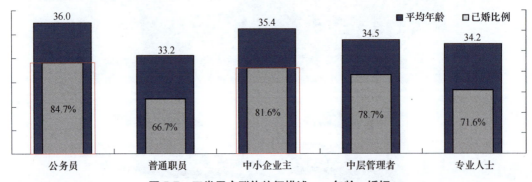

图 5-7 五类用户群体特征描述——年龄·婚姻

5）五类用户群体中，中小企业主群体教育水平最低，公务员群体教育水平最高，如图 5-8 所示。

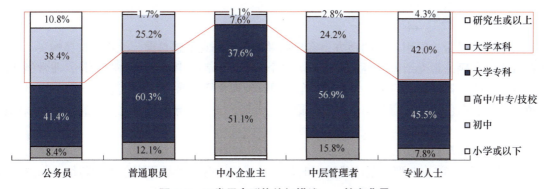

图 5-8　五类用户群体特征描述——教育背景

6）各类用户群体之间，公务员群体收入略低，中小企业主群体收入最高（图 5-9）。

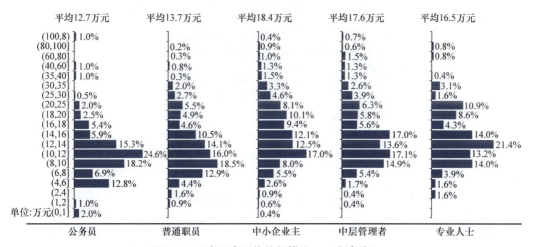

图 5-9　五类用户群体特征描述——家庭收入

7）日常生活中公务员群体较少去娱乐场所，中层管理者群体生活轨迹丰富（图 5-10）。

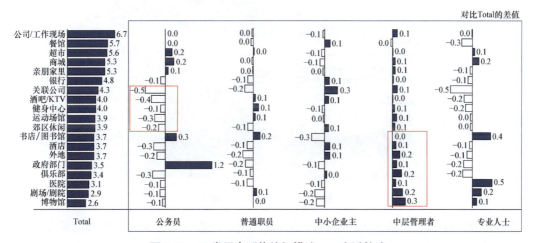

图 5-10　五类用户群体特征描述——生活轨迹

三、外观设计

外观应该是最先吸引客户的地方,客户如果对车辆外观不感兴趣,就不会选择购买。因此在销售中,车辆外观介绍就显得尤为重要。每个知名品牌都有其独特的外观设计,非常经典的宝马双肾型前脸就是其中的典范。家用轿车外观设计理念是动感、时尚、流线、运动,以银色、红色、黄色、白色居多。商务用车一般是稳重、大气、突显领导风范,比较中庸,颜色以深色居多。

高尔夫8轿车的造型设计:

1)横向贯通前脸造型,塑造优雅、时尚、动感的同时也继承了高尔夫的传统,如图5-11所示。

图 5-11 高尔夫的前脸设计

2)前部锐利的棱线,源自欧洲的"巴洛克"风格,尽显动感与时尚(图5-12)。

图 5-12 前部锐利的棱线

3)侧面腰线向上倾斜,结合略微内凹的侧围造型,造就十分动感的隆起的轮眉,塑造出坚实的力量感,如图5-13所示。

图 5-13　侧面腰线设计

4）宽大的 C 柱（图 5-14），是高尔夫的品牌基因，流露着高尔夫品牌的价值与内涵。

图 5-14　高尔夫的尾部设计

四、动力性

1. 排量

活塞从上止点移动到下止点所通过的空间容积称为气缸排量，发动机所有气缸工作容积之和称为发动机排量，一般用升（L）来表示。发动机排量是最重要的结构参数之一，它比缸径和缸数更能代表发动机的大小，发动机的许多指标都同排量密切相关。

一般而言，排量越大，百公里油耗也相应越高。油耗主要与下列因素有关：排量、整备质量、满载质量、发动机实际工况（转速、输出转矩），其他的影响因素还有很多，像风阻（速度很大时有影响）、轮胎等。但最难以量化的除人为驾驶因素外，还有装配工艺水平，这是考验制造商综合实力的关键所在。

2. 最大功率

功率是指物体在单位时间内所做的功。功率越大、转速越高，汽车的最高速度也越高，常用最大功率来描述汽车的动力性能。最大功率一般用千瓦（kW）来表示。

决定因素：主要取决于发动机排量大小，燃烧的燃料量和发动机的转速。

变化规律：随着转速的增加，发动机的功率也相应提高，但是到了一定的转速以后，功率反而呈下降趋势。

表示方法：用最高输出功率时的转速来表示，如 73.5kW/（5000r/min），即在 5000r/min 时最高输出功率为 73.5kW。发动机最大功率时对应的转速，基本上就是发动机的最高转速。

3. 最大转矩

转矩是发动机性能的一个重要参数，是指发动机运转时从曲轴端输出的平均转矩，俗称为发动机的"转劲"。转矩越大，发动机输出的"劲"越大，汽车的爬坡能力、起步速度和加速性也越好。转矩随发动机转速的变化而不同，转速太高或太低时，转矩都不是最大，只在某个转速时或某个转速区间内才有最大转矩，这个区间就是在标出最大转矩时给出的转速或转速区间。最大转矩一般出现在发动机的中、低转速的范围，随着转速的提高，转矩反而会下降。转矩的单位是牛·米（N·m）。

4. 0—100km/h 的加速时间

加速时间：指汽车的加速性能，包括汽车的原地起步加速时间和超车加速时间。新车的参数标注为 0—100km/h 的加速时间，即原地起步加速时间。原地起步加速时间，指汽车从静止状态下，由 1 档起步，并以最大的加速强度（包括选择最恰当的换档时机）逐步换至高档后，到某一预定的距离或车速所需的时间。普遍用 0—100km/h 所用的时间 [秒（s）] 表示。

> **高尔夫 8 轿车的动力性：**
> TSI+DSG 全球最先进动力总成（图 5-15），超强动力，超凡平顺，超低油耗，与世界同步的 1.4TSI 发动机，缸内直喷 + 涡轮增压，动力输出更强劲（与普通 2.0L 发动机相当），振动及噪声更小。功率 110kW/（5000~6000r/min）（图 5-16），动力澎湃。0—100km/h 加速时间仅 8.4s（1.4TSI+DSG）。TSI+DSG 综合油耗仅 5.5L。DSG 双离合器自动变速器，完美结合自动变速器的方便与手动变速器的瞬间动力。

图 5-15　高尔夫先进的 TSI 发动机 +DSG 动力总成

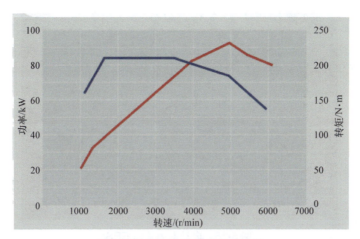

图 5-16　高尔夫出色的特性曲线

五、操控性

操控性是指对一辆车的控制的难易程度，与动力系统、转向系统、悬架系统有比较大的关系。一般操控性好的车底盘比较硬朗，基本上路面上是什么情况反映到车厢里就是什么情况，运动型轿车悬架就比较硬朗。舒适性比较好的车悬架一般比较柔软，这样才能尽量吸收路面传来的振荡，即所谓"熨平"路面。由于悬架较柔软，高速过弯侧倾较大，导致车轮容易偏离原先的轨迹而失控。比如某款车动力性强不强、转向有没有助力，采用的是液压助力还是电子助力，后悬架用的是扭力梁还是多连杆或是双叉臂等，往往反映一款车的操控性。

高尔夫 8 轿车的操控性：

1）四连杆后悬架（图 5-17），路感清晰、厚重，操控性无与伦比，行驶稳定性和舒适性完美结合。

图 5-17　高尔夫悬架系统

2）座椅位置更接近前、后轴中点，拥有更好的驾驶舒适性与操控感。

3）电动助力转向 EPS（图 5-18），同级车中领先，低速轻便，高速稳定。提供最精确的路感，优异的驾驶感受。

图 5-18　电动助力转向 EPS

六、安全性

主动安全是指尽量自如地操纵控制汽车的安全系统。无论是直线上的制动与加速还是左右转动方向都应该尽量平稳,不至于偏离既定的行进路线,而且不影响驾驶人的视野与舒适性。这样的汽车,当然就有着比较高的避免发生事故的能力,尤其在突发情况的条件下利于保证汽车安全。主动安全体系大致包括以下几种系统,如常见的 ABS、EBD、BA、ESP、ASR 等。

汽车被动安全性是指交通事故发生后,汽车本身减轻人员伤害和货物损失的能力。可分为汽车内部被动安全性(减轻车内乘员受伤和货物受损)以及汽车外部被动安全性(减轻对事故所涉及的其他人员和车辆的损害)。汽车的被动安全系统主要包括安全带、安全气囊、智能安全带及安全气囊系统、吸能式车体结构等。安全气囊作为乘员约束保护系统的组成部分,已经成为现代汽车被动安全性的标志,已得到广泛应用。

高尔夫 8 轿车的安全性:

1. 被动安全

五星安全碰撞,同级别中领先的主、被动安全装备,提供全方位的乘员保护。

1)前排四气囊,全面保护乘员安全(图 5-19)。

图 5-19　高尔夫前排四气囊

2)儿童座椅固定装置,固定儿童座椅更加可靠,保证儿童安全(图 5-20)。

图 5-20　高尔夫的儿童座椅固定装置

3）轻量化高强度车身，使用超高强度热成型钢板，保证乘员区在碰撞过程中完整，降低人员伤害（图 5-21）。

图 5-21　高尔夫 8 轿车轻量化高强度车身

4）四门装有防撞横梁，提供更坚实的乘坐空间（图 5-22）。

图 5-22　高尔夫四门防撞横梁

5）128.7m 激光焊接，使钢板之间结合更牢固，大幅提升车身强度和精度；同时降低车辆噪声，减少振动，改善乘坐舒适性（图 5-23）。

图 5-23　车身激光焊接

6）行人保护，保险杠区内增加了吸能材料，降低行人在碰撞过程中所受的伤害。

2. 主动安全

1）带变道辅助功能，为驾驶人提供主动安全保障（图 5-24）。

图 5-24　变道辅助功能

2）全天候 LED 前照灯（图 5-25），SWA 前照灯高度自动调节、前照灯感光自动开启功能，保证夜间行车的安全。

图 5-25　高尔夫全天候 LED 前照灯

3）智能化刮水器，根据雨量大小自动调节刮水频率，驾驶更简便。可设定到"维护位置"。将刮水器臂抬离风窗，避免其冬天冻结在风窗上。

4）数字媒体中心（图 5-26），全新交互 CRS3.0 智能信息娱乐系统（8.25in 触摸彩屏）突显高尔夫科技感。

图 5-26　数字媒体中心

七、舒适性配置

汽车的舒适性配置一般是指内饰、先进的科技配备、静音设施等。比如该车用的是绒布座椅还是真皮座椅，是手动座椅还是电动座椅，有没有记忆功能和加热按摩功能，是手动空调还是自动空调，是单碟音响还是多碟音响，是不是三位一体导航等。

高尔夫 8 轿车的舒适、人性化配备：

（1）静音处理

下面的十大静音降噪措施造就了安静的驾乘环境和空间（图 5-27），带来了豪华车的驾乘感受和全面的舒适性。

1）带有 PVB 消声薄膜的前风窗玻璃。

2）全新设计的低噪声动力总成悬架。

3）TSI 发动机静音技术。

4）全新低重量、高性能隔音垫。

5）前侧窗玻璃加厚 10%。

6）车门静音技术。

7）全新设计的 A 柱导雨槽。

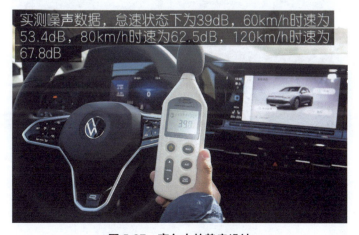

图 5-27　高尔夫的静音设计

8）全新开发的密封条。

9）全新设计的外后视镜和门把手。

10）底护板改善风阻和风噪。

（2）舒适、人性化配备

遍布整车每个细节的人性化设计，为驾乘者提供无微不至的舒适与便利。

1）真皮多功能转向盘，可多向调节，纵向无极调节，高度分12级调节（图5-28）。

图 5-28　高尔夫真皮多功能转向盘

2）全系标配行车电脑（图5-29），可进行几十项用户设定，显示多项车辆信息和报警信息，为驾驶人提供更多的便利。

图 5-29　行车电脑

3）后排座椅可完全放倒（可4/6分离）（图5-30）。

图 5-30　后排可放倒座椅

4）后排座带中央扶手，头枕可调，方便后排乘客（图 5-31）。

图 5-31　后排座带中央扶手

5）12 向电动调节座椅，驾驶更舒适（图 5-32）。

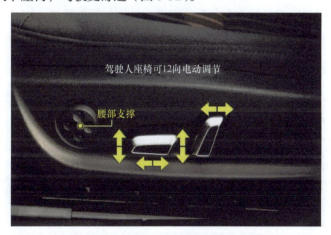

图 5-32　高尔夫 12 向电动调节座椅

6）全天候 LED 前照灯（图 5-33），SWA 前照灯高度自动调节功能，前照灯感光自动开启功能。

图 5-33　高尔夫 LED 前照灯

7）离、回家灯光设定，离车延时关闭、开锁即亮灯功能，在夜里离开或回家都有灯光（图 5-34）。

图 5-34　离、回家灯光设定功能

8）前照灯照程可调，可根据汽车负载不同调整前照灯照射范围（图 5-35）。

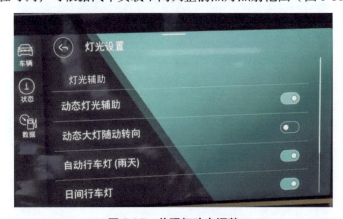

图 5-35　前照灯动态调整

9）背景照明灯，自上而下对副仪表板进行照明，方便驾驶中操作，避免室内灯光过强影响安全。

10）多级开启车门，力矩递增，关门方便的同时，防止因开门不小心碰撞车外硬物（图 5-36）。

图 5-36　高尔夫多级开启车门

11）隐藏钥匙孔门把手，与迈腾等豪华车相同，显示高档的品位。

12）防夹手门窗／天窗，一键升降，方便的同时防止玻璃夹伤乘员。

13）双区独立自动空调（图 5-37），屏幕显示空调信息，带有镀铬装饰和黑色钢琴漆的面板造型更加时尚。

图 5-37　高尔夫双区独立自动空调

14）后排空调出风口（图 5-38），为后排乘客提供更舒适的乘坐环境。

15）A 柱空调出风口，对准两侧侧窗方便除雾。

16）多媒体接口盒（图 5-39），最初应用于帕萨特 CC。乘客可将随身多媒体设备连接到车辆音响娱乐系统上，方便用户欣赏任意来源的音频、视频内容。

17）精细的储物空间（图 5-40），各类物品都有恰当的存放位置。

18）后排折叠杯座，方便后排乘客固定饮料杯。

19）电子防眩目内后视镜（图 5-41），自动调整亮暗程度，避免后车强光刺眼。

图 5-38　高尔夫后排独立出风口

图 5-39　高尔夫多媒体接口盒

图 5-40　高尔夫多储物空间

图 5-41　电子防炫目内后视镜

20）后视镜电动加热除雾，防止水雾影响后视镜视线（图5-42）。

21）配备卫星导航仪（图5-43）。

图5-42　电动加热除雾后视镜

图5-43　高尔夫卫星导航仪

22）细节设计无处不在，方便各种使用需要，如行李舱内设有若干固定环，方便固定行李。

23）尾门大角度开启，方便存取行李，并配有下部拉手，方便关闭。

24）众多符合人机工程学的设计，使操作更为方便、驾乘更为舒适，如前门内控制开关向驾驶人倾斜，更便于操作，后门内板设计手肘放置部位等（图5-44）。

图5-44　高尔夫前门内控制开关

八、经济性

汽车的经济性首先和油耗有直接的关系，其次就是维护、维修的费用。不能单凭一款车百公里油耗低就说这款车的经济性好，还要看这款车养护维修的费用。以前在汽车燃料消耗量标识上看到的都是等速90km/h的百公里油耗，这个是试验油耗，不是实际油耗。现在标注的都是三个参数——综合工况、郊区、市区道路的百公里油耗（图5-45）。

图5-45 汽车燃料消耗量标识

任务二 产品介绍技巧

一、目的和意义

1）让客户了解产品性能与配置的卖点，建立对产品的信心。
2）把产品的卖点与客户的需求相结合，强化其购车欲望。

二、客户期望

1）希望销售顾问能够根据自己的需求进行车辆介绍，并回答和解释自己感兴趣的内容，而不是毫无重点和无针对性的介绍，同时期望能进行试驾。
2）如果是置换客户，希望销售顾问能够进行新旧车的对比介绍。
3）需要客观全面地了解车辆的各种性能，既要包括优点也要包括缺点，这样客户才会觉得诚实可信。

三、工作标准

1. 确认客户的信息需求

1）向客户概述在咨询过程中所获得的对其需求及意愿的了解。
2）请客户确认你的理解。
3）提出满足客户购车（换购）需求的解决方案，推荐车型。

2. 介绍产品要点

1）从客户最关心的地方开始介绍，主动为客户打开车门，用手护住门框。

2）着重介绍能直接迎合客户购买需求的车辆和选装件特性。

3）公司应提供尽可能多的辅助资料，诸如产品型录、宣传册、精品目录等，以帮助销售顾问更好地介绍。

4）向客户介绍车和选装件的优点（其特性是如何满足客户的需求的），以及特性本身可能带给客户的好处和利益。

5）让客户积极参与车辆介绍，让他坐进车里，触摸、操作车的各种配备和部件。

6）视情形利用竞争信息来区别所售车型和主要的竞争对手车型。

7）在建立产品价值本身的同时，建立经销商及其服务的价值。

8）如果客户非首次购车，在产品介绍的过程中，可以对比客户使用过的旧车的特性来介绍新车的产品性能，同时可以了解客户的旧车信息。

9）向客户确认介绍的车辆已确实满足其需求及意愿，主动邀请客户试乘试驾。

四、关键技能——产品介绍的准备及执行

1."产品介绍"的前提

1）已掌握扎实的产品知识与产品介绍技巧。

2）已完成热情接待，初步建立客户信心。

3）已准确了解购车需求与购买动机的细节。

4）已了解客户的购买力和决策人。

2. 准备工作

应把握如下一些要点：

1）要方便客户的参观与操作。

2）要注意展厅车辆的颜色搭配，展示区域的车辆不能只有一种颜色，几种颜色搭配效果会更好一些。

3）注意车辆型号的搭配，同一个品牌的车，可能有不同的系列，有的车从小到大，有的车带天窗，有的车没有天窗，不同型号的车都应搭配展示。

4）要注意车辆摆放的角度。

5）要有一辆重点推出的车。摆了这么多的车辆，必然有一款是重点推出的。需要重点展示的车辆必须突出它的位置。常看到有些4S店会把一些特别展示的车辆停在一个展台上，其他的车都围绕着它，同时还要注意凸现这辆车的特色，比如可以打出一些灯光。

6）按规定摆放车辆的行路架。行路架摆放要协调、一致，不能随意。

7）注意展车的卫生情况

① 指纹。车辆油漆的光洁度非常高，车门把手上面都是镀铬的，比较亮，只要手触摸到门把手或车身，马上会留下指纹。销售顾问在展厅里面工作的时候，随时随地要保持展车的清洁。

② 水痕。展车不应该有水的痕迹。要用专用抹布把车擦干。注意夹缝里边或者一些地方会有一些水珠，要擦干。

③ 灰尘。车身外观细节处不能有灰尘。把发动机舱盖打开以后，凡是视线范围内的位置也不允许有灰尘。甚至排气管，这是最可能被忽视的地方。有的客户喜欢看底盘高还是低，那个时候就能够看到排气管。或许有的人会觉得，这太难了吧。其实，如果大家都这样做了，就不

觉得难了（图 5-46）。

> **提醒您：**
> 可能有的人会问，这多难啊？
> 如果大家都做了，它就不难了。
> 所以这里不存在难不难的问题，只是你有没有去做的问题。

图 5-46 认真做就不难

8）车辆调整

① 轮毂上的品牌。要注意车轮的轮毂，在轮毂上会有车的品牌。当车停稳以后，轮毂上的品牌按标准要求应该与地面呈水平状态。

② 导水槽。轮胎上的导水槽里面也要清洁，因为车是从外面开到展厅里面来的，难免会在导水槽里面卡住一些石子等东西，这些东西都应拿掉，还要洗干净。

③ 座椅位置。前排的座位应调整到适当的距离，而且前排两个座位从侧面看必须是一致的，不能一个前一个后。不能一个靠背倾斜的角度大一点，一个靠背倾斜的角度小一些，而且座位与转向盘之间也要有一个适当的距离，以方便客户的进出。太近了，客户坐进去不方便，这样会使客户感觉这个车的空间小，其实是那个座位太靠前了。

④ 新车的塑料套。新车在出厂的时候，转向盘上面都会有一个塑料套，还有一些后视镜、遮阳板都是用塑料袋给套起来的，这些也应拿掉。

⑤ 后视镜。后视镜必须调整好，坐在里边很自然地就能看到两边和后面。

⑥ 转向盘。要把转向盘调到最高，如果转向盘太低，客户坐进去后会感觉局促，从而会认为这辆车的空间太小。

⑦ 仪表板上面的石英钟。注意将仪表板上面的石英钟按北京时间对准。

⑧ 空调的出风口。要试一下空调的出风口，保证空调打开后有风。

⑨ 汽车上的开关。汽车上的开关不是左边按下去是开，右边按下去是关，而是中间的位置是关，必须把开关置于中间的位置。

⑩ 收音机。一般收音机有五六个台，都应把它调出来，同时必须保证有一个当地的交通台和一个当地的文艺台，这是一个严格的考核指标。

⑪ 左右声道。汽车门上面喇叭的音响是可以调整的，左右门上的声道应调整平衡。

⑫ 音量。音量不能设定得太大，也不能设定得太小，然后配一些光盘，在专门的一个地方保管。当客户要试音响的时候，可以去问客户需要什么样的音乐，取来不同的碟片给客户欣赏。当然最好选能体现音响音质的 CD，要选一个节奏感特别强的碟片，人都会随之振动，也会情不自禁地参与，感觉和感情就调动起来了。这就是试音响所要达到的目的。因此销售顾问应事先准备好类似光盘，当客户对音乐没有什么特别爱好的时候，可以拿出一个最能够表现汽车音响的碟片。

⑬ 安全带。销售汽车的时候基本上没有考虑过安全带，特别是后排座椅的安全带。后排座椅有的时候会有三个安全带，中间有一个，旁边有两个。安全带不能散在座位上，必须折好以

后用一个橡皮筋扎起来，塞到后座和座位中间的缝儿里面，留一半在外面。这些都是给客户一个信号，这家汽车公司是一个管理规范的汽车公司，是一个值得信赖的公司。

⑭ 脚垫。一般展车里面都会放一些脚垫，是怕客户鞋子上有灰。每一个4S店都会事先制作好脚垫，例如沃尔沃的脚垫上面应有沃尔沃的标志，摆放的时候应注意标志的方向。同时要注意，脚垫脏了以后要及时地更换。

⑮ 行李舱。展车的行李舱打开以后不应有太多物品，放置时要合理安排物品位置，同时注意各物品要端正摆放，警示牌应放在行李舱的正中间。

⑯ 蓄电池。展车放置时间长了以后蓄电池会亏电，必须保证蓄电池有电。

⑰ 轮胎美容。轮胎洗干净还是不够的，还要美容一下，把它喷得乌亮。轮胎的下面应使用垫板。很多专业的汽车公司都把自己专营汽车的标志印在垫板上，这样会给客户一个整体良好的感觉。

3. 产品介绍方法

（1）FAB法则

F（Function）—属性，也叫配置；A（Action）—作用；B（Benefit）—利益。通过FAB这种方法，把产品的亮点展示给客户。

> 【案例】
> 例如，某款车有一个倒车影像，我们用FAB的方法向客户做一个介绍。用F这个配置来说，这台车上有倒车影像，销售顾问在向客户介绍的时候，不能只告知客户这款车有倒车影像就完了，还应提示客户倒车影像有什么作用，即它在倒车的时候怎么样可以提示你车后面有没有障碍物，从而避免出现人、车、物的意外伤害。通过这样的介绍，客户就会了解这个装备会给他带来什么样的好处。如果你只是告知客户这款车有倒车影像，那么他并没有考虑到倒车影像会给他带来什么样的好处，他就不会在自己的脑子里加深这款车优越性的印象。

（2）NFABI产品介绍法

N（Need）—需求；F（Features）—配备/特性；A（Advantages）—优点；B（Benefits）—利益；I（Impact）—冲击。

NFABI话术示例见表5-1。

表5-1 NFABI话术示例

配置	F（配备/特性）	A（优点）	B（利益）	I（冲击）
奇骏全景天窗	CRV天窗长度的2倍多	超大天窗，同级别车绝无仅有	开出去特别有面子	跟开CRV和RAV4的朋友开车出去玩时，会有更多的朋友因为天窗大而喜欢你的车，体现出你相对其他车主的优越感
	钢化玻璃	坚固	不易碎	外出旅游时，可以放心使用，不用担心天空坠物砸破玻璃
	天窗开口大	站出天窗时，可以随意摆姿势	便于摄像和摄影	开着奇骏游山玩水时，可以尽情地将山川美景拍摄下来，便于收藏和纪念

（3）迂回式商品展示——SPIN

S（Situation）—背景；P（Problem）—问题、难点、困难；I（Implication）—暗示（消

极暗示）；N（Need-payoff）—需求 - 效益问题。

SPIN 话术示例：

S（背景）：李先生，刚才您说您经常跑高速，对吧！根据交警部门的调查，高速公路上 90% 以上的交通事故是速度过快而导致的。

P（问题）：您在高速行驶的过程中是否非常担心类似事件呢？

I（消极暗示）：高速行驶中如果后方车辆不能及时发现您的制动信号，是非常危险的。高速公路上车速一般是 80~120km/h，一旦发生追尾，后果是非常严重的，随时可能危及您的生命财产安全。前几天，在京珠高速粤北段，发生了因为追尾导致 3 人死亡的重大交通事故。车撞了还可以修，人出了什么意外的话，恐怕是花再多的钱也无法弥补的了。

N（需求）：××车装备的 LED 制动灯，亮度高，反应快，寿命长。普通的制动灯有 0.3s 的延迟，以 80km/h 的速度计算，0.3s 的时间，距离为 6.6m，比一辆车的距离还长，而装备了 LED 制动灯后，则没有这 0.3s 的延迟，相当于制动距离缩短了 6.6m。因此我觉得购买一款中高级轿车，一定要有 LED 制动灯。

五、关键技能——产品介绍话术

1. 产品展示前

销售顾问：这位先生（太太、小姐、女士），准备看什么样的车？

技巧：简单而且实用的开场白，对于展厅销售特别适用。

客户：这款车怎么样？

（说明：客户通常的态度，尤其是第一次来展厅。）

销售顾问：这位先生（太太、小姐、女士），你真有眼光，凡是来到我们展厅的，都会首先对这款车产生浓厚的兴趣（请注意停顿，不要急于介绍产品，要给客户一个思考的时间与空间）。

技巧：先对客户实施赞美，一方面拉近与客户的心理距离，同时也引起客户的好奇：为什么每一个购车的人都会想先看这款车？这款车究竟什么地方与众不同？只要客户心中出现这样的疑问，接下来的汽车产品展示就容易得多了！

客户：为什么？

（说明：表明已开始引起客户的好奇，但还不够。）

销售顾问：是因为这部车与其他车不同，有自己独到的特点，虽然它是同级车中最贵的，但却是同级车中最与众不同的。

技巧：此时不能直接进入产品展示，还需要再做铺垫，循序渐进吊足客户的胃口。特别是当你的汽车是同类汽车中价格最贵的，要敢于把"价格高"亮出来，免得客户今后把"价格高"作为拒绝的理由，这样可以变被动为主动。

客户：有些什么不同的？

（说明：客户再次的提问，说明对你的介绍已经发生了较为浓厚的兴趣。）

销售顾问：如果您方便的话，我只要花 30min 的时间专门为您做一个重点介绍，您就可以了解到这部车为什么最受欢迎？

技巧：为了让汽车产品展示能够达到预期的效果，还必须让客户有足够的时间准备和心理准备，调整好客户的心态。只要客户认可，即使是较费时的"六方位绕车介绍法"或"五阶段介绍法"，均能够得到他们较好的配合。同时，这里还应该用"专门为您"表明这是提供给客户的专门服务。

客户：你说吧！

（说明：至此已得到了客户的认可，可以按后面的示例进行汽车产品展示了！）

2. 产品展示中

销售顾问：您好！我是这里的销售顾问小张，看你们这么认真的神情，一定是对这款车非常感兴趣。有什么需要我帮助的？

技巧：与客户打招呼，拉近双方的距离。

客户：我们今天是来看一下这款车，想了解一下这款车与××牌的××车有什么不同？

（说明：客户表达出他们来展厅的意图和目的。）

销售顾问：您们真有眼光，能够把这两个不同品牌的车型放在一起比较，一定是想在这两款车中进行选择啦？

技巧：对客户表示赞赏，目的是拉近双方的心理距离，为下一步销售做好铺垫。同时，对客户的需求目标进行诊断。

客户：我们已经看了很久，主要在两款车中比较，看哪一个更适合我们。

（说明：客户明确表示候选的两款车型，其中包括销售顾问所销售的车型。）

销售顾问：在我给你们做介绍前，我想请教一下，你们最想了解这款车哪方面的情况？

技巧：不急于进行自己产品的推荐，而从客户准备解决的问题入手，这样能够更好地消除客户的抗拒心理。注意：往往会有一些销售顾问到了这时按捺不住，会大谈特谈自己的产品，而忽略了客户关心的问题，因为他们所谈的不一定是客户感兴趣的，反而容易使客户产生抵触情绪，失去成功销售的机会。

客户：主要是变速器，为什么××款同级车用的是五速的手自一体变速器，而这款车用的是四速的手自一体变速器？听很多人说，四速的不如五速的好。

（说明：可以看出，影响客户决策的因素是变速器，而且他们对这款车的发动机的卓越表现并不知晓，对发动机与变速器的匹配缺乏基本的常识。此时，要解决的就是让他们了解为什么这款车要选择四速的变速器。）

销售顾问：这个问题问得很专业，不是每一位买车的客户都会提这个问题。从一般的情况看，五速的变速器似乎要比四速的好，其实这是一种误解。

技巧：再一次对客户进行赞美，有利于解决这个问题后能够让客户尽快下决心。同时，导正客户对手自一体变速器档位概念的认识，有利于给竞争对手设置销售障碍。

客户：怎么说？

（说明：表明客户想了解这个问题。）

销售顾问：一辆车最重要的是发动机和变速器的性能表现和它们之间的匹配。如果该款车的发动机输出功率与转矩的曲线在一个比较大的转速范围内非常平滑的话，就像这张图上所显示的那样，那么四速的变速器与之匹配就已经充分发挥作用，让速度变化非常的平滑，可以达到完美的境界。在这里，您会看到，发动机的表现才是选择的核心问题，否则就是舍本逐末了。不论您今后选择这两款车的哪一款，如果你所要挑选的那款车的发动机达不到这样的表现水平的话，那么就要重点考虑一下这款车的变速器与发动机是否真的能够匹配了。

客户：原来如此。

（说明：表明客户已经认同了销售顾问的说明。）

销售顾问：除了这个问题，您还需要介绍哪一方面呢？

技巧：进一步询问客户关注的问题，如果客户表示没有问题的话，就可以顺势要求成交，进入成交的洽谈环节，激发客户的占有欲望。

销售顾问：听了我刚才的介绍，您一定对这款车有了一个较为全面的了解了吧？

技巧：对产品展示进行阶段性小结，同时询问客户的意见。

客户：现在清楚很多了。

（说明：客户对销售顾问正面的回答。）

销售顾问：那您有没有想过，当您拥有了这辆车以后，您的客户会不会对您及您的公司刮目相看？

技巧：借用某些特殊的句型，如："当您拥有""您将会发现""当您成为"等激发客户占有这款汽车的欲望。

客户：这是我必须考虑的问题。

客户表述了购车时必须考虑的问题。

销售顾问：您将会发现，当您成为这款车的主人时，将标志着您的事业又上到了一个新的高度，同时也会让您的朋友为您而感到自豪。

技巧：运用"成功的象征"进一步激发客户的占有欲，强化客户的事业成长和周围朋友的认同。

客户：这也是我所期望的。

（说明：客户进一步表明了购车必须满足的条件。）

六、关键技能——产品介绍训练

下面以骐达（TIIDA）轿车为例进行绕车介绍（图 5-47）训练。

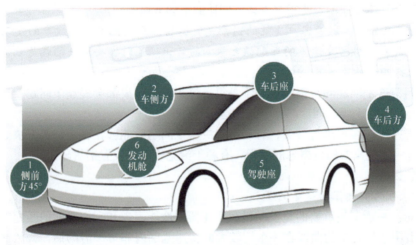

图 5-47　六方位绕车介绍

1. 绕车介绍要点——车辆的准备

1）准备好钥匙。

2）做好车辆清洁。

3）转向盘调整至最高位置。

4）确认所有座椅都调节回垂直位置。

5）前排两个座椅后移 15cm。

6）座椅的高度调整至最低的位置。

7）收音机选台，磁带、CD 准备充足。

8）储物位置放好道具，如眼镜、杂志、手机模型等。

2. 绕车介绍要点——绕车介绍的步骤

1）在介绍前，先给顾客一个概述。

2）向顾客展示选择后的车辆。

3）从那些最能满足顾客需要的特点与益处开始。

4）补充那些可能对顾客有益的特点。

3. 六方位绕车介绍——内容

1）侧前方 45°：注重描述整体品质、造型设计特点。客户位置：右前 30°~40°，介绍重点见表 5-2。

表 5-2　六方位绕车介绍——侧前方 45°

（客户位置：右前 30°~40°）

配备	优势	对客户的好处
整车造型	采用了 MM（机器占用空间最小化，人员乘坐空间最大化）的独特设计理念，外形显得比较紧凑，但内部空间却极为宽敞，代表了未来家庭轿车的发展趋势，轴距达到了 2.6m，是同级车里最长的	超出想象的内部空间，每个位置都非常舒适，尤其腿部和头部的活动空间完全是豪华车的感觉，有效空间和日产的顶级车一样，不可思议的设计。而骐达本身就是潮流和协调的象征
外观设计	造型给人以紧凑的、动态的印象，外观时尚而现代，达到动感与稳重的和谐，处处体现出设计师的独具匠心；车漆则采用了一般用于豪华车型的高质量光泽的抛光油漆。而风阻系数只有 0.31	既能让您面子十足，体现您的年轻有为，也能传达出您积极的生活态度和充沛的活力，而又不会让您给别人过分张扬、缺乏内涵的感觉。就喷漆的质量来看，在同等级别的汽车中从来没有这样一款汽车能像镜子一样显现周围的景色
远、近光双氙气高科技前照灯	新型的水晶前照灯造型美观、大气，独具匠心的远、近光双氙气设计打破了远光灯无法使用氙气的传统观念	引以为傲的独特装备，在这一点上超越了奔驰和宝马，更为重要的是亮度与使用寿命大大提高，夜间行车更加安全。这种设计非常超前，远远超过了同级车
隐藏式前风窗玻璃洗涤器	有别于同级车的喷水口安装在发动机舱盖上的外露式设计，采用最先进的在高档车上流行的隐藏式设计	发动机舱盖更美观、整洁，可大范围喷射水雾，彻底清除遮挡视线的污渍，行车更安全，更方便的是打蜡时再也不用担心喷水口被蜡堵住的麻烦了
新型时尚前格栅	在继承日产大型豪华车设计元素的基础上又有所突破，典型的横格栅中加入了宽大的竖栅，竖栅与保险杠一体设计，个性更为鲜明，品牌形象更为突出	造型中融入了日产豪华车西玛（MAXIMA）的风格，前脸非常现代，决不中庸，更不保守，体现您的个性；镀铬的设计衬托出整车的高档品质
晶钻圆型前雾灯	内嵌式的晶钻圆形雾灯分布在保险杠下部进气格栅的两侧，极为靠近两侧边缘，以便充分显示车的宽度	聚光能力增强，穿透力提高，增加了雨雾天气行车的安全性 外观小巧，与进气格栅一起显得车前脸非常美观
安全保障	ABS：避免制动时因车轮抱死造成方向失灵，可有效躲避障碍物。EBD：合理分配前后制动力，避免发生侧滑、甩尾，有效缩短制动距离。BA：在紧急制动时，放大驾驶人的制动力度，增加制动力	ABS、EBD、BA 一个都不少，ABS 单独地应用和释放制动多达每秒钟 20 次，而且 EBD 也是最新的设计，安全方面做足了功夫
轮胎/铝合金轮辋	185/65R15 88H 的普利司通高性能轮胎，381mm 铝合金轮辋，年轻化，充满活力和动感	耐磨、低噪声，更加美观，质量轻、散热好，提高了行驶性能，轮胎的限速是 210km/h，不要超速

2）前排乘客座：注重让客户感受空间/座椅舒适，介绍安全SRS/内饰/储物空间。销售顾问位置：右车门外，介绍重点见表5-3。

表5-3　六方位绕车介绍——前排乘客座

（销售顾问位置：右车门外）

配备	优势	对客户的好处
智能钥匙	同级车中绝无仅有，只要钥匙在车门天线信号范围之内，轻按门把手上的按钮即可打开或关闭中控锁	省去了使用钥匙开门的繁琐，不仅能享受到便利性，而且可体验到豪华车才有的高档次感
座椅	具有和天籁同等舒适性的超大座椅，刚坐下去的瞬间感觉非常柔软，接着会有被固定的感觉，支撑性非常好；巧妙地将靠背调节手柄置于内侧，一是便于调节；二是更好地使车门饰板储物盒空间增大。座垫与椅背采用透气性极佳的有氧设计，不仅视觉上有高档感，还提供充分的透气，使乘坐更舒适	由于使用了低弹性聚氨酯，当你坐在它上面时感觉很舒适，它能使你像坐在软枕上一样保持舒适的姿势，即使长时间乘坐也不易疲劳；在高速行驶或过弯时对身体的承托恰到好处，可将背、腰、臀的部分受力进行有效分散
舒适空间	同级车最大的车门开启面积、门槛较低，小孩子上下车也很方便；车内有效长度达到1836mm，超过帕萨特，有效宽度达到1360mm，都为同级中最大。车内的中央扶手、仪表台等处采用了大量柔软饰垫，门扶手处超柔软饰垫厚度达到了25mm，这可能是所有车中最厚的。而且门上的扶手和中央扶手的高度是完全平行的，胳膊放在上面时两边一样的高度让人倍感舒适。即使是在最拥挤的市内开车也不那么紧张，长途驾驶的舒适性更好	内部空间极为宽敞，在同级车内是绝对看不到的；对于一款家庭轿车，全家人享受到的空间乐趣不言而喻。前排乘客完全不用担心后排的空间，腿部可以随意伸展，而且不只是宽敞，头部和肩部空间也很充裕，能令人感到舒适。大的座椅后背和前门门腰高度使人舒服。您可以触摸一下门上的扶手，感觉超柔软的饰垫，这的确是同级领先的最高水平，车顶部采用了罗纹毛织物材料，这种材料一般只用于高级别汽车，即使只是通过简单地看或触摸，也能感觉到它的高质量
内饰设计	仪表台设计以左右流畅延伸为特征，并向后伸展，达到前后左右均衡的宽敞效果；内装具有相当的高品质感，尤其在细节方面；车内和谐地采用了木纹、类钛和真皮材质，显得既温馨又豪华。并且各部分结合与过渡很平滑，缝隙更小，体现出极佳的PQ感觉质量。采纳了柔和色调的座椅，它使你感觉时尚、高质量。统一了仪表板色调，通风旋钮、门把手等的装饰漆颜色	整个仪表台有天籁的影子，造型新颖流畅，充满时尚潮流和与众不同的风格，木纹的颜色、质感是经过精心挑选的，感觉"豪华"和"新颖"（钛银装饰则显得更加运动）。而家庭、时尚、成功，则不仅体现在车厢空间宽敞，而且细到连头顶的拉手也采用了高档车才用的阻尼设计，的确能带给车主无比的自信与满足感
侧气帘/两级开启双气囊	侧气囊是骐达被动安全性最突出的地方，充气面积能覆盖整个车侧玻璃，并且帘式气囊的头部保护区域比座椅侧气囊要大。两级开启双气囊则是骐达的配备标准，可根据冲撞的严重性使用两个不同充气水平的气囊。在较轻的冲撞中，前气囊被设计为较小力量的膨胀	作为一款家庭轿车，全家人的安全比什么都重要，一般来说，车的侧面保护性相对前方的要差些，而骐达不同，万一发生侧面撞击，也能对所有乘客提供全面的保护，同级别车型没有任何一款配备了侧气帘，甚至大部分中高级别的车型也没有。两级开启双气囊避免了气囊过度爆开反而引起其他伤害，这也是高档车才有的先进的安全设计
储物空间	全车共有18个储物盒，大型的杂物箱采用分层设计，上层空间深度大，容积达到12.8L，总共有15.1L的多功能存储空间，即使较大的手提包也可轻易放进去，还能同时放很多书籍、CD、DVD等物品，而眼镜盒采用阻尼式设计，易于开闭操作	中央扶手盒及扶手下面、杂物箱、车门置物袋、中控台储物盒、双杯架等设计，使骐达有着功能丰富的储物空间，可以放置票据、杂志、手机等物品。超大的杂物箱更是好用，较大些的贵重物品也可以隐蔽存放，避免小偷光顾

3）车后座：注重让客户感受后排空间/舒适/座椅折叠/安全带使用特点。销售顾问位置：右后门外，介绍重点见表5-4。

表5-4 六方位绕车介绍——车后座

（销售顾问位置：右后门外）

配备	优势	对客户的好处
后座腿部空间	后座有653mm的腿部空间，大大超过同级车，甚至都超过了西玛；头部的空间也很宽裕，即使1.8m的身高，头部和车内顶篷也足足有45mm的距离，比花冠还要高出10mm之多	不但进出车内方便，抱怨坐在后排伸不开腿的情况也再不会发生了，出色的后排空间会给您的生活带来诸多乐趣；并且即使高个头的乘客坐在后面，腿部和头部也不会局促
舒适性	后座宽大的中央扶手面积达到480cm^2，是同级车中最大的，与座垫间的高度也进行了精心设计，符合人体工程学原理，放上胳膊后不会有过高或过低的感觉，并照顾到了两侧乘客的需求，即使同时将胳膊放上去也没关系	后车门扶手也经过了精心设计，距座垫的高度有170mm，并且采用了软性化设计，与普通乘客的身材相吻合，胳膊放在上面的高度、感觉都恰到好处，即使长时间也不会感觉累；如果不小心碰到扶手侧壁上，柔软的饰垫也不会弄痛胳膊；尤其是当儿童在车内玩耍时，这种设计非常实用，很见心思
组合座椅	6:4可折叠座椅靠背通过提动座椅靠背上部的拉环，靠背能6/4分离折叠放倒，并可与行李舱齐平。靠背的倾斜角度也经过科学的设计，非常舒适，而且座椅靠垫的角度、长度和后座合适的扶手高度都形成了一个舒适的空间	因为后排座椅和行李舱相通，放倒靠背后扩大了行李舱的容积，即使一些较大体积或较长的物品也能轻易地存储；并且在一些恶劣天气，比如雨天，能在后排取放行李舱中的物品，而不必下车
自动锁紧三点式安全带	不同于一般的三点式安全带，骐达带有儿童座椅固定功能，完全拉出后只能回卷不能再次拉出，只能越来越紧，防止儿童座椅松脱	能够起到与ISOFIX儿童座椅固定装置相同的作用，最大限度保护后座婴儿的安全
后排独立头枕	高度可以调整	适合不同身材的乘客要求，保证乘客的安全与舒适
后门儿童安全锁	很容易识别和操作	照顾家里的小孩子，避免小孩在车辆行驶时，无意中打开车门造成危险
后座储物空间	后排的储物空间有车门下布置物袋、车门扶手储物盒、前中央扶手后置物格、座椅靠背置物袋、杯架等近10处	储物功能丰富，尽可能地照顾到您的生活需求
后座阅读灯	车顶的阅读灯设计比较靠近车前方	能照顾到后排的所有乘员，并且考虑到了乘员变换姿势时的照明需求，就像在家一样舒服

4）车后方：注重描述行李舱空间/智能钥匙/悬架/安全/排放环保。介绍重点见表5-5。

5）驾驶座：注重描述安全/操控舒适/健康空调/高科技/天窗/仪表造型。介绍重点见表5-6和表5-7。

6）发动机舱：注重描述发动机特点/经济性/噪声控制。介绍重点见表5-8。

表 5-5　六方位绕车介绍——车后方

（客户位置：正后方。介绍重点）

配备	优势	对客户的好处
尾部造型	延续前端造型，大气、时尚，行李舱盖上宽大的镀铬装饰条增添后部稳重感，和车身尾部造型融为一体的大型立体三角晶钻组合尾灯，层次感强，采用了高反射度镜面，优雅亮丽。整体设计的宽大保险杠，下部中置雾灯，视觉上重心更低	棱角分明，有个性，漂亮、时尚，又不乏稳重、高贵和典雅；高亮度、高穿透力，夜间行车更为安全。后部整体更稳、更扎实，雾灯的穿透力更强，中间位置醒目，易辨识，提高了雨雾天气行车的安全性
行驶舒适	带有拉伸阻尼弹簧的新型脉冲减振器是最大的优势，这种新科技是在减振器内利用阻尼弹簧来最大限度地保持车辆在行驶中的稳定性，在车身向上跳动时能将车身向下拉，而脉冲减振器降低了车身的高频振动，使得驾驶更加平稳；免维护的新一代轮毂免去了维护保养的烦恼，也更加耐用	带有拉伸弹簧的脉冲减振器在宝马、西玛这样的高档车上才会配备，即使在高速过弯、紧急制动或遭受强风侧吹时也能保持车身的稳定。在家庭车上用这样的设计是对乘客的无比呵护，简直有些不计成本了
安全配备	彩色倒车摄像头也是同级车中唯一配备，外观小巧、隐蔽的设计也使其更为耐用，不易损坏，同时具有很好的实用性，夜晚和雨天都能正常工作	耳听为虚，眼见为实；倒车时减少后部盲点，比传统超声波倒车雷达更精确、实用，也更安全，不过需要适应一下才行
行李舱智能开启	智能免钥匙开启，当携带钥匙接近行李舱时，轻触按钮，既能进行中控门锁控制，又可轻松开启行李舱，当然也可以遥控开启舱锁	与众不同的高科技设计，给您带来高档车般的豪华性和便利性，而且雨天也不用手忙脚乱地找钥匙了，一切尽在掌握中
行李舱容积	大型的 U 形开口，同级车中罕见的容积，达 467L，超过花冠 35L，空间平坦、开阔	取放行李非常方便，即使三个全尺寸的高尔夫球包也可轻易容纳
外部天线	后部顶置天线，前后角度可调节	很活泼，也不碍事，更增加了整车外形的时尚和动感
区域车身设计	由高强度乘客舱和吸收冲击车身组成的区域车身结构；加固的中柱与高强度的底部横梁及侧梁，可引导冲击力改变方向到另一侧的车身构造	对于意外的前后正面撞击，区域车身结构可有效吸收并分散冲击能量，保护乘员安全；对于侧面撞击，加固的设计可抑制车体变形

表 5-6　六方位绕车介绍——驾驶座 1

（客户位置：开始在车外操作电动座椅、前照灯高度，然后到前排乘客座位上操作点火系统、空调、倒车显示、NAVI、天窗等。介绍重点）

配备	优势	对客户的好处
无匙点火系统	同级车中首次采用，可提供智能车门锁开闭、行李舱开启、发动机起动的免钥匙操作功能	不仅享受高科技带来的便利性，而且更为重要的是高档车才有的感觉
驾驶人位置	座椅六向电动调节，前后调节范围长达 240mm，高度调节高达 60mm，转向盘高低可调，适合不同身材的人驾驶。前风窗玻璃面积宽阔，倾斜角度精心设计，同时两侧 A 柱下方有三角窗也避免了像某些同级车宽大 A 柱带来的转向视野的死角。可馈式的制动踏板则可以提供更多的保护	这是一款适合您全家每个人驾驶的车，当然除了您的小孩，您和您的另一半都可以通过调整座椅和转向盘找到舒服的驾驶姿态，尤其是外出旅行时，让开车也变成一种休息。良好的前方视线、三角窗的设计消除了盲区，转弯更加安全安心

（续）

配备	优势	对客户的好处
双向爆燃式安全带	除常规的安全带肩部预紧限力功能外，还采用了腰部预紧装置，此装置即使在高档车上也极为罕见，可在碰撞事故中提供双倍的安全作用。碰撞事故中不仅身体上部被固定，而且下部也能被有效限制在座椅上，防止因冲击造成的身体向前向下滑动，最大限度地保护驾驶人的人身安全	紧急情况下，能争取到0.1s的时间也是异常宝贵的，和生命相比，用在安全系统上的钱都是值得的，这同样也是同级车甚至绝大多数高档车所没有的，特别的保护给特别的您
负离子除菌自动空调	采用了一般家用高档空调才具有的负离子除菌空调，具有消毒除菌和负离子两种模式，空调系统可根据车内空气质量自动进行除菌和维持负离子浓度；比同级车采用更多的出风设计，如前侧三角窗出风口、前座下部后排出风口，尤其是位于仪表台正前方的辅助出风口，可向车顶部提供额外送风，出风口位置较高可使室内空气流动、温度调节更加均匀，人的感觉当然更加舒适	还有这个在同级车中不仅绝无仅有，而且高档车也非常少见的超豪华装备，车内的有害细菌会很快除去，杀菌率达到了96%，小孩和老人可放心进入汽车。车内空气负离子浓度接近大自然，全家可以享受森林和瀑布般的清新空气，维护您全家的身体健康，不用去野外就可享受大自然的气息，即便天天开车上班，也感觉像去郊游一样
电子助力转向	车速和转向盘角度双感应式电子转向系统，减低了发动机的负荷，由电控单元通过电动机独立控制，结构更精巧，控制精度高，而且只有在需要助力时才工作，省油是肯定的。另外，减少了一根连接到发动机上的传动带，结构简单了，维修也更容易了	更精确和更灵敏是电子助力系统最大的特点，高速或低速都可以提供合适的助力，和同级车上普通的机械液压助力转向比较，提高了不止一个档次，是当今最先进的助力转向系统

表5-7　六方位绕车介绍——驾驶座2

配备	优势	对客户的好处
NAVI卫星定位导航系统	采用147.3mm彩色触摸屏，四个功能按键比花冠更为简洁易用，覆盖了55个城市（和TEANA一样），设定目的地后您还可以用NAVI通过不同条件来选择高速、一般、距离、推荐、其他等5条路线中最合适您的路线，并且带有3D放大画面、语音引导、提示道路周围设施、4S信息和图标显示等多种功能，操作方便，功能丰富，更便于使用，地图覆盖范围扩大，使用范围也更广，驾车周游更加无忧无虑	如果您和家人喜欢自驾游，那这个就是最好的向导，NAVI能使您在陌生的地方识别道路和设施，比如加油站、商场、银行。而且通过设定家的地址，迷路时您可以随时按"回家"钮，找到回家的路，如果有了什么故障，您也可以查找系统中早已储备的4S地址，选择最近的一家寻求帮助。当然，如果买了这样一台车回去，您一定不是最喜欢NAVI的，您的孩子肯定会先要找他想去的地方，设成目的地，然后好随时准备让您带他去玩
倒车影像监控系统	比常规倒车雷达更精确的倒车监视系统，彩色监视屏显示，视野范围比天籁的120°还要大11°，并带有车宽与距离指示线双模式显示；实际距离可由指示线的颜色区分，夜间雨天也可正常使用	又是同级车没有的先进装备，减少了后部的盲点，对于新手倒车变得容易了，安全性大为提高。还有比天籁还好的感觉。另外，还有些007用的新秘密武器的感觉
自动前照灯	前照灯能够根据周围光线的强弱自动点亮或者熄灭，而且前照灯投射的角度可根据车身姿态进行电动四段高度调节	光线不好的时候骐达可以自动替您打开前照灯，省心省力；乘客多、载重大或者下坡的时候，降低一点前照灯光线的高度可有效保障前方照射范围，提高了各种情况下的行车安全性
三圆环运动型仪表板	采用了类钛金属勾勒的三圆环式仪表板设计，刻度显示清晰，易于辨识，减轻眼睛的疲劳，提高了行车安全性	运动气息非常浓郁，更加时尚，科技质感也很强烈，能彰显您的气质和个性

（续）

配备	优势	对客户的好处
车内照明	LED 阅读灯在同级车中也是绝无仅有；车顶泛光灯光线柔和，在夜间可为中控台提供额外的照明，中控台下部照明灯在夜间打开小灯时会同时点亮，为变速器换档区域、前部杯架、烟灰缸提供额外光线，无须打开其他照明	LED 灯省电、冷光不会产生热量、寿命长，而且分成两个，避免互相干扰车顶泛光灯在夜晚行车时非常实用，无须打开车内其他照明，只有在高档豪华车如西玛、公爵王上才会有此配备，足见设计考究。而且整车采用智能电源控制，忘了关灯也不怕，因为系统会在半小时后自动切断电源的
一触式防夹天窗	双层双模式电动天窗，后部可以向上翘起，玻璃为绿色玻璃；并具有一触式防夹功能，遇到障碍会自动后退 15cm	既可以让阳光照进来，又不必担心紫外线的照射，很安全，避免因误操作带来的伤害可能，而且高速行驶时向后打开天窗换气也不觉得太吵

表 5-8　六方位绕车介绍——发动机舱

（介绍重点）

配备	优势	对客户的好处
新型 HR16DE 发动机	直列四缸、DOHC 双顶置凸轮轴、CVTC 16 气门，全铝合金，采用进、排气反向布置、曲轴偏置、真圆加工工艺和电子节气门等技术，其最大功率为 80kW，最大转矩为 153N·m，0—100km/h 的加速时间仅为 11.8s，90km/h 时的百公里油耗仅为 6.0L，中、低转速加速性能优异，动力足，噪声低，省油、清洁、低污染	1.6L 中最好的发动机，性能非常令人满意，急速时几乎感觉不到振动，噪声很小，如果您能多了解一下它用的技术就知道，它比您想象的要更先进，而且在很可能实行燃油税的情况下，节油就是省钱，省 20% 可是不小的数字
反向进、排气系统	首次采用进、排气反向布置，缩短了排气到三元催化转化器之间的距离，提高了尾、废气处理的效果，同时加长了进气道使进气更加顺畅，既减少了噪声，又提高了中、低转速时的转矩输出，等长进气歧管的设计也使发动机的动力输出更加顺畅	倾听 HR 加速的清脆声音让人感觉很愉悦，而急速下安静得以为它没有运转，实在是用"静如处子，动如脱兔"来形容是最贴切的
CVTC 进气控制	采用了先进的 CVTC 连续可变气门正时控制，这个很实用的技术用在了 HR 的双顶置凸轮轴上，通过控制镍铬气门挺杆，能根据车辆的状态使进气时间可以得到连续调整，大大提高输出转矩和降低油耗	VVT-i 不再神秘，HR 也有同样的先进技术，而且采用白金火花塞，不用调整间隙，10 万 km 才换呢，为您省事儿省钱
发动机加工工艺	缸体和缸盖同时采用特殊的真圆加工工艺，缸体内壁光滑接近镜面，从而最大限度地降低活塞在气缸中的摩擦系数，使发动机在中低转速下，也能有充分的转矩输出，加速反应灵敏。轴颈销抛光、裂解加工的连杆等独特的工艺使配合精度达到了前所未有的层次	目前国际上这一工艺只应用在 F1、F3 等顶级赛车发动机加工上，量产车是世界上首次在 HR 上使用，使 HR 在加速性、油耗、噪声及振动控制方面达到新的境界
发动机材料工艺	HR 采用全铝合金制造，由于运用了航空高压轻量铝合金铸造工艺，加上精密成型的制造技术，HR 比同级别的发动机重量减轻了 30%，而且更可靠，使用寿命也更长，维护成本也比较低。而内置冷却水管技术在高科技工艺下才能够实现	由于发动机体积变得更小，符合 MM 的整车设计理念，把更多的空间留给了乘客，也由于更轻，改善了整车的燃油经济性

（续）

配备	优势	对客户的好处
环保超前	HR 的低污染的高燃烧效率以及独特的进、排气反向布置，确保了其在环保方面的领先地位，排放比日本 2005 年的废气排放法规的标准还低 75%，排放超过欧洲Ⅲ号标准	以实际行动支持环保，选择骐达就可以了，两个氧传感器和两个三元催化转化器，而且不会那么快就落伍
全新四档自动变速器	全新开发的四档自动变速器变速机构和变速控制系统，增加了新型转速传感器，可直接感知输入轴转速，并通过对发动机转矩信号的实时侦测，可获得理想的换档控制；而且采用更宽的变扭器锁止离合器上锁控制	油压控制更加精确，换档更加平顺舒适，更宽的上锁区域可确保获得出色的燃油经济性。试驾时您可以亲自感受，没有顿挫感，与发动机配合得天衣无缝，让你随心所欲地驾驶
行人安全保障	为了减少当撞到行人时的对头部的冲击力，骐达改善了发动机舱盖，加强了挡泥板和车颈周围的能量吸收能力。它还在前挡泥板部分采用了有吸收能力的材料来降低对腿部的冲击力	新交通法规实施以后，行人的安全越来越得到重视，骐达已经有这样的设计了，看来又领先了

项目小结

本项目主要讲述了汽车销售的第四个环节——产品介绍。对车辆的展示要掌握执行的要点，既突出汽车的特点和重点，又方便客户参观和操作。在绕车介绍时，可以从六个不同的方位来介绍，每一个方位都有介绍的重点。在介绍车辆时要掌握一定的方法和技巧，比如 FAB 法，要重点突出汽车有什么配置，此配置有哪些作用，会给客户带来哪些利益。在介绍车辆时还要慎用专业术语。

复习思考题

1. 学习产品知识要从哪几个方面掌握？
2. 介绍发动机动力性时主要介绍哪些参数？
3. 现代轿车主要有哪些安全配备？
4. 轿车操控性和什么有关？
5. 什么是 NFABI 产品介绍法？

项目六 试乘试驾

一、客户期望

1）期待能有符合自己购车需求的车辆进行试乘试驾，并且有专业人员指引。

2）能亲身感受车辆的独特性能。

3）期待能有愉快的试驾体验，比如流畅的试驾流程、合适的车内温度、干净整洁的试驾车辆、良好的车况等。

4）希望可以自由试车，并有足够的时间操作和观察车的性能。

5）希望通过试车，能比较判断新车与正使用的旧车的差异程度，并且认为换车是值得的。

二、工作标准

1.试车准备

要把准备工作做好。

1）首先要把需要的车准备好。因为这辆车不同于公司里面正常使用的车，只要客户有要求，你基本上都要去满足这个客户的要求。这个车很多人都在开，开车的习惯不一样，对车的伤害也比较大。因此一定要在每一次试驾之前，对这辆车的车况做一次检查，确保车辆处在最佳状态。

2）规划试车路线，使客户有足够的时间来体验车的性能。

3）制作试乘试驾路书。

4）快捷方便地办理试乘试驾手续。

5）给试乘试驾车购买保险，包含但不限于以下险种：交通事故责任强制保险、第三者责任险、车辆损失险、全车盗抢险、车上人员责任险、玻璃单独破碎险、车身划痕附加险、自燃损失险。

2.试车前工作标准

1）向客户说明试车的流程，说明先试乘后试驾的必要性；试乘试驾路书能让客户预知全程大概的交通状况及换试驾地点。

2）请客户填写《试乘试驾协议书》，并核对客户驾驶证，在DMS系统中录入客户信息。

3）为客户准备车辆，确保试乘试驾车辆满足《试乘试驾管理办法》要求并处于良好的状态：干净、整洁、无破损，备有影音光盘（如CD光盘、DVD光盘等），安装的选装件可正常使用，车上铺有脚垫，将车内温度调到合适温度。

4）将车开到专营店门口，邀请客户试乘，主动为客户开门，用手护住门框请客户上车。

3.试车中工作标准

1）先由销售顾问驾车，客户乘坐，并提醒客户系好安全带。

2）销售顾问提醒客户体验车辆的舒适性。针对客户关注的性能进行重点演示操作。如果是置换客户，则提醒客户体验车辆动态性能与其现正使用的旧车动态性能的差异性。

3）销售顾问按试乘试驾路书要求把车开到指定地点，让客户试驾。

4）在客户试车前，要确认客户能舒适地操控所有控制键。后视镜、座位和转向盘等的设置都应做相应调整，并提醒客户系好安全带。

5）让客户自己驾车，体验车辆和选装件的各项性能。

4. 试车后工作标准

1）客户试车完毕，请客户到洽谈区，主动征求客户对车辆的感受，着重指出在"产品介绍"阶段所讨论的特性和优点，并对客户关心或顾虑的问题予以讲解和说明。对于有置换意向的客户，可针对旧车突出问题，强调新车的优势。

2）邀请客户回店后，填写《试乘试驾评估表》。

3）销售顾问根据试车情况将信息录入 DMS 系统。

三、关键技能——试乘试驾体验技巧

1. 执行流程与客户的参与和确认

客户试乘试驾以后，没有产生更大的购买欲望，这主要是因为你没去问他，没有去对客户所关心的问题进行确认。所以，在执行这个流程的时候，一定要让客户参与和确认。

（1）车门的声音

在客户驾车之前，销售顾问应给客户做静态的介绍。销售顾问可以这么说："您看这辆车的门，您听一听这辆车关门的声音。"这也是很多销售顾问成功的一个地方。他说："这辆车货真价实，安全性很好，没有空空荡荡的感觉。"

（2）发动机的动力

你在销售车辆的时候，经常会有一些客户把竞争对手的车拿来跟你销售的车做比较，因此销售顾问在介绍的时候，一定要突出你所售车的优势，并且尽量让客户感觉到。

> **【案例】**
> 一家人来参加试乘试驾活动，老公坐在前面开车，他太太抱着一个小孩儿坐在后面，前排乘客位坐的是销售顾问。快到红绿灯时他一脚制动踩下去，那个车本来制动就硬，他一踩制动，结果车停下后，后排座他太太抱着的那个孩子的脑袋碰到了前面的"头枕"，孩子哇地就哭起来了。夫妻两人本来是很高兴的，结果两个人在车上吵起来了，弄得很不愉快。
>
> 所以，在试乘试驾流程里，一定要注意很多细节。销售顾问在上路之前要做一个静态的介绍，在客户坐上车以后，先别急于上路，先试一试加速踏板的感觉，制动的感觉，档位的感觉，别挂错档。
>
> 有的车的倒档位置在前面，有的倒档位置在后面。先要了解这些，要不然会出事故。

试发动机的加速踏板有两个好处：

第一，他可以感觉一下他的脚跟加速踏板的配合会起到多么大的效果，他知道在加速的时候踩下加速踏板以后，转速表会提多高。

第二，作为客户，他脚底下没感觉，可能会轻轻点一下。他一点发动机"嗡"一声，转速表"哗"上来一下，然后又下去了。这个时候你抓住机会就跟他说，"你刚才听到了吧，不相信你再踩一脚"。你可以告诉他在开车的过程中轻轻地加速就没有这样的声音了。这个时候你要抓住机会跟他讲，"你看这个发动机的动力性怎么样，很强有力呀，你听这个声音，正好你又想开，又想体验，这个弄熟了以后你就可以上路了"。

（3）车辆的操控性

1）车窗按钮。要让客户体验车窗的操控性。你跟他讲，"这辆车是中控开关的，你集中注意力往前开，别管那么多。你的左手门旁边有一组按钮，把手先放在那上面，这个按钮的旁边有一个小圆按钮，这个按钮放到左边，然后右边的大拇指按一下右边的键，一按这边的窗子就下来了。你再把手放到大拇指右边的一个键上，再按一下。"他一按，左边的车窗又下来了。这样，你的目的就达到了。

因为他在往前开，眼睛没往这里看。就在这个位置，用手一摸有个记号，这个记号就告诉你，你可以向左或向右来调开哪边的窗，关哪边的窗。可以通过这个方法让客户来参与。

2）收音机按钮。接着可以告诉客户，收音机在你的右手边，你把右手伸出去，在你的那个变速杆斜上方伸出去，一摸就摸到了一个圆的按钮，你把它向右边一旋转，就打开了。你不用看啊，只管开就行了，无论你想做什么事情都不用担心，触手可及，这就是操控性。

3）舒适性。那么减振系统怎么操作，怎么体验呢？客户转一圈回来了，下车的时候你再问他。你要是在开的过程中问他，他就注意了，他注意力一集中，这个地方稍微颠一下，就觉得这个车舒适度不好。那个时候你不跟他说，等到跑完了以后快下车的时候再问，"你坐在后面的感觉怎么样，颠不颠？"其实每辆车都颠，但是当时他的注意力老是集中在他的左手、右手在使用哪个键、哪个开关这些方面了，他哪会注意这辆车在什么地方颠一下的问题。回过头来说，好像没怎么颠吧。他觉得没怎么颠就证明这个车避振不错。

（4）请客户进展厅

一项、两项、三项、四项……你先设计好的，包括客户在展厅里面看车的时候他所关心的那些问题，在这次试乘试驾的过程中让他参与、让他确认，确认以后，客户说没问题了，就请客户到里面坐一下。在一般情况下，客户会拒绝，说要先回去了。

1）送礼品。这时你可以说："请等一下，我们还有一份礼品送给您。"这是一种让客户跟你进去的方法。

2）填表。还有一种方法是，你可以说："还有一件事情麻烦您配合一下，有一张表请填一下，您对这款车有什么好的建议，您自己有什么感受都可以填到里面。"在这种情况下客户一般不会推辞。因为客户不花钱开了你的车，心想再配合一下又有什么关系呢。这个时候销售顾问就可以把客户带到展厅里面去了。

（5）留住客户

到了展厅里以后，销售顾问可以接着跟客户谈，让客户参与，让客户确认，一项一项地提示他，提示以后，客户本来怀疑的问题都被证实不存在了。在这种情况下就等于你把梯子架好了，然后拉着这位客户一步一步地上去，他要想下来的话一般就不那么方便了。

1）留住客户带来的小孩。进展厅以后，客户带去的小孩要特别关注。比如给他们糖吃，带他们去儿童娱乐区，或者玩电脑游戏。小家伙往那儿一坐，大人就别想把他叫走了，这都是把客户留下来的方法。

2）让客户喝茶、喝咖啡。你可以让客户休息一下，喝一杯茶、喝一杯咖啡，在客户喝茶、喝咖啡过程中适当和客户交流，一步一步地引导客户进入下一个流程。

（6）确认事先所谈的问题

在这个时候不要忘记一个很重要的事情，就是确认事先谈的那些问题，客户所担心的每一项都经过确认以后，就该签合同了。这种情况下，客户想退想撤估计也是比较难的。因为从心理学角度来讲，吃你的嘴软，拿你的手软。他看销售顾问前前后后忙来忙去都为了他，然后又让他试乘试驾，一项一项跟他确认，这些都没问题了，下面肯定是进入买车状态了。这样他就会提前买车，提前进入乘车资讯里面去，这就是临门一脚的问题。

2. 车辆性能的体验技巧

车辆性能的体验技巧（以东风日产奇骏为例）见表 6-1。

表 6-1 车辆性能的体验技巧

环节	体验内容	配合动作	话术
试车前	高性能奇骏＝优秀的越野性能＋优秀的城市性能	引导客户站到试驾路线指引牌前（展示两条不同的试驾体验路线）	××先生/小姐，奇骏试驾有两条路线：一条是用来体验奇骏优秀的城市性能，比如动力性、舒适性等，您今天就可以试驾了；另一条是用来体验奇骏优秀的越野通过性能，由于道路的限制，需要有特别的试驾道具模拟道路的极限状态让您体验到奇骏优秀的越野通过性能，同时也可以让您感受到野外乘的刺激感，感受越野的乐趣，不过这个需要预约方可体验。要不，今天您先体验一下奇骏优秀的城市性能吧
试车前	智能钥匙	起动前，拿钥匙向客户介绍	××先生/小姐，您看！我在不插钥匙的情况下即可起动发动机，是因为奇骏装备有智能钥匙的缘故。这种配置，是高级豪华车才有的配置，CRV 顶配的都没有此配置，而奇骏 2.5L 标配这种钥匙，不仅方便您使用，而且能有效防止车辆被盗
试车前	智能钥匙	起动前，拿钥匙向客户介绍	RAV4 2.4L 带智能钥匙，CRV 全系均没有智能钥匙，汉兰达 2.7L 只有顶配 33.88 万元的车才有智能钥匙
试车前	安全带	试驾前提醒客户系好安全带的同时向客户介绍	××先生/小姐，为了您的安全，请先系好安全带。不知道您注意到没有，奇骏的安全带设计非常人性化。据了解，多数国人开车时不喜欢系安全带，原因在于安全带系起来很麻烦，系上安全带后很不舒服。奇骏的安全带的材质很软，拉出的阻力也比一般的车要小，同时，如果前排乘客忘了系安全带的话，它会主动提醒您系好安全带
试乘	静音效果	车辆匀速行驶、关窗、关空调、关音响	×××先生/小姐，现在车速是××km/h，您觉得奇骏的静音性能相比轿车的静音性能怎么样？是不是很安静啊
试乘	加速感（动力强劲、无冲击感）	直线加速、引导客户观看发动机转速表、感受发动机的澎湃动力	××先生/小姐，前面交通比较顺畅，现在我给您演示一下奇骏的提速性能，一会儿我加速的时候，请您听听发动机的声音是不是雄浑有力（加速演示），现在我提速了，请您看看奇骏发动机的转速表，是不是一直保持稳中有升的状态，没有出现一般自动变速器换档时转速出现降低的现象？奇骏之所以这样，是因为采用了完全不同于一般自动变速器的 CVT 无极变速器，完全避免了普通自动变速器因为换档而导致的动力中断现象。日产的 CVT 变速器不仅大幅度提升了动力性能和经济性能，而且也大大改善了加速时的舒适性能，您可以仔细感受一下，整个加速过程中是不是没有一点点换档冲击啊

（续）

环节	体验内容	配合动作	话　　术
试乘	BA制动辅助系统	演示制动动作，同时提醒客户注意行车安全	××先生/小姐，现在我们感受一下奇骏的制动效果，奇骏的制动有一个独特的地方在于带有BA辅助制动系统。您想啊，当车辆高速行驶时前面突然出现障碍物您会怎么样？当然是马上用力踩制动踏板啊。但对于女士来讲，这时腿部力量不够时可能就会有危险了。而BA就能帮女士解决这个问题，只要制动踏板踩得够快，BA就能提前启动ABS，让ABS帮助我们制动，您说是不是很安全啊
试乘	CVT无极变速器的手动换档功能	利用手动模式换档控制车速	××先生/小姐，前面是下坡路面，我们来看看奇骏的CVT无极变速还有什么独到之处。（以D位控制车速行驶）现在是D档行驶，您看我不踩制动踏板怎么样控制车速，您看减速（做减档动作），如果想让车开快点，只需要加档就可以了（做加档动作），有一位日产的车告诉我们说，他能够通过这种方式，从山上开到山下，一次制动踏板都没踩，就能很自如地控制车速，您说这样是不是很安全啊 RAV4（4AT）,CRV（5AT），均无手动换档功能；汉兰达2.7L（6速手自一体）；奇骏（带6速手动功能的CVT）
试驾	体验起步	关注客户挂档的手势，防止误操作	仪表板上有档位显示，您试一下。挂入D档，放下驻车制动，轻踩加速踏板，慢慢加速
试驾	体验加速	引导客户急加速到50km/h	您开车技术真不错！这是加速路段，您可以体会一下这车的加速性能
试驾	体验悬架	指出并线车道，帮助查看旁边车辆	在前方100m有个井盖，我们减速到40km/h过去，您可以体验一下阳光转向系统前麦弗逊、后多连杆悬架的舒适性
试驾	体验高速过弯	提前告知前方100m处要过弯	转弯的时候您可以感觉一下阳光转向系统，奇骏采用前麦弗逊、后多连杆悬架；路感清晰，指向精准
试驾	体验制动	告知客户前方100m可以体验制动性能	这个路段车少，您可以先加速再制动，我们体会一下制动性能。阳光的制动非常的灵敏，高效
试驾	泊车	请客户降低车速，引导客户进入泊车区	先生，我们试驾马上结束了，您刚刚喝的绿茶是给您续杯呢？还是喝点别的？（呼叫前台续杯）您可以把车停到前面，我们回展厅休息一下，您有什么疑问，我再给您做详细的介绍

四、关键技能——试乘试驾话术

1. 试乘过程

销售顾问：张先生，您这是第一次试乘试驾吧！

技巧：通过询问确认客户之前是否已经试乘试驾过其他品牌的汽车，以确定下一步沟通的重点、内容与顺序。如果客户之前试驾过别的车型，那么就要弄清楚他对之前试驾过的车型印象最深的是哪些方面，进行有针对性的介绍，消除竞争产品的影响。

如果是第一次，可以按照正常的思路进行展示。

客户：是的。

（说明：得到客户的确认。）

销售顾问：您已经坐在了前排乘客的位置上，自己可以试着调整一下座位的高低、前后和俯仰（等待并帮助客户调整）。调整很方便吧！舒适感相当好吧！

技巧：介绍前排乘客座的舒适感和调整的便利性，并进行有效的引导。

客户：不错，很好！

（说明：得到客户的肯定。）

销售顾问：现在，请系好安全带，我们准备起步了。您看，这是制动踏板，凡是自动变速器的车在点火起动前都必须用右脚踩住这个踏板。现在我们开始点火起动，您仔细听一下发动机的声音，（停顿一会儿）是不是很轻柔？

技巧：一方面介绍行车注意的事项，强化客户对你专业能力的认知。另一方面，通过"询问"强化客户感受到的对发动机性能的认识。

客户：是，声音很轻，几乎听不到。

（说明：与客户互动，得到客户的确认。）

销售顾问：好的发动机都是这样的声音。好，现在我们开始挂档。这款车装备的是手自一体变速器，挂档前要先看一下前方是否有障碍物。好，我们现在挂到 D 位。现在开始踩加速踏板，您注意体会一下加速，听一下发动机是否有力、顺畅。

技巧：进行发动机静音效果的强调，与此同时，让客户体会发动机的动力表现。

客户：真的，好像特别有力。

（说明：再次获得客户的认同。）

销售顾问：非常正确！现在看一下车速，经过刚才不到 10s 的加速，现在的车速已经达到了 100km/h。您注意看一下仪表显示，是不是很清晰，很易读。

技巧：进一步介绍汽车的提速表现，同时，将仪表板展现给客户。

客户：比 ×× 车的仪表好。

（说明：此时，客户提到了竞争产品，从内心表达了对我们这款车仪表的认同。）

销售顾问：您真有眼光。其实，这款车除了仪表板别具一格外，整车行驶的低噪声是另一个重要的特点。您注意听一下，现在已是高速行驶，车内噪声还非常小，不仔细听几乎听不到。

技巧：对于客户已经表达出来的对汽车产品的认同要及时赞赏，这样可以增强他们的认同。同时，再次通过静音效果的认同反复强化发动机的优异性能。

客户：真是这么回事。

（说明：客户再次认同发动机的静音效果。）

销售顾问：很好吧！这款车的静音效果就这么好，除了发动机本身运转时噪声低以外，风阻系数只有 0.306 的外形设计是其又一独到之处，不仅外形时尚，而且还对降低油耗有帮助。

技巧：从发动机引入到外形设计，强化的一个核心是良好的静音设计，这是轿车档次的一个很重要的标志。

客户：能省多少油？

（说明：说明顾客比较关心油耗，是销售中应该注意的一个问题。）

销售顾问：比同级同排量的车省10%，行驶100km约省1L汽油，如果一年行驶5万km的话，将会节省500L的汽油，按1L7元算，您可以算一下会省多少钱？

技巧：仅有相对数是不够的，要给出具体的数值，直观地强化客户对价值的认识。

在后续的试乘过程中，应对该款汽车最具有推荐价值的地方进行类似的示范与说明，为后续的试驾埋下伏笔。

2. 试驾过程

销售顾问：来，您亲自试一下，您会更加觉得这是一款非常优秀的车，同时也正是您想要买的那款车。这是带防盗功能的钥匙，只要轻轻一按这个键，车门就会解锁。

技巧：在试乘阶段客户已经初步认同的基础上，对客户的认同心理再进一步诱导："你会觉得这是一款非常不错的车，也正是您想要买的那款车。"

客户：（接过钥匙，解锁车门）是很方便。

（说明：让每一下细节都成为客户喜欢的理由。）

销售顾问：您试着开关一下车门，听一下声音是不是很厚重？

技巧：学会利用"声音"进行销售。

客户：（多次开关车门）确实是。

（说明：一旦客户认同，将会在他们的选择标准中加上这样一条。）

销售顾问：只有车的档次够，才会有这样的声音，听起来是不是很动心？您再试一下车门开启后的自动关闭功能，你会发现只要轻轻一推车门边缘，无须用力就会自动关好，这可是同级车中唯一的。

技巧：进一步提升关门的声音与客户投资利益之间的关系。

客户：确实不错。

（说明：再次获得客户认同心理的强化。）

销售顾问：来，您坐到驾驶座上，自己调节一下这款电动座椅。对，就这样！很正确！共有10个方向调节。这应该就是您要买的那款车应该配备的座椅吧！

技巧：充分发挥客户"触觉"的作用，加深他们对配置细节的关注与认识，加上诱导性问题的提出来诊断并强化客户今后投资时对"电动座椅"的要求。

客户：是。

（说明：再次获得客户对"电动座椅"这一配置的认同。）

销售顾问：再感觉一下这款座椅的包裹性，是否感觉到整个身体都被座椅牢牢地包裹起来。您也知道，只有高档车才会有这种感觉！

技巧：对每一个配置从各个侧面进行强化，再进一步充分调动客户的"听觉""触觉""感觉""味觉"去感受、发现并记住先前他们并未发现的特点与利益。

客户：不错。

（说明：进一步强化对"座椅"的认同。）

销售顾问：（坐到了前排乘客位置）现在，您可以把钥匙插进锁孔，右脚踏紧制动踏板，开始起动。请注意再听一下发动机的声音，再次感受一下这款性能优异的发动机给您带来的快感。

技巧：在试乘阶段已经建立了对"发动机"好感的基础上，诱导客户自己进一步加深这种感觉。只要是客户发自内心认同的东西，任何人要改变几乎是不可能的，这就是试乘试驾过程中我们力求达到的目标。

客户：（起动，换档起步）加速踏板反应是很灵敏。

（说明：客户自己发现产品的优点，如果客户之前曾经驾驶过其他竞争车型，那么这就是他们对两者之间比较的结果。此时，可以接着用封闭性的询问："是不是比之前试驾过的那款车更符合您的要求？"只要客户的回答是肯定的，那么就增加了排斥竞争对手的机会。）

销售顾问：您试着加大加速踏板行程，体验一下提速的感觉。看一下推背感觉如何？

技巧：让客户进一步体验汽车的动力性表现。

客户：提速还真快，推背感也很强。

（说明：客户认同了汽车的提速性能。）

销售顾问：这正是您要找的那感觉吧？

技巧：进一步确认该性能与客户投资取向的关系，得到客户的认同。

客户：没错。

（说明：在后续的试驾过程中，必须不断地围绕产品的卖点进行询问、诊断、强化，以期在试驾结束时，让客户舍不得离开，仍有不尽兴的感觉。）

3. 试乘试驾结束

销售顾问：（试乘试驾结束回到展厅时）怎么样？张先生，在刚才的试乘试驾中，是不是对这款车有了更深一步的认识。如果我没有猜错的话，您已经喜欢上这款车了，现在就想马上拥有它，把它开回去给自己的朋友和家人看一看。

技巧：汽车产品展示结束后，要根据客户的肢体语言判断客户的真实想法。同时，应对整个展示的过程做一个小结，特别要强调："您已经喜欢上这款车了，现在就想马上拥有它"这样的内容，以此进一步判断客户的占有欲望的强弱。如果发现客户并未着急离开，说明他们已经有了下决心购车的可能，请不要轻易放走这样的机会。

客户：是不错，不过还不能定，还要比较一下。

（说明：客户通常会提出新的异议，多数情况是客户讨价还价的一个借口。）

销售顾问：那您还需要在哪方面进行比较呢？

技巧：直接询问客户担心的问题或需要考虑的问题是什么，好对症下药。

客户：主要是价格方面，这款车是不错，只是比××款车价格高了一些。

（说明：价格通常是客户最容易提出来的问题。）

销售顾问：看得出，要不是这款车深深打动了您，你也不会告诉我实话。这样吧，有关这方面的问题我们到洽谈室坐下来认真聊一聊，相信一定会让您满意而归。

技巧：请不要马上回应客户的问题，更不能轻易承诺，要再次强调这款车留给他们的印象与感觉。然后把他们请到洽谈室，只要他们愿意坐下来，那么对价格或其他问题要求的程度就会降低，谈判的优势就会减弱，销售顾问胜算的机会就会大大增强。

项目小结

本项目主要从静态和动态上对汽车产品进行了介绍，主要包括汽车产品知识和试乘试驾的讲解。汽车产品知识主要从产品的定位、品牌、外观、动力性、操控性、安全性、舒适性、经济性等方面掌握。试乘试驾活动中存在着一些常见问题，主要是因为缺少规范和流程，或者规范和流程没有执行到位。规范的流程应该是先做好试车准备，然后给客户做产品介绍，先由销售顾问驾驶，然后由客户亲自驾驶，感受和确认此车的相关性能。在执行流程时一定要让客户参与和确认。

项目七 促成成交

学习目标

1. 掌握异议处理的技巧。
2. 掌握价格谈判的技巧。
3. 掌握车辆成交的技巧。

任务一　异议处理

一、目的和意义

1）寻求妥协与平衡，力争共赢。
2）妥善处理客户异议，避免引起客户的疑虑。

二、客户期望

1）希望销售顾问能够站在自己的角度考虑问题，提供适合自己的销售方案。
2）希望有充分的时间来考虑，而不是被人催促着做出决定。
3）希望清楚地知道价格的实际构成，比如净车价、牌照、保险等，并能对自己的旧车给出合理的价格。
4）如果有现车希望马上提车；如不能马上提车，则希望越快越好或者在特定的日期时能够提车（如生日、节日等）。

三、异议产生的四大根源

1. 对产品的怀疑

问题反馈：是不是像销售顾问说的这样？
顾客内心分析：我好像听其他品牌的销售顾问说过他们的车××方面是有问题的啊？

2. 对 4S 店的怀疑

问题反馈：你们店的服务能力有保障吗？
顾客内心分析：我看你们的店面倒是很干净，可是面积很小啊，也没几个顾客来啊？

3. 对销售顾问的怀疑

问题反馈：你是不是对所有人都这样啊？有没有骗我啊？
顾客内心分析：看你说得很好，可是怎么一说到关键部分就拐弯呢？

4. 对自己的怀疑

问题反馈：我是不是应该多看看？

顾客内心分析：车倒是不错，可我现在就下决定是不是太草率了？

> 要分清楚顾客的异议是情感上的还是实际问题。如果是情感上的，就要从情感上入手，多讲一些照顾顾客情感、赞美的话；如果是实际问题，要重新考虑介绍的方向重点，即改变销售策略和主攻方向。
>
> 有时候顾客仅仅是出于本能提出异议，其实，这是其自我保护的一种方式。

> **常见问题与分析**
>
> 1）顾客会当面夸奖或者认同销售顾问说的话吗？
>
> 应了解异议背后的真实意思。
>
> 2）对车辆细节不断纠缠的顾客，真的是对产品不满吗？
>
> 是因为他真的要买车，买一辆自己认为不会被骗的车。这类顾客往往在以前有过上当的经历，所以会对细节不断追问。同时，因为销售顾问自己的问题，导致顾客的不信任，也会出现此类情况。
>
> 3）对同一问题反复提及的顾客，真的是我们没有解释清楚吗？
>
> 有可能是真的不满意，或者是以此作为和你价格谈判时要求降价的条件。
>
> 4）用多个竞品与我们的产品比较的顾客，真实的想法是什么？
>
> 第一种情况，顾客是个谨慎型顾客，他会综合各种性能进行比较，我们对此类顾客可以用示弱的方法。让他们感觉到自己真的是专家，保持他们良好的感觉。
>
> 第二种情况，顾客是真的喜欢我们的车，但又对价格抱有能更多地进行降价的想法。我们要根据后面讲述的价格谈判七步筛选法进行应对。
>
> 第三种情况，顾客准备购买我们的车，但担心遭到关键影响者的反对。利用标准制胜法"培训"你的顾客，使顾客具备"转培训"的能力。

四、克服异议的四种方法

1. 忽视法

不是从顾客提出的问题入手，而是从另一方面来解释。要求销售顾问要有敏捷的思维和应变能力。

例：

顾客："雅阁车油耗有点高啊？"

销售顾问："张先生！您肯定知道油耗和动力有直接的关系！您知道我们这款车发动机的功率有多大吗？"

2. 补偿法

以利益来弥补顾客的欠缺感。

例：

顾客:"你们现在没有白色的车了吗?"

销售顾问:"这批车塔夫绸白色的都订出去了,下一批我现在就给您订上。另外,再送你一个精美的小装饰。"

3. 顺应法

顺应顾客提出的异议,一般是对一些顾客来说无关紧要的问题,让顾客有成就感。

例:

顾客:"你们的交车环节怎么这么复杂啊,人家其他品牌可是很快就能把车开走的!"

销售顾问:"您说得对,我们的环节是比较多,是很复杂。可是这也是为您考虑啊。我们也想尽量在这个环节多节约些时间,可是很多项目都是必须做的,等到交车完毕,非常希望您能够给我们提出更好的建议。"

4. 询问法

先不要急于回答顾客提出的问题,要帮顾客找到他提出问题的原因,这样顾客就明白了。

例:

油耗挺高吧?这车多少钱啊?(到商场买衣服你问衣服价格时,老板是怎么回答的?)

五、异议处理的原则和技巧

在处理客户不同意见的时候有三个应对原则、五个技巧。

1. 三原则

第一个原则,正确对待。

第二个原则,避免争论。

第三个原则,把握时机。

2. 五个技巧

在处理客户异议的时候,首先要找准根源所在。这个客户提出不同的意见,他的理由和动机是什么?你首先要找到原因,这个原因刚开始的时候是不容易找到的,需要讲究一些技巧。

第一,要认真地听。站在对方的立场上,让对方感觉到他有这样的想法,你能理解,你同意他的观点等。

第二,重复客户提出来的问题。为了表示你是认真地在听他说的话,在这个过程当中,你可以把他说过的一些问题重复一遍。由于你在认真听他说话,客户对你怀有的敌意会慢慢淡薄。

第三,认同和回应。你可以对客户说,"你有这样的想法,我认为这是可以理解的。"你这么一说,客户肯定会说,"我们总算找到共同语言了。"其实并非如此,只不过这里有一个技巧性问题而已。

第四,提出证据。你要提出一个证据,前面三项技巧的目的是为了了解客户提出这些不同意见的原因、理由和动机。

第五,从容地解答。找到动机之后就有办法解决了。

【案例1】

客户说:"这款车降到这个位置上你就不降价了,我告诉你,另一家店也卖这款车,他就能降到这个价。"问题提出来了,原因也找到了。这个客户讲这个车还能再降价,这个时候了解了客户是因为价格的原因,就有解决的办法了。

销售顾问想,"我卖这辆车,他也卖这辆车,都是一个厂家生产的,怎么他能卖这个价我不能卖呢?换作是我,我也会这么说"。我们是一个品牌的代理,虽然是两个店,但是价格同盟是肯定不会错的。从生产厂家到汽车销售公司,到4S店,到专营店,这个价格是不可以随便降的,或者擅自定价的。既然是这种情况,这个客户的信息肯定有问题。

客户说:"我可以当你的面给对方打一个电话,我说马上掏钱来买,你给我什么价格。"现在的专营店都很聪明,电话里边说降价的事情原则上是不回答的。因为现在有很多汽车公司都找市场调查公司做调查,万一电话有录音怎么办?你说,"这个车我可以降价,比那个店卖得还低,这一下子从我账上作为惩罚把10万元钱划掉了,我专营店卖一辆车才挣几个钱,我不敢这样做。"虽然我们内部都知道,但打完了电话以后跟客户还不能抬杠,你必须避重就轻,只能说,"我能理解你,但是可能这个信息有点问题,也可能你是听别人讲的,那个人听错了。"这个客户一看,你打电话问的不是这个结果,心里面很难受。在这种情况下,如果你再不讲究处理方法的话,这个客户就会跟你产生对立。当然我们不排除有的客户是故意说这个低价格是哪一家的。你不要跟这个客户计较这个信息的来源,你要做的事情是跟他做朋友。

这种情况下,有的时候客户本来是这样想的,他就试试你,反正他想买这辆车,能够降到他心里的这个价位最好,如果不能降到心里价位,他还是会买。你跟客户一讲,这个客户觉得这个人还不错,没有当面揭穿他,那他就买了。在这种情况下你还得给他下台阶,你说,"这样吧,为了表示诚意,我以我个人的名义送您一瓶香水。"这个客户他不知道,那瓶香水零卖都是40元钱、50元钱的,但进价只有20元钱左右。在这种情况下客户也找到心理平衡了。有的客户说,"哪能让你掏钱呢,这个钱我给你,车我一定要买。"本来这个圈画的不圆,到最后七绕八绕就把这个圈给绕圆了,所以客户的异议这么处理才能圆满。

【案例2】

我们常听到客户说,"价格太高,便宜××钱我就买,你不便宜我就再考虑考虑。"这个时候销售顾问应该怎样去应对呢?

首先,你与客户不能在价格的问题上纠缠,你要与客户谈价值。他虽然买的是这个车,但是这款车的价值远远超出了你的报价。为什么这样讲呢?你有证据给他看。

比方说你代理了一个好品牌,那么这个品牌的价值是多少,他花同样的钱去买另一款车,但那个车品牌不知名。同样的价钱一个是知名品牌,一个是不知名的品牌,他肯定选择知名的,这就是超值的部分,这就是它具有价值的地方。

其次,他开了这个品牌的车以后,他的身价马上就不同了。他开着这款车出去办事儿比以前会方便得多。

最后,这款车的一些装备大多数是进口件,质量比国产的要好,要耐用。既然是进口件,它还有关税,单件的价格肯定比国产的要高。前面讲的那个ABS是进口的,5000元,国产的2000元,你这辆车仅ABS已经比它贵了3000元了,这款车对他来说值不值呢?

价值还包括服务。"你看我们的服务怎么样,我们的公司怎么样,我们是否规范,我们公司的规模、知名度是否值得你信赖?"通过前面的这些规范的流程,再加上销售顾问的素质等,客户回过头来想一想,确实不错,用这种方法去说服客户,帮他排除不同意见。

六、工作标准

1）通过"产品介绍"和"试车"步骤给客户提供选择该车的全面理由。

2）给客户概述有关制订商谈备忘录的全过程。

3）通过对诸如价格、条件、时间限制以及选装件、保险、按揭购车等问题的敏感程度来判断客户的需求。

4）对一次性付款购车客户采用商谈备忘录，对按揭客户采用贷款说明表。

5）向客户介绍新车保险方案时，使用《车辆保险建议书》。

6）在商谈备忘录或贷款说明表上确认客户所要的车型、保险、选装件和付款方式等。

7）确认所要购买的车型有货或者到货的时间。

8）与客户确认有关车辆、选装件、保险、按揭购车等部分的所有信息都是正确的。

9）从容、清楚地解释商谈备忘录所记录的各项款项是如何计算出来的。请求客户同意商谈备忘中记录的销售方案。

如果客户不接受商谈结果或调整后的方案，则：

① 仔细听取客户意见，以便了解其犹豫不决或反对的具体原因。

② 参照客户的要求合理地调整商谈备忘录。

③ 客户对旧车处理不满意，可以采取灵活的方式，如代办旧车过户、旧车代卖等方式争取新车成交。

④ 了解客户的疑虑并详细解释，给客户更多的时间考虑。

⑤ 促成客户将旧车卖给专营店。

七、促进成交四大法宝

1）利益诱导法。以展厅推广活动信息或礼品赠送等利益促使客户成交。

2）放大镜法。对给客户带来的利益进行放大，促使成交。

3）例证法。利用人的从众心理促使客户成交。

4）霸王硬上弓法。帮助客户下决心，促使客户成交。

八、关键技能——异议处理话术

1. 如何避免异议

客户：这是新上市的××车吧！

（说明：客户提出了他们关心的问题。）

销售顾问：没错，看来您对这款车挺关注的，需要了解哪方面的情况？

技巧：诊断客户的关注点。一般而言，客户首先提出的问题就是他们最关注的问题，也是今后购车时会优先考虑的问题。

客户：听说这款车配置挺高的，甚至有高档车才有的ESP和随动转向前照灯等配置。

（说明：表明客户关注该车最具有竞争力的配置，如果这些配置的影响力大到足以克服该车的"弱项"带给他们的影响时，客户购买的决心就会增强。因此，接下来的销售过程就要围绕这些卖点进行强化。）

销售顾问：太对了，这也是很多像您这样的客户购买该车的一个很重要的原因，正因为如此，该款车已经出现了供不应求的情况。顺便请教一下，关于这款车，您的朋友是怎么评价的？

技巧：予以肯定，强化客户的认同，特别是"像您这样"词语的应用，能够让客户感到自己的想法并不孤单。同时，为了避免在随后的销售中客户提出的异议，可以先试探客户周边的朋友对这款车的评价，其实，这种评价也是客户本人的看法。这里，避免客户异议的方法就是在这种异议未出现前，将其化解掉。

客户：有一些朋友有一个担心，就是你们公司一直是做家用车的，而这款车是你们公司销售的第一款商务车，不知道该车的性能与售后服务怎样？

（说明：客户表达出他们的担心，具有一定的代表性。当然，这样的意见也可能是竞争对手给你设置的销售障碍。）

销售顾问：看来您比较倾向于选择这款车，要不然不会提出这样的问题。您一定知道，经过10多年的努力，我们公司彻底转变了整个中国消费者对两厢车的看法，引领了两厢车的消费潮流。同时，您肯定也知道，我们公司的合作方不仅在家用车的领域有上乘的表现，同时他们更擅长于商务车，相信您已经在这方面做过了解，也会同意这样的观点：我们公司同样也会引领公务车的消费潮流。

技巧：再次强调客户对这款车的认同，接下来从两厢车消费潮流的引导到公务车市场未来成功的开放，从心理上诱导客户消除担心。这里，"您一定知道""肯定也知道"这样的用法，也是一种心理诱导的常用表达方式。需要说明的是，客户的异议总会存在，如果销售的早期不能将这异议化解的话，随着竞争对手的不断强化，就会增强到排斥你的地步。

2. 如何有效消除异议

客户：哈弗 CUV 有没有 ABS？有没有安全气囊？

（说明：客户在购买过程中总会提出他们关心的问题。）

销售顾问：两位朋友，看来您对这款车已经关注很久了吧？

技巧：当客户提出异议时，千万不能去反驳客户，同时也不能马上回答。应该先拉近与客户之间的关系，然后通过转换技术转移客户的关注点，在弄清楚他们真正关心的问题后，再来就他们提出的异议进行说明，求得认同。这里，不要直接回答客户的问题，要先找出客户的问题，再寻求化解的方法。

客户：是的，我打算买一款越野性比较好同时又兼顾舒适性的车。

（说明：客户关注的问题是舒适性和越野性。）

销售顾问：那么，当你们最后选车时会首先考虑越野性还是舒适性？

技巧：在越野性和舒适性中，要认清哪一点客户更关注，这样便把他们关注的重点进行强化，次关注的重点作为附加利益来对待。

客户：当然最好两者都能照顾到。

（说明：这正是哈弗 CUV 的卖点。）

销售顾问：两位朋友，你们算是找对了品牌和车型，这款哈弗 CUV 正是符合你使用要求的一款不可多得的产品。

技巧：充分肯定客户的选择，进一步强调自己的产品能够符合客户的购买目标。

客户：但听旁边那家公司的销售顾问说，哈弗 CUV 没有 ABS，也没有配备安全气囊。

（说明：客户提出了自己的异议。）

销售顾问：看来您对我们这款车已经做了大量的调查，也在考虑这款车是否符合您的投资目标，不然您也不会花时间来到这里，我说得没错吧？

技巧：求证客户对自己汽车产品的认同程度。

客户：是这样的，因为考虑在这几款车中进行选择，但还没有定。

（说明：表明客户的选择范围。）

销售顾问：买车不是一件轻松的事情，要考虑的问题很多，慎重一点是对的。不过我想请教一下，是不是您在最后买车时一定要求该车配备了安全气囊和 ABS？

技巧：拉近与客户的心理距离，同时把自己的汽车产品不如竞争产品的地方用询问的方式提出，试探客户的态度。

客户：因为有 ABS 和安全气囊才会更安全，JP2500 汽车价位差不多却配置了 ABS+EBD。

（说明：因为竞争产品有，所以 CUV 也要有，似乎这样才符合逻辑。）

销售顾问：我知道了，您关注的是今后使用过程中的安全问题。为了避免您购车过程中的风险，我们可不可以花点时间来讨论一下这个问题？

技巧：求得客户同意，对他们不太了解的问题进行讨论，目的是避免他们投资的风险。"风险"二字非常有效，因为任何一个客户在选车、购车的过程中，首先要解决的就是"风险"问题。

客户：正好，我有点时间，你说吧！

（说明：求得客户的认同。）

销售顾问：谢谢您给我这个机会一起来讨论如何消除购车中的风险这个难题，也要恭喜您自己多了一个降低风险的机会。正如您所知道的，ABS 和安全气囊是汽车的安全配置，但整车的安全性不仅仅局限于 ABS、安全气囊等配置，而是一个需要从车身设计、结构等方面综合考虑的系统。只有全面认识了安全性，才能在购车时货比三家，才能有效降低自己的投资风险。很多像您这样选车的朋友，他们在最终决定购买哈弗 CUV 时，正是看中了中外专家在该车设计之初就确立的原则：首先，要用增加科技含量来保证乘客的安全。为此，这款车采用越野化底盘，前悬架为独立双叉臂结构，后悬架为螺旋簧四连杆结构，车架采用刚性强大的梯形机构，使车身更具备运动越野性，通过性强，能对付复杂恶劣的路面，稳定性和舒适性兼备。其次，在用户看不见的地方，以"R2"双区安全为设计理念，将车体分为前后两个安全区，"冲击溃缩区"吸收撞击时的能量，来减少座舱区所受冲击；"高强度座舱区"的设计则是注重于结构的钢性，包括四门防撞钢梁、地板防撞梁、支撑车顶的各组高强度支柱等重要的部分都做了特殊的加强，最大程度地保持座舱区的完整和人员的安全。这借用了沃尔沃轿车的安全设计概念，你们也知道沃尔沃轿车是全世界最安全的轿车。另外，车身采用高强度钢板及镀锌防锈蚀钢板笼形车体，突出了对成员的保护功能；成员头部支撑系统在车辆遇到紧急状况时可以有效保护乘员颈部。这些所带来的安全保障是某些仅仅装备了 ABS 和安全气囊的汽车所不具备的。当然，除了中高档汽车，这些配置不会同时出现在一部车上。因此，在以上这些方面都不能同时具备的情况下，专家的意见是结构比配置所提供的辅助安全性更为重要。

技巧：首先寻求与客户拉近心理距离，转变他们的立场。在此基础上，应用"谢谢您""正如您所知道的""很多像您这样""专家的意见是"这样一些表达方式，说服和转变客户的看法。应该说，这些用词非常有效，表明所有哈弗 CUV 在安全方面的特点与保障并非是销售顾问自己"王婆卖瓜、自卖自夸"，而是所有购买了哈弗 CUV 客户的意见，也应该是眼前这位客户的意见，求得他们对安全性的正确认识。

客户：原来是这样的，我还以为只要有了 ABS、有了安全气囊就万事无忧了。

（说明：客户表达了他们对汽车安全的误解。）

销售顾问：对了，行车的安全首先是驾驶人自己，这一点是大家都知道的；其次是该车是否有一个更安全的保障系统，正像哈弗 CUV 所提供的。

技巧：进一步对客户已经转变的认识进行强化，求得双方认识上的一致。

客户：那这款车的价格是多少？能不能再优惠？

客户表示了成交的欲望。

3. 常见客户问题应对话术

（1）有亲戚或朋友是做保险的

您好，先生/女士，您有亲戚或朋友是做保险的，你想帮他们买保险我可以理解，但您可能对保险的一些条款还不太了解吧？保险这个东西在外面都有很多人在做，但如何能真正地保障您车辆的使用安全，那就必须有一个十分专业的团队来为您服务。如果您在我公司购买保险，我能代表公司保证您在我公司维修的零件 100% 是原厂件，能为您提供 24 小时的保险服务热线，同时您所维修的车辆都能享受更长的保质期。再加上虽然您的朋友或者亲戚是做保险的，但是他也只能为您提供保险的事情，在维修方面应该不了解吧。

您在您朋友或亲戚那买保险固然便宜几百块钱，但他们没有我们做得专业。您看，在我公司买保险是一条龙的服务，不用您亲自去跑理赔省下不少烦心事，而且您在我公司买保险还可以享受我公司的会员服务，并且我们为您服务是应该的，而您麻烦您的朋友，是不是还要感谢别人，付出的可能还更多，远远不止当初打算省下的几百块钱。

（2）银行利息太高

您好，先生/女士，首先各家银行的利息和央行利率是统一的，具体的会视客户资质情况上浮或下浮 ××，各家银行都一样。我们之所以要指定银行，是因为按揭车辆我们公司承担着非常大的风险，按揭的流程是银行审批通过之后，出具同意贷款通知书，收到通知书后您只需支付 30% 的车款，我公司就必须办理上牌手续，车辆上牌后从法律意义上来讲，此车就属于您的了。而贷款书上则会注明如在放款前发现资料存在不真实的情况，银行会拒绝发放此笔贷款，到时银行不放款，车子又上了牌，会给客户以及我公司都带来不必要的麻烦！当然我不是说您的资料会出现不真实的情况，只是公司为避免风险，所有客户都将一视同仁。

在我司办理按揭是通过中介公司来办理的，现在银行都不直接对客户的了，利息方面是全国统一的，不会因为是我公司找的银行利息就会高点，这个您可以放心，您在哪个银行都可以问到的。您要自己找按揭公司也可以，但按揭这个过程很繁琐，会浪费您很多宝贵的时间，您看您是做生意的，一天都不知多忙，再让这些琐碎的事情烦着您不是影响您谈生意吗？而且我司收取的手续费是 1500 元，已经包含了按揭的本金与手续费，费用不高就可以帮您把事情都给办妥。让您省心又省力。

（3）顾客要考虑一下

先生，请问您在考虑价格问题还是车型性能问题呢？如果是性能，我们之前也对比过其他几个车型了，这个车型最适合您。如果是价格，今天是本店优惠日，机会难得。

（4）你就报个底价得了，比人家便宜我就马上买

噢，看来您是一个挺爽快的人，同时我也相信您应该在别的地方已经了解过这款车了，不然你不会说今天就可以马上买的了。价格方面既然您已经看过了，都差不多的了，别的店能做到的我们店也一样可以做到，更何况我们店地理位置比较偏僻，所以价格方面比较便宜，我们经营成本也比其他店要低，所以我相信只要你车型看好了，价格方面大家坐下来谈谈。再者，买一辆车我相信您关注的不仅仅是价格问题，应该还有其他方面，比如说售后服务、保险理赔等，我相信让我介绍完我公司的一些特色服务后您一定会感到满意的。

（5）在临成交的时候，顾客往往会忽然说：你再送我×××我就马上买……

这车价平常我们都是不送东西的，今天我们搞活动才破例送出这么多东西啊，最优惠的时机都不买的话，那下次您过来，我们这边再也送不出这么多东西了。如果车型合适就选择最优惠的时机定下来嘛。不要让一两个×××而影响您用车的时间嘛！

（6）避振差，过减速带很不舒服

您提的这个问题非常好，看来您对我们的车感受还是蛮深的。××车的避振是比较硬，但不叫差，因为避振的舒适与否和车子的操控性能好坏是成反比的。××车是注重操控性的，所以避振较硬，过减速带时显得比较颠簸，但车子的加速过弯和车身的平稳是非常好的，行驶稳定，路感清晰，不易晕车，您试一下看看感觉是不是。之前我和家人坐亲戚的××，在过高速公路的入口弯道时车子侧向了一边，只能以30km/h速度过去；上次我们公司的人去桂林玩，开着××公务车进入一样的弯道开70km/h几乎都没感觉。

（7）××车降价幅度小

××车降价幅度的确很小，而不像日系美系车的幅度那么大。作为买车的人，您肯定想越优惠越好，但作为一个车主，您愿不愿意看到自己买后的车价一路狂降？我们车子价格较为稳定，其实是对消费者负责任，同时也让你们增强购买的信心。许多日韩系车子买之前都很优惠，但不到几个月价格又会被调整。另一个原因，××车之所以降价幅度小，这与厂家的市场营销观念有关，日系、韩系厂家是把返利让给经销商，由经销商把控价格，当经销商销售出现压力时就会大幅度调价，从而吸引消费者；而××厂家是直接把利益让给客户，我们经销商无法调整价格。我之前的一名车主，他和朋友一起买车，他买了××，他朋友买了×××，当时×××还要加5000元拿车，现在半年的时间，他朋友的车已经折掉1.5万元了，他的车现在一直都没有掉价，心里都不知道多舒服，拿去卖二手车都赚多一点呢。

（8）你们这种车窗侧挡雨板确实漂亮，不过太贵了

我们的产品是由专门厂商设计，都是为您的爱车量身定做的，有着良好的匹配性，并且经过了严格的风噪测试，不论从美观还是实用的角度都是最佳选择。您装了我们这款车窗侧挡雨板，行驶在路上，哪怕是外行一看也知道是原厂货。

（9）××车身发动机噪声大，起步慢

××车和×××车相对比，××车的声音会显得稍微大一点，拿宝马和雷克萨斯相对比，宝马的声音也是大一点，这是德国车的造车传统，让您拥有澎湃动力的感受。衡量一个车的好坏，发动机的技术好坏，并不是靠声音来判断的，您觉得××车的发动机口碑如何？我有个朋友，用的是×××车，他还嫌发动机的声音不够大，还特地去把排气管换了，搞到周围的人看过来才够气派。

（10）这车是×××厂家出的吗

这车是在原厂导航版的基础上，进行专业的安全和配置升级，车辆的包围尾翼采用的是×××原厂选配件，中网采用的是进口日本版中网，所以这款车绝对能保证××纯正血统。除此之外，我们对这款车进行了安全配置升级，增加了汽车碰撞预警系统，此套系统目前也只是在沃尔沃、宝马车上以及以色列军方用车上使用，能尽可能避免碰撞事故的发生，最大限度地保证您的安全。而且目前只有我们的××才装配有此系统，我们将这台代表最高安全标准的车命名为"××××××版"。

（11）你们的××版是不是所有的选配件都是××的

我们的包围、中网都是××纯正配件，能保证××的纯正血统。我们的轮胎采用的是

××主流改装胎，汽车碰撞预警系统 AWS 是沃尔沃、宝马目前使用的安全系统，所以您选择了我们的××，将会是最安全的××车！

（12）这款车好像是市面上没有的，质量能保证吗？其他的选装件能保修吗

由于选用的是××原厂的零配件，所以质量您不用担心，可以享受与新车一样的保修服务。轮胎是世界名牌，质量您也没有必要担心。××××选装的 AWS 碰撞预警系统的耐用度、可靠度已经在沃尔沃和宝马上得到验证了，而且一样可以得到一年的保修期和终身服务。

（13）真皮座椅是原车的吗

我们车子原厂的真皮座椅是××公司定制的，原车的真皮座椅是半皮（座垫及靠背为真皮，侧面及背面为仿皮或绒布），而我们现在这款车上的座椅同样由××公司定制，而且全车均为真皮座椅，更优惠的价格，更高的配置，保质期跟原车一模一样。

任务二 价格谈判技巧

汽车销售谈判技巧，是指在汽车销售过程中，买卖双方就其共同关心的问题进行相互磋商、交换意见，寻求解决的途径和达成协议的过程。

谈判可化干戈为玉帛，谈判可以四两拨千斤，谈判让一切皆有可能。谈判的目的是为了取得双赢。所谓双赢，就是说在离开谈判桌时，谈判双方都会感觉到自己赢得了谈判。我们可以用分橘子的故事来说明什么是双赢。

【经典案例】

两个人面前摆着一个橘子，他们都想得到这个橘子，于是他们就开始谈判。谈了半天之后，双方最终决定最好的方式就是把橘子分成两半，一人一半。不仅如此，为了公平起见，他们将由一个人来切，然后由另一个人先选，这样就皆大欢喜了。可谈判结束后，当他们开始交流自己最初的目的时，双方却发现，原来其中一个人是想榨橘子汁，而另外一个人却想要橘子皮来做蛋糕。这样，他们最终意外地找到了一种更好的方式，使得双方都可以完全得到自己想要的东西。

一、开局谈判的策略

1. 提出高于期望的条件——优势谈判策略

优势谈判最主要的法则之一就是，在开始和对手谈判时，你所开出的条件一定要高出你的期望。

生活中有很多这样的例子，例如：

1）去商店购物时，你知道那件商品需要 100 元，你为什么把价格压到 80 元？

2）当你知道你的上级只会批准你半天的带薪假时，为什么还是提出给你一天的带薪假呢？

3）找工作时，你为什么总是会提出高出自己心理预期的薪资和待遇要求呢？

相信你应该知道为什么要在谈判时抬高自己的要求了吧？它可以让你有谈判的空间。当你对对方的情况了解得越少时，刚开始谈判时就应该把条件抬得越高。但需要提醒的是，在开出条件之后，你一定要让对方感觉到你的条件是可以商量的。

2. 折中策略

折中策略指的是双方都在条件和要求上退一步并向对方靠拢来解决谈判的最后差距。常常用此策略解决价格异议。例如：汽车经销商报价 18.28 万元，你想出价 18.08 万元，这时你第一次的报价应是 17.88 万元。

当然，并不是每次谈判都会一方让一半，可是在你没有得到更多信息之前，这是一个不错的办法。通常情况下，在双方进行谈判时，不妨假设你们最终会取中间价格，也就是双方第一次报价的平均价格。如果按照这种思路来谈判，我想你会吃惊地发现这种情况的确经常发生。

> 【案例】
> 你打算买一辆二手车，听到有辆二手车想要出手，开价 5 万元。价格棒极了，车子也很好，你简直迫不及待地想要直奔过去，抢在所有人之前买走这辆车。可是在去看车的路上，你开始想，或许自己不应该这么爽快地接受对方的开价，所以你决定报价 4 万元，先看看对方的反应。你来到了车主家里，检查了车况，稍微试驾了一下，然后告诉车主："这和我想买的车有些不一样，不过如果你能接受 4 万元的价格，我会考虑买下来。"然后你开始等，等着对方给你讨价还价。可事实上，对方只是平静地看了看他老婆，说道："你觉得怎么样，亲爱的？"
> 他妻子说："好嘛，卖给他吧。"
> "哇，我简直不敢相信！"

3. 不立刻接受对方的第一次报价

比如说你在卖一辆车，开出的价格是 9.98 万元，一位买家出价 9.38 万元，你还价 9.68 万元。按照你的想法，最终的价格应该是 9.58 万元，可没想到对方居然立刻接受了 9.68 万元的报价。你会怎么想，难道你没在暗想"早知道他们这么爽快，我应该报得更高一点"？

总结出来什么了吗？

4. 对客户报价感到意外

一旦听到对方报价之后，你的第一个反应通常应该是大吃一惊。

◆ 你是汽车销售顾问，你的客户问你是否可以延长保修期。

◆ 你在买一辆汽车，销售顾问初次报价只给你打了几百元的折扣。

◆ 你是汽车销售顾问，客户要求你办好一切手续送货上门，却不愿签订任何协议。

在以上这些情况当中，对方很可能根本没有想过你会接受他们的条件，但如果你并没有对他们的要求感到意外，他们就会自然而然地想："说不定他真的会答应我的要求。我从来没想到他会答应，不过他看起来并没有感到意外，我不如继续加码，看看能得到多少好处。"

5. 绝不反驳的策略

即使听到再难以接受的事，也不要反驳对方。

你在推销某种产品，客户说："你的价格太高了。"这时如果你和对方进行争辩，他就会拿出个人的亲身经历证明你是错的，他是对的。可如果你告诉对方："我完全理解你的感受。很多人在第一次听到这个价格时也是这么想的。可仔细分析一下我们的产品和价格，他们总是会发现，就当前的市场情况来说，我们的性价比是最为合理的。"他就不会去证明你是错的了。

6. 不情愿的买（卖）家

即便迫不及待，也要表现得不情愿。

【案例】

我有个同事，他急于想把他的二手车出手，以便购买新车。他知道我想买个二手车，于是经常不经意地在我面前说他车子好。我就问他："哥，你看你这车那么好，兄弟正好想要一辆，转让给我好嘛？"他眼睛一瞪："不行，不行。我不想卖这车，这车性能这么好，我起码还能开它5年。这车在市面上起码要卖2万多元。虽然，我不想卖，但是兄弟，你若能出2.2万元的话，我就忍痛了。"我大吃一惊："啥？2.2万元，你买才花1.8万元，你抢人呀？"他笑道："我跟你打赌，你1.8万元绝对买不到这样的车了。"我想了一想，这个还真有可能。于是，我又说了："那咱俩兄弟这么好关系，你不可能赚我的钱吧，就1.8万元好吗？"

7. 钳子策略及反钳子策略

比如说你是4S店精品主管，一家皮革公司给你打电话要求合作，你说道："我们真的对现在的供应商十分满意，不过我想再找一位后备供应商也没什么害处，这样可以让他们更加努力。如果你能把价格降到每套600元，我想我可以先买100套。"

这时对方冷静地告诉你："十分抱歉，这价太低。我想你应该可以给个更好的价钱。"

作为经验丰富的谈判高手你立刻回应道："到底是什么价格呢？"通过这种方式，这位谈判高手实际上是在逼他说出具体的数字。但让人难以置信的是，一旦听到这个问题，那些并没有太多经验的谈判者就会立刻做出很大让步。

"到底是什么价格呢？"说完这句话之后，你已经达到目的了，什么也不要做了，闭嘴，一个字也不要说了，对方很可能会立刻做出让步。销售顾问们把这种让步称为"沉默成交"，所以这时候如果你再继续追问，一定要让对方给出明确回答，那无疑是十分愚蠢的。

使用钳子策略时，无论对方是报价还是还价，你只要说一句话就可以了，"对不起，你必须调整一下价格"，然后就闭上嘴巴。

【精彩总结】
◆ 当对方提出报价或进行还价之后，你可以告诉对方："你一定可以给我一个更好的价格！"
◆ 如果对方使用钳子策略对付你，你可以采用反钳子策略："你到底希望我给出一个怎样的价格呢？"这样就迫使对方不得不给出一个具体的价格。

二、谈判中场的策略

1. 更高权威策略

谈判过程中最令人沮丧的或许就是，在谈判正在进行时，你突然发现你的谈判对手居然没有最终决定权。除非你意识到这只是对方的一个谈判技巧，否则，你会觉得浪费了自己的一番心血。

更高权威是一种非常有效的谈判方式，它既给对方制造一定的压力，又不会导致任何对抗情绪。毫无疑问，你的谈判对手一定很喜欢使用这种策略。下面让我们看一看，当你的对手告诉你，他们必须请示某个委员会主管或者上级部门时，他会得到哪些好处。这会给你带来一定的压力，同时又不会让你产生对抗心理。你会想"既然对方要征得上级部门的同意，那我们一定要尽量压低报价，否则无疑是在浪费时间。"那么你在谈判过程中处于一个非常不利的位置，因为你根本无法直接向拥有最终决定权的人做演示。

（1）更高权威法的应对方法

当你的对手运用最高权威法时，你怎么办？

你首先应该在谈判开始之前让对方承诺，只要交易条件合适，他就可以做出最终的决定。通过这种方式，你就解除了对方虚构更高权威的可能性。

在谈判的过程中，最令人沮丧的事情莫过于，当你把报价单交给一个人时，对方却突然告诉你："哦，很好。非常感谢你这么做。我会向我的管理委员会（我的家人，或者是我的上级部门）汇报这件事，如果他们有兴趣，我再与你联系。"这到底是什么意思？如果你足够聪明，能够在谈判开始之前就设法解除对方的更高权威，你就可以轻松地避免这种局面。

很多汽车销售顾问有种做法，在让你试驾之前，销售顾问总是会问："对不起，我想确认一下，如果你真的喜欢这辆车，还有没有其他原因可能会让你无法立刻做出决定呢？"因为他们知道，如果不事先问清楚，一旦自己希望客户做出决定，对方很可能会找出一个更高权威作为拖延的借口。比如说："我也想立刻做出决定，可我不能，因为我必须和家里人商量一下，他们是我的家人，我需要征求他们的意见。"

因此，在开始向对方提出报价，甚至在打开你的公文包前，你应该装作不经意地问对方一句："对不起，我想确认一下，如果我的报价单能够满足你的所有要求的话（这句话有些过于空泛了，对吧？），那你今天就能做出决定，不再受其他原因影响，对吗？"

这时对方完全可以毫不犹豫地表示同意，因为他很可能在想："满足我的所有要求？没问题，这句话有很大的解释空间。"可从另一方面来看，当对方表示他可以立刻做出决定之后，对你会有什么好处呢？

◆ 你解除了对方再仔细考虑的权利。如果他们说自己需要再仔细考虑一下，你可以告诉他们："先生，一定是刚才我有什么地方没有说清楚，因为我记得你刚才说你今天就可以做决定的。"

◆ 你解除了对方诉诸更高权威的权利。这样他们就没法告诉你："我想让我们的领导部门或者是采购部门再研究一下。"

（2）无法解除对方诉诸更高权威的对策

步骤1　激发对方的自我意识

你可以微笑着问对方："他们通常都会听从你的推荐，是吗？"只要你能够激发对方的自我意识，他就会告诉你："是的，你说的没错。只要我喜欢，估计就没什么问题了。"在大多数情况下，他还会说："是的，他们通常会听从我的推荐，但我还是要先征求他们的意见才能做出最终的决定。"

如果你发现自己的谈判对象是一个自我意识非常强的人，一定要在刚开始进行演示时就阻止对方诉诸更高权威。比如说你可以告诉对方："如果你把这份报价单交给你的爱人的话，你觉得她会支持吗？"很多情况下，那些自我意识非常强的人通常会骄傲地告诉你："我根本不需要征得任何人的同意。"

步骤2　要让对方保证自己会在最高权威面前积极推荐你的产品

你可以告诉对方："你会向他们推荐我的产品，是吗？"理想情况下，对方很可能会告诉你："是的，这车看起来不错。我会努力为你争取的。"做到这一点是非常重要的。因为一旦到了这个地步，对方很有可能就会向你坦白一切，告诉你根本不存在什么最高权威。事实上，他就有权利来做出最后的决定:"请示上级"只是他的一种谈判技巧罢了。

步骤3 称为"取决于"步骤

"取决于"步骤也有实际的应用,比如说你可以告诉对方:"让我们在报价单上再加上一条吧,你的夫人有权利在24小时内因为任何细节问题否决我们这个报价。"或者说,"让我们在报价单上再加上一条吧,你公司的主管部门有权利在24小时内因为任何法律上的原因,而考虑拒绝我们的报价。"对方会想,你为什么要这样做?

这时你再说:"因为你还需要请示他们才能做出决定,对吗?"这时候对方转变口气了:"其实这要取决于你提出的条件了,有些时候我还是可以做决定的。"

2. 不关心报价客户策略

曾经有一段时间,我爱上了一位爱好音乐的女士。有一天,她把我带到了她工作的琴行,让我看一架名贵的哈曼尼钢琴。那钢琴是我见到过的最气派的东西了。当我在钢琴凳子上坐下时,她问我:"你看,这算一架非常好的钢琴吧?"我说:"对,这钢琴的确很好。"她说:"而且只要3.2万元。"我说:"这真是太便宜了!这样一架钢琴怎么可能只卖3.2万元呢?"她说:"你觉得价格还实惠吗?""真的很实惠,我还以为要8万~9万元。"我为什么要关心价格呢?因为我根本不打算用3.2万元买一架钢琴,不管它是什么材质的。

拒绝本身就是打算购买的信号。在汽车行业,当我们带着客户看一辆汽车时,如果对方只是一味地"哇,哦,哈",表现得好像他们对一切都很满意的话,他们通常并不打算购买这辆车。而那些真正的买家通常会说:"哦,你看,你的空间并没有我们想象的大。我也不喜欢这种内饰。我们最后很可能会拆掉这座套。"这些人才是真正的潜在买家。

如果你是从事销售工作的,不妨想一想:你见到过一开始就对你的价格表示满意的买家吗?当然没有,所有真的打算买东西的人都会抱怨价格。所以最大的问题并不是客户的拒绝或抱怨,而是他们的漠不关心。

【精彩总结】

◆ 不要让对方知道你有权做出最终决定。

◆ 你的更高权威一定要是一个模糊的实体,而不是某个具体的人。

◆ 即便你是公司的老板,你也可以告诉对方你需要征求某个部门的意见。

◆ 谈判时一定要放下自我。千万不要让对方诱使你说出真相。

◆ 想办法让对方承认他拥有最终的决定权。如果这种方法不奏效,你可以使用三种策略来阻止对方诉诸更高权威:激发他的自我意识,让对方承诺他会在自己的上司面前积极推荐你,以及采用"取决于"策略。

◆ 在你还没有做好准备的情况下,如果对方强迫你做出最终的决定,不妨告诉他你只好放弃这笔交易。如果对方使用升级更高权威的做法,你也可以升级自己的更高权威。记住,每次叫停时,一定要把价格压到最初谈判的报价水平。

【案例】

一个客户打来电话说:"我们领导明天中午就要出差了,一去就是两个月。你须在明天早上九点以前把价格方案、优惠政策及相关所有费用都弄好带过来,我才能让领导看看,否则这批车只有考虑比你先提交资料的那些品牌了。"于是,我加班加点,列参数配置表,申请优惠政策，算费用，忙了一晚上。第二天一早就坐车送过去。客户说："谢谢，相当不错。这样，我拿这些资料给领导看。"我忙说："没什么，很高兴为你服务。我想这次应该能定下来吧？"客户微笑道："下午再给你答复。"

下午我兴高采烈地去找客户时，发现谈判依然困难重重。

无论你为对方做了什么，你所做的一切在他心目中的价值很快就会贬值。

【精彩总结】
◆ 实际物品可能会升值，但服务的价值会递减。
◆ 千万不要指望你的对手在你提供帮助之后对你有所补偿。
◆ 一定要在开始工作之前就谈好要求。

3. 谈判中场的三个局面应对策略

在进行谈判的过程中，你经常会遇到各种僵局、困境或者是死胡同。以下是对这三种情况的定义：

◆ 所谓僵局，就是指谈判双方就某一个问题产生巨大分歧，而且这种分歧已经影响到谈判的进展了。

◆ 所谓困境，就是指双方仍然在进行谈判，但却似乎无法取得任何进展了。

◆ 所谓死胡同，就是指双方在谈判过程中产生了巨大分歧，以至于双方都感觉似乎没有必要再继续谈下去了。

（1）不要混淆僵局和死胡同

打个比方，你是汽车经销商，一个客户告诉你："我们希望你能够优惠3万元，别家公司也是优惠这么多，否则我们就到他们那里买。"你知道根本不可能答应对方的要求，所以你很容易会认为双方走进了一个死胡同，可事实上，你只是遇到了一个僵局罢了。

再比如说，你是一名承包商，开发商告诉你："我很想和你做生意，可你的收费实在太高了。我还接到了三个报价，每个价格都比你低。"你所在的公司明确规定不增加优惠，所以你很容易感觉这次的谈判走进死胡同了，可事实上，你所遇到的只是一个僵局。

或者说，你拥有一家零售商店，一位客户冲你大嚷："我不想再讨论这件事了。给我退货，否则我们法庭见！"你知道，客户的不满只是一个小问题，很容易就能解决。可问题是，对方是如此大动干戈，以至于你坚信他是故意刁难，你已经走进了死胡同。

对于谈判新手来说，以上这些情形听起来好像是死胡同，可对于谈判高手来说，它们只是僵局罢了。

（2）暂置策略解决谈判僵局

当你正在与客户进行谈判，而客户告诉你："我们可以和你谈谈，可问题是，我们要在成都举行年度销售会议，如果希望成为我们的供应商，你们就必须优惠3万元，否则，我们也就没必要浪费时间了。"这个时候，你不妨考虑使用暂置策略。

"我知道这对你很重要，但我们不妨把这个问题先放一放，讨论一些其他问题。比如说我们可以讨论一下这项业务的细节问题，你们希望我们送车吗？关于付款，你有什么建议？"

通过使用暂置策略，你可以首先解决谈判中的许多小问题，并在最终讨论真正的重要问题之前为谈判积聚足够的能量。千万不要把谈判的焦点集中到某一个问题上，否则双方就一定要分个输赢。

通过解决那些小问题，谈判双方就会形成一些动力，从而使那些比较大的问题更容易得到解决。

> 【精彩总结】
> ◆ 千万不要混淆僵局和死胡同。谈判过程中很少会出现死胡同，当你以为自己进了死胡同时，你很可能只是遇到了僵局。
> ◆ 遇到僵局时，你可以考虑使用暂置策略："我们先把这个问题放一放，讨论其他问题，可以吗？"
> ◆ 通过解决一些小问题为双方创造契机，但千万不要把谈判的焦点集中到一个问题上。

（3）解决困境的策略

困境是一种介于僵局和死胡同之间的情形。当谈判双方仍然在进行谈判，但却似乎无法取得任何有意义的进展时，双方就陷入了困境。

1）调整谈判小组中的成员。老总们最喜欢的一个借口是："我今天下午必须出席一个会议，所以我的销售经理将代表我继续谈判。"这位老总下午可能是去网球场，但这却无疑是一种调整谈判小组成员的极佳策略。

2）调整谈判气氛。比如说你可以建议双方暂时休息，等午饭或晚饭之后再继续讨论。

3）缓解紧张气氛。比如说你可以谈论双方的爱好，谈论最近正在流行的小道消息，或者是干脆讲一个有趣的故事。

4）谈一些细节问题。比如说车辆优势、上户或是售后服务等，然后观察你的建议能否引起对方积极的反应。

（4）死胡同的解决之道

通常情况下，谈判中很少会出现死胡同。但遇到死胡同，解决问题的唯一办法就是引入第三方——一股能够充当调解人或仲裁者的力量。

要想让第三方力量真正发挥作用，他首先必须是"中立"的。

如果要想做到这一点，你的经理必须在一开始就向对方做出一些让步。比如说，即便经理已经清楚地知道整件事情的来龙去脉，他还是应该问："我不清楚到底发生了什么事，你们可以把情况说明一下吗？"这位经理其实是在尽力确立一种毫无偏见的形象。耐心地听完双方阐明的立场之后，经理就应该转过身告诉你："你这样做公平吗？我觉得你应该仔细考虑一下客户的建议。"千万不要以为你的经理是在胳膊肘朝外拐，事实上，他只是在尽量让客户相信自己是"中立者"罢了。

三、谈判终局的策略

1. 索要回报的策略

谈判过程中，无论在什么情况下，只要你按照对方的要求做出一些让步，就一定要学会索取回报。

你是一家汽车经销商，一家大型汽车租赁公司从你这里下了一笔大订单。他们要求你在开张之前15~30天内送货上门。可没过多久，对方经理又给你打来电话："我们公司提前开张了。

我想要你们想办法在下个星期三就把汽车送来。"你可能在想:"这太好了。那些汽车就在那里愁着放不下呢,最好能够尽快送去,这样我就可以早些收钱。"可我还是想劝你一定要让对方做出回报。你可以告诉对方:"坦白说,我也不知道我们能否提前送货。我必须和我的人员商量一下(注意这里使用了一个模糊的更高权威),看看他们怎么说。但我想先问一句,如果我们能够按照你的要求做,你会为我们做些什么?"

那家租赁公司的老板可能会想:"天哪,这下可麻烦了。我们怎样才能让他们提前把汽车送来呢?"所以他们决定做出一些让步。他们可能会说:"我会让财务部今天就给你开支票。"或者是,"如果你能够提前送货的话,我们12月在成都的那家分店也会从你那里订货。"通过要求对方做出回报,他所做出的让步是很有价值的。

2."白脸-黑脸"策略

当汽车销售顾问想给对方制造压力,但又不想让对方产生对抗情绪时,"白脸-黑脸"就是一种非常有效的策略。

如何应对对方的"白脸-黑脸"策略?

首先要识破对方的策略。虽然应对"白脸-黑脸"策略的方法不止这一种,但很可能你只要知道这一条就够了。你一旦指出对方的把戏,他就会觉得非常尴尬。当你注意到对方在使用"白脸-黑脸"时,不妨微笑着告诉对方:"哦,好了,你不是在和我玩'白脸-黑脸'吧?好了,坐下吧,别玩了。"通常情况下,他们就会由于尴尬而立刻停止。

【精彩总结】

◆ 人们使用"白脸-黑脸"策略的频率要远比你想象中的高。每当同时面对两个谈判对手时,一定要小心。这是一种非常有效的谈判策略,它可以帮助你在不会导致任何对抗情绪的情况下成功地给对方施加压力。

◆ 应对"白脸-黑脸"策略的最佳方式就是识破它。因为这种策略可谓尽人皆知,所以一旦对方发现自己的策略被识破,他们通常就会选择放弃。

◆ 即便对方知道你在使用"白脸-黑脸"策略也没关系。即便被对方识破,"白脸-黑脸"仍然是一种非常强大的策略。当你的谈判对手同样了解这一策略时,谈判过程反而会变得更加有趣。这就好像下象棋一样,棋逢对手的感觉要远比和一个笨人对弈有趣得多。

3. 蚕食策略

只要能够把握好时机,你就可以在谈判结束时让对方答应一些他最初曾一口回绝的要求。蚕食策略之所以有效,是因为一旦一个人做出了某项决定,他的大脑就会不断强化这个决定。而在谈判刚开始时,他可能会对你的所有建议抱有一种强烈的抵制情绪。可一旦决定接受你的建议之后,你就可以通过蚕食的方式提出更多的要求,比如说要求对方提高订单金额、升级产品,或者是提供更多的服务等。

伟大的推销员和好的推销员之间的区别就在于:伟大的推销员往往会在谈判结束时争取更多利益。

当发现对方在对你使用蚕食策略时,不妨以书面的形式告诉对方其他服务的价格,同时不要让对方感觉出你有权做出最终决定。

当对方对你进行蚕食时,你可以使用让对方感到"这样做很没档次"的方法来进行反击,但记得一定要保持礼貌。

要想避免对方在谈判结束之后再提出更多要求，你可以在谈判结束时对所有的细节问题进行总结，同时使用各种办法让对方感觉自己赢得了这场谈判。

4. 逐渐让步的策略

让步幅度不能一步比一步大。

比如说，你第一次让了400元，第二次让了600元，然后你告诉对方："这是我的底线，我不可能再让1分了。"可问题是，600元的幅度太大了，绝对不是最后一次让步的幅度。

如果你第一次让幅是600元，第二次让幅是400元的话，对方很可能会断定你的第三次让幅大概是100元。他会告诉你："算了，看来我们没什么好谈的了。可如果你能再让100元的话，我想我们还可以继续谈。"你一口拒绝，告诉对方，你连10元都不会让，因为你刚才给出的已经是自己的底线了。这时候对方可能真的会拂袖而去，因为他可能会想："你刚刚让了400元，现在居然连10元都不肯让。为什么这么不讲情面？"所以最后一次让步的幅度千万不要太大，因为这很可能会让对方对你产生不信任情绪。

客户想方设法让你把价格一降到底，比如说他们会告诉你："我们不喜欢谈来谈去，给个痛快价吧！"

这位客户是在撒谎。其实他非常喜欢讨价还价，他正是传说中的谈判高手。事实上，当他和你说这番话时，他本身就是在讨价还价，想看看你是否能在谈判开始之前就把价格降到最低。

> 做出让步的最佳方式就是，在一开始时，首先答应做一些有利于达成交易的合理让步。或许400元的让步并不会太过出格。但一定要记住，在随后的让步中，一定要逐渐减小让步的幅度。第二次让步可能只是300元，第三次让步是200元，然后是100元。逐渐减少让步的幅度，实际上是在告诉对方，这已经接近你所能让出的最大限度了。

5. 回收的策略

客户在与汽车销售顾问讨价还价时，希望能把价格压到最低，这时销售顾问突然说："这样吧，我去请示一下上级，看看能不能再给你便宜一点。"过了一会儿之后，这位销售顾问会回来告诉客户："非常抱歉，你知道，我们刚才一直是在讨论特价产品的问题。我本来以为特价活动还在进行，可刚才经理告诉我，特价活动上个星期六就已经结束了，所以就连刚才商定的价格我们都无法接受。"这时对方会有什么反应？他很可能会大发雷霆："什么？我们刚刚才谈好的，我只能接受之前你说的优惠价。"转眼之间，客户就会忘记自己刚才要求对方再便宜一点的事情，恨不得立刻以对方第一次报出的价格达成交易。

除了提高价格之外，你还可以通过收回某个交易条件的方式来达到同样的目的。一位空调销售顾问告诉你："我的经理刚刚告诉我，按照你的价格，我们可以做，但我们不可能提供免费安装服务。"销售顾问还告诉你："我们的评估人员告诉我，就这种价格来说，如果还要去免费安装的话，那我们一定是疯了。"

> 此绝招的禁忌，千万不要收回那些比较重要的条件，因为这样可能会惹怒对方。

6. 完美结束的策略

谈判高手知道，最好的结束方式就是在最后一刻做出一些小小的让步。

比如说，你可以告诉对方："虽然我们不能再把价格降低了。但你如果接受这个价格，我将亲自负责整个上户过程，确保不会出现任何差错。"或许你本来就打算这么做，可问题是，由于你提出这个建议的时机非常恰当，让对方感觉自己受到了充分的尊重，于是他就会告诉你："好吧，如果你能尽快给我完成上户的话，我们可以接受这个价格。"这时他并不会感觉自己输掉了谈判，他感觉自己只是与你交换了一下条件而已。这才有双赢的良好感受。

任务三　成交技巧

一、目的和意义

增强客户的信心，确保客户顺利签约。

二、客户期望

1）期望在决定购买之前所有担心的问题都已经得到解决。
2）期望是自愿做出购买决定的，而不是在销售顾问的压力下做出的决定。
3）希望购车手续尽量简单，专营店能帮助完成大部分工作。
4）希望能确保交易的公平和价格的合理，包括新车价格、二手车置换价格及手续、质保范围、合同条款、附件条件、付款流程、专营店的相关附加服务或赠送等，都应该公开、透明。

三、工作标准

1）确认客户已完全理解在协商阶段所提方案中的所有内容。
2）回应客户所有的担心和问题。
3）让客户有充分的时间自己来思考和认可所提出的方案。
4）在请客户签约之前再次确认客户对车辆和购买条件完全满意。
5）完成有关的书面文件工作，并向客户说明每个文件，如订单、合同、保险单、置换合同等。
6）请客户签署订单及其他文件，并将文件的副本交给客户。
7）请按揭购车客户填写个人贷款申请表并签名，确认贷款方式及其配偶（若有）、担保人（若有）知晓并将通过人民银行征信数据库查询和上传个人信用记录，请未带齐所需申请材料的客户尽快补充完整的材料。
8）简单解释交车的步骤，在交车的日期、时间（考虑选装件的订货、安装和上牌时间）上获得客户的认可。
9）如果客户有旧车处理业务需要时，向客户解释车辆过户需要携带的资料、流程及时间，以及需要客户配合的事项。

四、成交的最佳时机和签约方法

1. 客户的表现会提示你什么时候是最佳时机

1）生理上会出现瞳孔放大等现象。
2）行为上则表现出如身体前倾、眼神长时间停留在报价单上，对价格积极、友好。
3）商谈时询问诸如支付条件、喷涂颜色、交车时间等具体问题。

4）询问有关购车后的车辆检查、保修和售后服务等问题。

5）开始关注销售顾问的经验及成功顾客的时候。

6）总结顾客利益。客户不会主动总结，总结利益的目的是推动销售进程，请客户坐下来，用书面的形式进行总结。

2. 报价成交的八大秘诀

（1）开出高于预期的条件

就是我们报给客户的价格必须是高于你想要成交的价格的。例如你是做服装销售的，一件衣服你想卖到 300 元，你必须开价 500 元以上，留有给客户砍价的余地，给客户有得到实惠的感觉。

（2）学会大吃一惊

所谓的"大吃一惊"就是对方报价时，你"哇"地一声说"那么贵的呀"或"哪有那么便宜的"，表示你不能接受对方开出的价格。表示你对对方开出的价格吃惊，不能接受。

（3）报原价，先礼包，后现金

报价时报没有优惠的价格（报全国统一销售价），有礼包赠送的先报礼包，如果有现金优惠的最后再报现金优惠的数额。不要先报现金优惠，再报礼包。

（4）为自己设立一个虚拟的更高权威

就是虚拟一个比你权力更大的领导，比如销售经理、店总等。到时请示价格优惠时并不用真正请示销售经理或总经理。

（5）条件交换，不轻易答应客户要求，一定要索取回报

就是要让客户知道他得来的每一分优惠都是来之不易的，销售顾问申请优惠时要和客户条件交换，就是去申请优惠时，跟客户谈好，要是能帮客户申请到多少优惠客户必须答应签单，否则就不去申请了，一定要索取回报。

（6）让价对半原则，并且不能超过三次

就是要合理利用手中的优惠权限，让价对半，并且不能超过三次。例如你手中有 10000 元的优惠权限，第一次让价 5000 元（销售顾问自己做主），第二次让价 3000 元（请示虚拟的销售经理），第三次让价 2000 元（请示虚拟的店总），一定要注意，让价只能一次比一次少，不能一次比一次多，但总的让价是一次比一次多。

（7）扮一个勉为其难的销售顾问

就是你要让客户体会到你的权力是有限的。你可以这么跟客户说，我就是一个小小的销售顾问，就是靠卖车拿提成的，卖一辆车就拿一辆车的提成，能卖给你的我肯定卖，卖了就有提成我干嘛不卖，可是你给的价是亏本的，我卖了不但拿不到提成，老板还会倒扣我的钱，我真卖不了。

（8）成交后赞美客户

就是得了好处还卖乖，要赞扬客户会谈价格，他得到最大的实惠。

3. 价格谈判的方法

1）闪避法：将一些敏感话题避开，谈别的。

2）赠品法：将价格问题转变为赠品问题。

3）苦肉法：诉说辛苦或任务的艰巨。

4）转移法：请客户购买另一型号（价格较低的型号）。

5）说明法：用荣誉资料证实价格公道。

6）总包法：采用包牌价策略。

7）反问法：问客户感知的价格是多少。

8）细分法：将多出的价格分成10年、5年来分摊。

4. 尝试签约的七大方法

尝试签约的七大方法如图7-1所示。

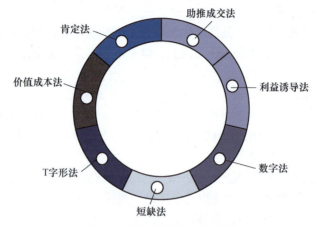

图7-1　尝试签约的七大方法

很多客户是很难自己在最后一刻下定决心的，这时需要销售顾问"推"一把，我们要帮他下定决心。最好的方法是假定客户要买了，我们和他谈的是后续行动。

例：您如何付款啊？是支票还是现金？您提车的时候需要进行一个交车仪式，要进行合影留念，您看什么时候进行啊？

（1）利益诱导法

利益诱导法是一个常用的方法。销售顾问可以利用自己手里的价格权限逐步放开的方法进行。

例：张先生，您看这个活动还有3天就结束了，如果过几天再买，那么刚才谈到的很多优惠政策就只能享受其中一部分了。

（2）数字法

利用数字说明让顾客感觉会更加直观明白，能增强顾客的意识价值。

例：谈到经济性时，不要说如何省油，而应当这样说明：如果您比同级别的车百公里多耗4L油，油价每升7元，一年按4万km计算的话，那您就比其他人一年多花28000元啊，这些钱都可以给您的爱车买上一年的全险，然后再带上全家人旅游一次了。

（3）短缺法

这是典型的压力销售法。对于压力销售的方法，我们要根据客户的接受程度不同慎重使用。使用短缺法的最好方式是和小道消息传播结合使用，否则在很多情况下会使客户产生犹豫，反而适得其反。

例：不瞒您说，前天开会时我们经理还说仓库里只有2台黑色的了，后续可能要3个星期以后才会有新车到。让我们看看重新推荐其他颜色的车，是朋友才跟您说，您可别外传！

（4）T字形法

这是一种得失比较法。我们在纸上划个大大的T字（图7-2），左边写的是客户在购买后得到的利益描述，右边是客户购买后会失去的或者是可能得不到的。我们利用左右的得失对比，来强化客户脑子里对后续将会得到的利益的印象。

（5）价值成本法

价值成本法的根本是强化客户拥有后的感受和即将获得的益处，淡化客户脑子里在做决定时总是会出现的和自己原先的预计或计划价格做比较的感觉。强化客户的意识价值和拥有感是非常关键的，重点在于对后面的场景描述。

（6）肯定法

这个方法主要是面对那些不善于自己做决定或者在做决定时总是怀疑自己的那种客户。我们要及时地掌握客户的想法，让他们对自己的判断有信心，并能够及时下定决心由想法到决策到行动。

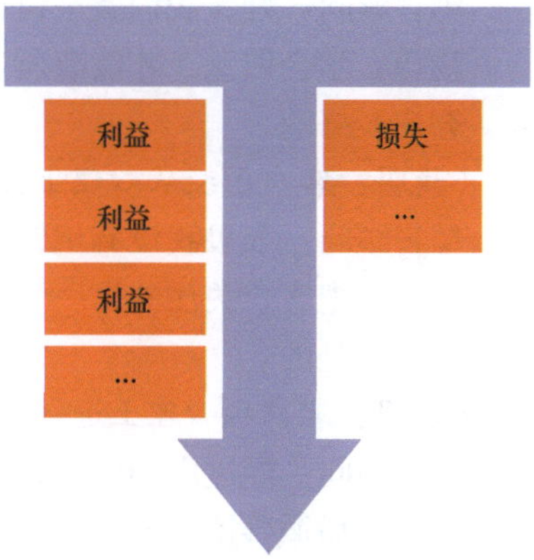

（7）助推成交法

这个方法主要针对忧柔寡断型客户，这类客户很难在最后一刻下定决心购买，特别是在购买大宗商品时，这需要销售顾问"推"一把，帮客户下定购买的决心。

图 7-2　T 字形法

五、关键技能——控制成交话术

1. 探寻客户态度

销售顾问：李先生，通过刚才的分析，您是不是发现这款车在安全性能上的表现相当优异？

技巧：通过"诊断性询问"确认客户对所介绍的汽车产品的态度。

客户：的确不错，就像你们介绍的，应该是同级车中最优的。

（说明：客户表示出肯定的态度。）

销售顾问：同时，通过刚才您的体验，这款车的发动机是否是您所了解过的同级车中最优的？

技巧：进一步诊断客户的认同度。

客户：从输出功率和输出转矩来看，值得关注。

（说明：客户再次表示出肯定与认同。）

销售顾问：如果我俩换一个位置，您会认为我买这款车很值吧？

技巧：以换位思考的方式来寻求客户对汽车产品的认同。

客户：很值。

（说明：既然换位后客户认为很值，那么就说明客户对这款车是非常认同了。）

销售顾问：反过来，如果是您能拥有这样一款车，您更会认为这是一个很有意义、很有价值的选择吧？

技巧：直接向客户提出对汽车产品的认同要求。

2. 要求客户成交

销售顾问：李小姐，今天是您第五次来店，加上前几次的了解，想必您对要投资的品牌和车型有了一个完整的概念了吧？

技巧：对客户前面的情况做一个小结有助于后面提出成交要求。

客户：没错，通过你们的介绍和其他品牌店的介绍，虽然是初次购车，我已经有了一个大概的认识了。

（说明：得到客户的回应，这是成交的良好开端。）

销售顾问：好，我们就来讨论一下您要买的车是什么样的？

技巧：学会回顾，才能有所进步。

客户：好的。

（说明：客户已经从心理上接受被诱导了。）

销售顾问：如果我没有记错的话，您首先考虑的是外形，要符合您的职业特点，对吧？

技巧：把客户关注的第一个投资重点进行强化，有助于强化客户的购买欲望。

客户：是的。

（说明：客户从心理上进一步被诱导。）

销售顾问：经过您的比较，这款车应该是比较合适您的想法的一款车。没错吧？

技巧：循循善诱，强化认同。你记得还真清楚。

（说明：客户从心理上再一步被诱导。）

销售顾问：从安全的角度看，四气囊的配置是最低的要求，应该不会错吧？

技巧：再次针对客户关注的重点进行强化。

客户：是的。

（说明：客户从心理上进一步被诱导。）

销售顾问：从内饰来看，真皮转向盘、带卫星导航的6碟DVD、8喇叭音响系统、真皮的可10向调整的座椅也是必需的配备，没错吧？

技巧：继续针对客户关注的重点进行强化，接下来是一个渐进的强化过程，当客户认同的心理已经成为一种定式后，成交的曙光就显现了。

客户：对！

销售顾问：如果我总结一下，那就是我们推荐的这款车最符合您的要求。对吧？

技巧：这是最关键一步。由于客户对问题的回答已经习惯"是的""对""没错"，这时即使销售顾问提出一个错误的结论，客户也会顺嘴回答"是""对""好的"，这是一种高超的心理诱导术。

客户：对。

销售顾问：那好吧，既然这款车您这么中意，只要您把这份合同签了，这部车就是您的了（边说边把已经事先准备好的合同递到客户面前，让客户在一个连串的"OK"后签下合同）。

技巧：马上提出成交要求。可以说，经过上面的步骤，客户已经不可能拒绝成交了，但结果的好坏除了与事前的准备，如合同的准备等有关外，还必须说对话。

3. 客户满意而归

销售顾问：非常感谢马总，经过大家的共同努力，我们达成了一个双方都非常满意的合作，相信通过这次合作，你们购买的这几辆车也会极大地提升贵公司的形象，贵公司的事业会更加地兴旺发达，我们公司也会在与贵公司的合作中得到更多的进步。

技巧：对客户的配合表示衷心的感谢，要显示出诚意。同时，营造一种双赢的气氛，让客户感到他们通过这次交易也获得了想要的。再次祝贺对方生意与事业兴隆，特别是购买这几辆车后对他们生意与事业的帮助更应该表达清晰。

客户：哪里，哪里！这都是大家有缘，相信以后我们合作会更愉快。

（说明：客户的客套话，但也表露出了一种胜利的喜悦。）

销售顾问：马总，您看，为了让我们能够做好交车的各项准备工作，现在还得麻烦您办一项小手续，我们一起到财务交一下合同定金。

技巧：要为合同的顺利执行设置一定的门槛，即在合同签署后收取一定的定金。这是一项技巧性的工作，如果定金顺利收取，那么决策后悔的概率就会大大降低。如果客户有所拒绝，除了信誉非常良好的客户，事后反悔的事例也不在少数。

客户：小问题，小王，你去办一下。

销售顾问：马总，您好，您看所有的手续已经办妥，我们已经安排了相关的部门和人员开始做交车的准备，您就等候我的通知。好吗？

技巧：当办理完所有的手续后，应该给客户一个承诺，让他们放心并对你的专业性表示极大认可，提升他们的满意度，这样才不容易发生"决策后悔"的事情。

客户：没有问题。

项目小结

本项目主要讲述了汽车销售中异议处理、价格谈判和促成成交的关键技能。在汽车销售的过程中，客户产生异议、进行价格谈判是不可避免的，因此要清楚异议产生的原因和异议的不同种类，遵从异议处理的三个原则，掌握处理异议的五个技巧，进而灵活处理，并通过学习价格谈判技巧和成交技巧来提高销售的成功率。

复习思考题

1. 报价成交的秘诀有哪些？
2. 促成成交的法宝有哪些？
3. 尝试签约的方法有哪些？

项目八 交 车

> **学习目标**
>
> 1. 了解交车的工作标准。
> 2. 掌握交车技巧。

任务一 交车的工作标准

交车环节是客户最兴奋的时刻。在这个步骤当中，按约定你要把一辆客户喜欢的车交给他，这对于提高客户的满意度起着很重要的作用，而这正是我们过去所忽视的。在交车服务中与客户建立朋友关系，实际上就是准备进入新一轮的客户开发，这个观念很重要。

一、目的和意义

1）按时交付，兑现承诺，给客户留下完美的印象。
2）超越客户期望值的车辆交付，培养忠诚客户，促进客户转介绍。
3）让客户能熟练使用车辆，安心使用，舒心享受。

二、客户期望

1）希望能够在承诺的时间将车交给我，并确保交付的新车处于最佳状态；车辆内外整洁干净，车漆完好，所有选装件在交车前安装并调试完毕。
2）希望所有的文件、附件等都能完整地交给我，车辆操作使用以及维护保养注意事项等，都能让我弄清楚。
3）期望专营店为我的新车交付做好认真的准备，和我一起分享购车喜悦。
4）期待交车流程顺畅，并能告知我新车交付的时间安排，尽可能减少等待时间，让我尽快拿到车辆。

三、工作标准

1. 交车前的准备工作

（1）汽车专营店交车前的准备工作

1）专营店应根据实际作业流程，依照专营店交车作业流程模板（检核点）制定交车流程（专营店实际流程发生变化时，应及时调整交车流程），以作为销售顾问的交车规范。
2）专营店须指定一个区域作为交车区，并保证交车区宽敞整洁舒适（图8-1）。

图 8-1　新车交车区

（2）汽车销售人员交车前的准备工作

1）确保车辆已按 PDI（新车售前检测）标准准备就绪，可按预定时间交车，交车前一天与客户确认交车日期，并告知客户交车所需花费的时间（不长于 90min），以确保客户该时间可行。

2）预约服务人员交车时介绍售后服务。如果客户是置换购车，应提前向二手车部确认，做好收车准备。

3）事先准备好所有书面文件（图 8-2），以使交车过程更顺利。

图 8-2　新车书面文件

4)车辆到达时应进行检验,确保其按订单规定装备,并为客户加好适量汽油(以油量警告灯不亮为准,图 8-3)。

图 8-3　为客户新车适量加油

5)将还款计划表确认函交给按揭购车客户,说明还款日期和金融公司客服热线。

6)交车前要对车辆和相关资料进行仔细全面的检查。

7)交车之前销售顾问根据 PDI 检查表对各检查项目进行确认(图 8-4)。

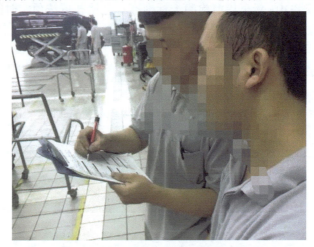

图 8-4　销售顾问逐项检查车辆和资料

8)事先和客户确认是否要撕掉保护膜(图 8-5),所需选装件是否安装;提醒置换客户旧车过户的配合事宜,包括过户时间、所需带齐的资料。

图 8-5　新车保护膜

【案例】

一位客户来专营店买了车，很开心。客户说："我付全款给你都没问题，你给我做一下检查。什么时间可以拿，我出去绕一圈。"

销售顾问说："2～3小时以后，我给你车。"

因为这个客户很兴奋，他想早点拿到车，所以不到2小时他就回来了。在对车进行检查时发现了问题，起重机把这个新车抬起来以后发现变速器漏油，而库房就剩这一台车了。了解到客户在3小时之后才取车，以为还来得及，就把车拆了，换了油封，把变速器也拆了下来。拆一个变速器不是简单的事情，要拆很多零部件。没想到这个客户提前回来了。当时客户对拆车并没在意。

客户问道："你不是说2～3小时吗，现在已经2小时了。"

销售顾问回答说："还在做检查呢，您再等一会儿。"

这个客户有点不高兴了。3小时后变速器还没装好。销售顾问又对他说："您再稍等一会儿，马上就好了。"

车子拆装完之后开了出来。客户一看，这个车不就是刚才在起重机上拆的那辆吗？他生气地说："你凭什么拆我的车啊？"

2. 交车

1）提前在展厅门口迎接客户。

2）提供给客户合适的接待（茶水等饮料）。

3）感谢客户购车。

4）向客户简短介绍"交车"步骤（包括内容以及时间等），并确认他有足够的时间参与交车。

步骤1　新车资料点交

① 向客户点交相关文件。

② 向客户说明各种证件的功能，请客户妥善保存，并出示交车确认表，请客户依各点交项目逐项打勾。

③ 说明车辆上牌、选装件安装、保险售后的注意事项。

④ 向客户进行费用说明及单据点交。

⑤ 如果是置换客户，则还需要收齐旧车资料。

⑥ 将精品目录交给客户并告知客户，如有需求，可以随时来店进一步了解。

⑦ 出示交车确认单，依各点交项目请客户逐项确认（图8-6）。

步骤2　介绍售后服务人员及服务内容

① 销售顾问向客户介绍服务站的服务人员。

② 服务人员对保修手册的目录及重点内容做详细的说明（图8-7）。

③ 服务人员说明服务保证内容（图8-8）。

步骤3　介绍车辆功能、操作与使用注意事项

在交车区将车交给客户，使用用户手册、常见问题说明向客户进行车辆功能、操作与使用注意事项的说明（图8-9）。

新车交车确认单

车主姓名：_____ 证件号码：_____ 交车日期：___年___月___日

车型代码：_____ 底盘号码：_____ 发动机号码：_____

合格证编号：_____ 联系地址：_____

固定号码：_____ 手机：_____ 销售顾问：_____

车况检查						
外观良好		车内外整洁		装备齐全		
随车附送的资料和物品核对						
保养手册		服务网通讯录		首次免费保养凭证		售前检查证明	
备胎		主、副钥匙		天线		千斤顶	
螺钉旋具（除捷达外）		故障警示牌		烟灰缸		点烟器（除捷达时尚型外）	
安全使用说明书						
证件及单据点交						
发票		纳税申请表		合格证/行驶证		身份证/暂住证	
保养单		三包凭证				
车辆使用讲解						
座椅/转向盘调整		后视镜调整		电动车窗操作		空调、除雾	
音响系统		灯光/仪表		发动机舱盖/油箱盖操作		刮水器、喷水	
油/玻璃清洗剂/防冻液添加及燃油标号				其他装备-安全气囊/GPS 导航/DSG/ESP/行车电脑		
一汽大众热线电话：0431—85990888				24 小时救援热线：		顾问服务中心电话：	
服务顾问：						

图 8-6　新车交车确认单

项目八 交车 147

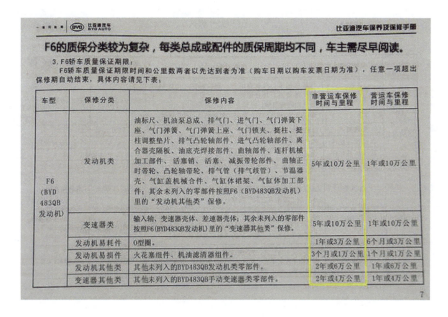

图 8-7 保修说明

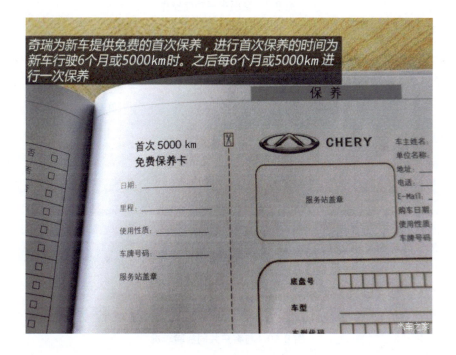

图 8-8 服务内容说明

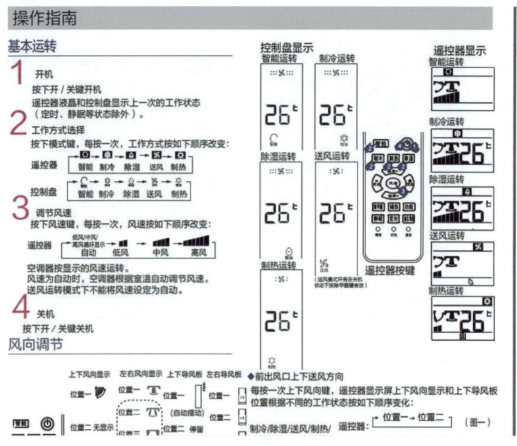

图 8-9 说明车辆功能操作

步骤 4　车辆检验/认可

① 与客户共同检验车况（图 8-10）：外观、内饰、发动机舱、行李舱、加装的选装件等。

图 8-10　与客户共同检验车况

② 如果是置换客户，在收齐旧车资料的同时，还需要再次按照二手车查定标准对旧车进行

查定。

步骤 5　建立长期关系

① 向客户说明专营店的后续跟踪服务程序和专营店提供的增值服务。
② 确定客户对后续跟踪服务方式的选择。
③ 主动询问客户是否还有任何疑问，并协助客户解决问题。
④ 介绍销售经理或主管给客户，由客户、销售顾问、销售部经理和服务部人员签署交车确认表。
⑤ 对客户表示衷心感谢，使客户感觉受到了尊重。
⑥ 主动介绍二手车经理、金融保险经理给客户，介绍专营店换车、保险理赔和续保服务。
⑦ 陪同客户取车，并陪送客户直至路口，并进行适当的交通指导。
⑧ 目送客户的车离开视线。
⑨ 客户对后续跟踪服务的选择及其他信息如发生更改，需及时在DMS系统中进行更新。
⑩ 将客户档案转交售后服务部共享。

任务二　交车技巧

一、交车话术

新时期全面竞争的销售工作，真正是从交车开始的。车辆交付的形式分为理性交车和感性交车，理性交车是前提和基础，感性交车是关键和亮点。

1. 交车前邀约话术技巧

××先生，您好！我是×××专营店的销售顾问×××，您现在方便接听电话吗？

非常高兴地告诉您，您订购的××已经到了，我们现在正在为您的爱车进行检测和精品的加装。如果方便的话，您看明天上午10点您是否有时间可以到我们店内来提取您的爱车。（等待客户确认具体交车时间）

好的，××先生，明天除了您本人还会有哪些亲朋好友会和您一起来店里提车，分享您购买新车的喜悦啊？（确认陪同来店人员关系和人数，尤其是该车的其他使用人是否能一同前来）哦，一共还有四位您的朋友一起来啊，那太好了，这样他们也能体验一下新车带来的喜悦啊！同时也能详细了解一下新车的使用特点。

明天的交车日期对您来说有没有什么特别的纪念意义（如生日，结婚纪念日等），这样我们可以为您做一些特殊的安排，以便于您能在特别的日子有一份惊喜。

因为这一款××的车型与其他车型有很大的不同，它是一款高级轿车，因此办理整个交车过程手续，包括文件的交接，车辆的验车，使用售后服务的说明，以及最后的仪式可能要花费大约一个半小时的时间，您看没有什么问题吧？（获得客户认可确定）

××先生，同时还是要提醒您届时要带来的一些相关资料文件……

××先生，再次恭喜您成为我们×××车主的一员，明天上午10点，我会在展厅恭候您大驾光临，明天见。××先生，再见！

2. 交车服务时话术技巧

销售顾问：杨小姐，您好，欢迎再次光临。今天是交车的日子，也是值得庆贺的好时光。

从今天开始,有车的日子会让您的生活更有意义。

技巧:把交车当作一个盛大的节日来对待,不管客户是花多少钱买车,关键的是要让他们觉得投资有价值。而这种价值是由他人的肯定来确定的,学会肯定别人胜过不厌其烦地讨论自己的产品与服务。

客户:我也是这样想的。

销售顾问:杨小姐,我今天才发现,这款车配上您如果用两个字来形容的话,叫作"绝配",只有您这样的气质配上这款车,才能体现车的高贵和您的气质。

技巧:学会把车和人的一种结合上升到一定的高度,并进行适当的夸张,特别对于女性来讲更有意义和价值。当然,对于较理性的客户而言,要注意不要言过其实,否则会适得其反。但可以肯定的是,赞美之辞是每个人都需要的,只是表达的方式恰当即可。

客户:你过奖了。

销售顾问:这是我的真心话。这辆车不论从色彩、造型上,还是从其他的方面来看都体现了一种高贵的品质,要不您怎么千选万选最终选择了这款车呢?

技巧:让客户感受到这是一种发自内心的真诚之辞,而不是虚伪之辞。同时,再次表示出对客户独特眼光的赞叹。

客户:当然还是你们推销得到位,让我有机会与这款车结缘。

(说明:客户的回应表示对销售顾问的认可。)

3. 清晰服务话术技巧

销售顾问:杨小姐,您好。为了让您在今后的用车过程中更好地掌握这款车的性能,更好地发挥其作用,现在我们花点时间来讨论一下有关的事项。

技巧:你自己先把事情说清楚,同时客户也愿意配合你,这才是一个正确的交车过程应该做的事情。

客户:好的。

销售顾问:我们先从这款车的使用注意事项开始。你看,我们先从最简单的车门开启介绍,好吗?

技巧:使用中的注意事项要逐项讲清楚,不论是从外到内还是从内到外,直到客户明白并会操作为止,这是当下交车过程最容易被偷工减料的部分,因而也是今后问题最多的部分。

客户:好的。

销售顾问:(接下来介绍发动机舱、驾驶座、前排乘客座、后排乘客座、操控装置、仪表显示等所有部分的使用要求及注意事项……)

你看,有关操作方面的注意事项已经介绍完了。你看一下有没有不清楚的地方?

技巧:每一个项目介绍完成后,要征询客户的意见,看还有什么不清楚的地方,还有什么不会操作的地方,直到客户全会为止。

客户:我基本清楚了。

销售顾问:接下来我介绍一下保养方面的要求与规范。没有问题吧?

客户:没有问题。

销售顾问:这款车的首保里程是 7 500km,您必须按时到店来进行保养,因为这涉及今后索赔政策兑现的问题。当然,我们售后会在适当的时间及时提醒您,即使您忘记了也没有关系。当首保结束后,保养的间隔里程是 15 000km,您有没有发现,这是我们这个品牌的一大特点,即保养间隔里程最长,保养费用更低。

技巧：当介绍中遇到汽车产品品质、性能和服务等比同类竞争产品有优势的项目时，还应该再次不厌其烦地进行强调，让客户深化对这些优势的认识，为今后对该基盘客户周边潜在客户的开发奠定一个良好的基础。此时，千万不要有这样一个错误的想法：这些内容在之前的销售中已经向客户介绍过，再强调就显啰嗦了。

客户：是这样的。

销售顾问：接下来我给您介绍一下我们的服务流程……

客户：我明白了。

销售顾问：最后，我再介绍一下今后您在售后服务或其他服务中可能会与您合作的人员：这是我们的销售经理×××，这是我们的服务经理×××，这是我们的服务接待×××，这是我们公司最优秀的服务技师×××。相信他们今后会为您提供优质的、让您满意的服务。

技巧：把所有与客户今后服务相关的人员介绍给他们，便于客户请求售后服务。需要强调的是，介绍的时候要对被介绍对象的角色进行详细的说明，特别是他们的业务能力与水平是介绍的重点。目的只有一个，再次让客户放心，不担心未来使用过程中的服务问题，这也是提升客户满意度的关键一环。

客户：谢谢！

销售顾问：关于您的新车，您看还有什么不清楚的地方吗？

技巧：最后，还应该再次询问客户还有什么疑问或不清楚的地方，因为每一个人的沟通都会因理解而出现偏差，这一点需要注意。

客户：没有了。如果今后使用中遇到问题我应该找谁？

销售顾问：如果您今后使用中遇到任何不清楚的地方，您可以与我们当中的任何一位联系，这是他们的联系方式，已经备注在给您的资料上，到时您可以查看一下。

技巧：一定要设法留下所有被介绍人员的联系方式，同时让这种联系方式容易被找到。另外，要承诺其中任何一位接到客户的服务请求时，都会负责任地服务好客户。

二、提供增值服务

汽车销售顾问取得客户认可的另外一个技巧，就是为客户提供增值服务。

1. 新车上牌照所需资料及流程

（1）新车上牌照所需资料

1）车辆合格证原件。

2）本人身份证原件及复印件一份（若是单位、公司购车需提供组织机构代码证复印件一份及代办人身份证原件及复印件一份，外地人口还需提供居住证原件及复印件一份）。

3）购置税凭证。

4）购车发票中的注册登记联原件。

5）交强险保险单原件。

6）若为以车抵押的贷款车，上牌时还需提供：合同书、代理人身份证原件及复印件一份、填写机动车抵押登记申请书一份、填写机动车登记业务流程记录单一份（此单内的业务种类填写抵押登记）。

7）定编通知书中的注册登记联（办定编的单位提供）。

（2）车管所办理上牌业务流程

1）填写机动车注册登记申请表、档案袋。

2）照相、拓印各一份，将其贴在机动车登记业务流程记录单的背面（若是贷款车则要多拓印 1 份）。

3）带上以上准备好的资料到验车处验车。

4）到选号处选号。

5）把以上资料交到办理车辆上牌的窗口、交费。

6）领取行驶证、临时号牌。

7）现场无制作正式号牌的，7 天后到指定安装车牌处安装正式号牌。

2. 新车涉及的有关费用

新车上牌主要包括车辆购置税、保险费、车管所上牌费这三大块费用。

（1）车辆购置税的计算

$$购置税 = 裸车价 \div (1+增值税税率) \times 购置税税率$$

税率：车辆购置税率是全国统一的税率，我国目前的税率是 10%。有时也会调整，在 2008 年全球金融危机后的 2009 年，国家为了鼓励我国轿车工业的发展，制定了 1.6L 及 1.6L 以下排量的轿车购置税减半的政策，税率由 10% 调整为 5%，2010 年调整为 7.5%，其他排量不变。2011 年后全部恢复正常的 10% 税率。汽车增值税率也是全国统一税率，2018 年 4 月 30 日前为 17%，2018 年 5 月 1 日至 2019 年 3 月 31 日为 16%，2019 年 4 月 1 日起为 13%。

例如，一辆裸车价 10 万元的 1.6L 排量的家用轿车，2009 年的购置税为

$$购置税 = 100000 \div 1.17 \times 5\% = 4273.50 \text{ 元}$$

2010 年的购置税为

$$购置税 = 100000 \div 1.17 \times 7.5\% = 6410.26 \text{ 元}$$

2020 年的购置税为

$$购置税 = 100000 \div 1.13 \times 10\% = 8849.56 \text{ 元}$$

（2）保险费

如果是单纯为了上牌，那么只要购买交强险就可以了，家用轿车只需要 950 元，再加车船税（目前是根据排量进行征税，排量越大要缴的税就越多）。但为了得到更好保障，除了交强险，新车一般都会购买车辆损失险、150 万元以上责任限额的第三者责任险、车上人员责任险、车身划痕险。这也是一笔较大的费用，一辆 10 万的家用轿车买完这些险种一般要 5 500 元左右。车价不一样保费也不一样，车价越高，保费也就越高。

（3）车管所上牌费用

国家取消很多事业性的收费，所以现在上牌的费用不多，200 块左右就可以了。

> **复习思考题**

1. 交车要检查的"五油三水"指的是什么？
2. 写出交车的步骤。
3. 购置税的计算。

一辆排量为 1.5L 的飞度，全国统一销售价是 117000 元人民币。

按 2021 年购置税率征收购置税，客户应缴纳的购置税是多少？

项目九 客户关怀

> **学习目标**
>
> 1. 了解客户关怀的工作标准。
> 2. 掌握客户关怀的技巧。

任务一 客户关怀的工作标准

一、目的和意义

1）保持与用户的长期关系，塑造满意的终身客户。
2）培养忠诚客户，挖掘更多商机。
3）吸引用户回厂，提高专营店效益。

二、客户期望

1）期望购车后能得到持续的关怀，确保我用车无忧。
2）希望购车后能从某种程度上改善自己的生活状态，能及时了解跟我的车有关的最新信息。
3）希望我反馈的意见或建议能得到及时的处理，让我有受到尊重和重视的感觉。

三、工作标准

1. 交车回访

（1）汽车销售顾问在新车交车后 3 天之内和客户电话联系
1）查阅客户档案中的基本信息（客户姓名、电话号码和车型等），准备联系。
2）联系客户。
3）告知客户你的名字和专营店的名称，感谢客户购车。
4）告知客户来电目的，并确认客户有时间交谈。
（2）首保提示
1）首保到期前 3 天和客户进行联系，提醒客户首保维护事宜。
2）如果还没预约首保，则对客户的首保进行预约；记录联系内容，归档。
销售顾问在与客户的联系后，应及时将访问情况录入 DMS 系统。

2. 持续跟踪

1）交车后 2 年内至少每 3 个月销售顾问亲自回访（电话或上门皆可）客户一次，以确保和客户建立持续发展的关系，并将客户访问情况录入 DMS 系统。

2）交车 2 年后的客户资料统一转由专营店自设的客户运营中心管理，并将客户访问情况录入 DMS 系统。

3）经常向客户提供最新和有附加值的信息，如新车、新产品信息，售后服务信息，续保活动，当期二手车置换、促销活动，精品、备件信息，VIP 活动信息等，邀请客户带有购车意向的朋友来店参观，可赠送适当的纪念品。

4）每年在节假日以短信或贺卡给客户带去祝福。平时给客户发用车技巧，以保持和客户的联系。

任务二　客户关怀技巧

一、电话跟踪技巧

1. 精心设计开场白

要点：以客户为中心，多个目的，追问承诺，提示关系。

一般按照车行的销售流程，在客户离店后的一周内应该打回访电话。回访电话是要经过设计的，否则销售顾问通常都说这样一句庸俗的、没有创意的套话，"您考虑得怎么样了？"任何人听了这个话都会烦的，直到以后一看是你的号码就不接听电话了。开场白要以客户为中心。比如："上次来我们车行以后，第二天就来了一个你们的同行，他也是家电行业的。"此时，客户有一点兴趣要听下去，听一听你要说什么。你接着说："今天，他来我这里，就是刚才，他提走了一辆车，走的时候，我们聊天才知道，他知道你，还说你是家电行业的名人呢。"此时客户肯定会问，是谁？你已经完全赢得了他的关注，接着说："王忆，搞家电的，您认识吗？"对方肯定说，没有听说过，你接着说："家电行业的是不是都喜欢白色，上次您来我们这里我记得您也特别留意白色呢？"等待客户解释，这样你获得了与客户就颜色进行沟通的机会。不要忘记，打电话的目的是要客户来店的，因此，你可以顺水推舟："那么，安排一个时间，我开一辆车过来，您试一试吧？"或者"您要是有空，我等您。"这就是设计过的对话内容。经过这样有设计的开场白，以及目的来打回访电话，可以大大提高成功率。

2. 细心关注客户的反应

要点：周围人的反应，感到的困惑，比较车型和品牌。

在与客户沟通中，仍然要像第一次接待客户时那样保持足够的警惕性，努力搜集缺乏的信息。在回访电话中尤其要关注的是三个信号：第一个信号是这个潜在客户周围人对他看我们车的评价和反应，任何人都会或多或少地受到周围人影响；第二个信号是他是否对我们车型有何具体的疑问、困惑、不懂的地方，这才是其真正的阻力；第三个信号是他目前比较的车型。第一个信号可以提醒我们注意他周围人的态度以及对此车的看法，及时扩展与客户周边人的关系，邀请他们来展厅，邀请他们试乘试驾，邀请他们表态或者提问，给他们邮寄材料。对于第二个信号，可以获得真正的购买动机和客户将来对车的希望和具体的用途，他担忧的问题一定是他在意的关键，努力解决好他关心的问题，采购会自动到来。第三个信号至少可以让我们知道在与谁竞争，以及应该如何调整我们的策略，一旦有竞争对手，那么该采购很快就会发生了，要争取客户同意试乘试驾,获得一次近距离接触客户的机会,要主动提供具体的机会,主动提供具体的时间、试驾详细的安排等,从而在竞争的最后阶段掌握主动。

3. 控制谈话的过渡

要点:赞扬、关注、评价,确定关系。

电话中的沟通更加需要优势的技巧,毕竟电话中无法看到彼此,因此要控制话题就需要集中使用销售沟通中强调过的四个基本沟通技巧,分别是垫子、制约、主导、打岔。其中,垫子的最直接表现就是抓住机会赞扬客户的看法,当客户说到一个事情的结论的时候,就要给予例子说明来证明客户的结论是有道理的;当客户说到许多现象的时候,就要给予总结和结论,来表示你非常理解客户说的这些事情。通过扩充客户的结论,以及总结客户说的现象来赢得客户对你的认同,客户会逐渐感觉到你对他的理解。同时,在电话中要通过回顾过去的交往中发生的事情,提醒曾经答应客户的事情,现在处理得如何,以及最终的答复等来确认双方的关系。"您看,您是上个月 8 号来的我们展厅,当时您最关心的就是车辆的安全问题,您问到 ABS,我还记得您问制动控制过程这个事情,问了三次,您还问了气囊。我记得最清楚的是,您问到座椅转向以后,安全带还有效吗?您走以后,我特别搜集了有关该车安全的资料,现在已经整理好了,我觉得会对您选择车型有一定参考作用的。您看,咱们都这么熟了,我给您送过去吧。"这个话术就是强调过去的认识的关系,以及您做的事情,让听的人很有感触。

4. 请求帮助

要点:控制良好的心态,保持成熟的感觉。

请销售顾问回顾自己周围的人际关系,回想一下与你熟悉的人,以及一旦你有困难会想到的可以寻求帮助的人,这些人与你是什么关系。想通这一点,也可以领悟与人打交道的一个技巧,那就是主动请求别人帮助。当请求别人帮助的时候,请求人与被请求人的关系自然更近了一步。

有一个销售顾问是这样打回访电话的:"刘女士,您好,我是上通别克的小张,您可能不记得我了,可是我至今还记得您,尤其是您的香水。给您打电话想能否请教您,那个香水是什么牌子的?我一定要买一个。"这就是请求帮助。一旦对方拒绝了你的请求,要保持良好的心态。保持执着的心态,提出下一个要求,也许就能如愿以偿了。

5. 以客户擅长的为主

要点:帮他人忙为主,请教客户为主。

第一,在设计电话回访开场白的沟通话题时,要以客户所在领域的事情为主来设计,比如,客户是建筑领域的从业人员,那么开场白内容就是请教客户有关家庭装修方面的问题,比如选择产品或者用料预估等,都可能是这个建筑材料行业的客户熟悉和擅长的事情。

第二,可以以其他客户的名义来请求客户,比如有另外一个客户来展厅,认识以后提到了股票的事情,上次有机会听说您对投资也挺有研究的,不知道最近什么领域投资的风险小一些呢?这就是替其他人了解一些事情,而这些事情又恰好是你这个客户的长项,这就构成了合理的理由给客户打电话。

第三,可以询问客户对车辆上用的儿童安全座椅是否有了解,比如,可以请求客户帮助你介绍他周围对车感兴趣的朋友。

以上三点是销售顾问打回访电话时可以采用的开场白内容,要不断总结经验,不断为自己的开场白设计合理、正当、可以引起客户兴趣的话题,从而快速缩短人与人之间的距离,建立起信任的关系。

6. 控制自由交谈的内容

要点：灵活的话题，扩展自我兴趣的范围。

回访电话最常见的现象就是一个电话长达半个小时，结果电话挂断后发现什么目的都没有达到，甚至在回忆具体的沟通过程中发现话题都是被客户牵制的，完全没有任何自己的主导痕迹。

对话的双方，如果都没有事先准备的话，那么经验丰富的、城府深厚的、社会阅历多的人可以控制话题。但是，只要事先准备，那么就是有准备的人可以赢得话题。因此，回访电话的事先准备就是必须做的事情。做好事先的准备，也要有效地使用打岔的能力，有技巧地将对方的话题不知不觉地移到我们的话题上。不断对客户感兴趣的事情表示好奇，不断使用"垫子"、称赞才可以逐步控制话题。也可以通过不断的好奇提问来扩展自己的知识面，学习并掌握客户熟悉的一个领域的知识和经验。与此同时，也让客户在讲述自己的经验、自己的成就中得到满足和喜悦，从而也喜欢上销售顾问。

有一个销售顾问回忆一个来自香港的客户时说，其实，他仅仅说了他刚从美国回来，我就表达惊讶和向往以及羡慕地说，我估计这辈子都没有机会去美国了，那里是不是特别好呀。结果客户滔滔不绝讲了半个小时，我不过就是表达敬仰，不断点头，流露出渴望的目光，他差不多讲完后，没有怎么谈车，他就下了单。后来我回忆这段过程，其实，在谈美国经历的时候，他得到了满足，结果也认可了销售顾问。这就是确保灵活的头脑，你的目的是引导客户就自己感兴趣的事情开始就可以了。

7. 控制节奏

要点：牢记各种目的，有效推进目的。

只要在打回访电话之前，有一个清单在手边，那么，你就可以自由地沟通，并可以随时回到你希望的主题上，而不会被客户不知不觉带着走了。用书面的形式提醒自己各种不同的目的，从难到易，从易到难都可以。一个被拒绝了，给予足够的解释后，可以再接着提一个，只要客户有借口，那就更换另外一个要求。客户说太忙，那么我们上门；客户说没有时间接待，那么我们就说，在您下班的时候；客户说还有约会，那么就说第二天早晨。只要是不断地要求，自信、执着，而且又是为客户提供信息，协助他做对他有利的决定，销售顾问总是可以达到目的的。

> 事先计划，罗列清单，沟通中看着清单，寻找提问的机会。
> 如果每一个电话都能按照这个规则和行为要求来执行，那么就可以养成卓越的电话回访习惯，从而提高自己的电话沟通能力。

8. 必须牢记产品价格

要点：必须牢记产品技术信息，必须牢记最新发布的产品信息。

在电话沟通中，有若干信息是必须牢记的、非常熟悉的。关键数据必须牢记，必须记得非常清楚，因为，在电话沟通中肯定会涉及这几个数据的。比如不同型号产品的近期价格，甚至要熟悉前一个月的价格，要非常详细，产品的详细配置内容、天窗的面积、车内空调的制冷量、百公里加速时间、确定路况下的油耗，甚至一些影响油耗的各种情况和原因都应该了如指掌，做到百问不倒。

要求销售顾问打电话回访前要有开场白的计划、目的清单，还要有近期发布广告的内容要点以及厂家最新产品更新的所有信息。这些内容可以确保销售顾问在电话中的信息准确，并有专业的表现。如果内训师没有提供这些沟通前必须掌握的信息，销售顾问应该自己主动寻找，并与其他销售顾问分享。

9. 牢记沟通的三个原则

要点：互惠原则、交换原则、信息原则。

第一个原则是互惠。互惠是影响力中六个影响别人的原则中的第一个，是最重要的一个，也是最常用的一个。答应客户的要求之后表示为难，表示要克服很大的困难才可能实现，这样对方就会有歉疚的感觉。因为所有人都知道受恩不报是耻辱的事情，是被传统文化唾弃的，所以，给予恩惠一定要强调为难，并多次提到，或者暗示。

第二个原则就是交换。这是市场营销中七个关键因素中最重要的核心内容。任何时候，要牢记客户来展厅一定是有求于我们的，他想知道车辆信息，他想知道价格，他想知道安全、技术、载重等。只要有他想知道的，那么我们就可以交换回来我们想知道的信息。交换是商业社会许多规则中排列第一位的重要规则。

第三个原则是信息。如果事先计划的目的都被客户拒绝了，那么还可以以获得信息为一个目的，比如客户最近还看了什么车型，客户最近是否找到了自己想要的信息，比如客户是否找到了解决自己选车问题的关键因素等。寻找信息本身就可以是一个目的。

电话沟通是一个持续的过程，大约20min的过程中要牢记这三个原则，按照流程每步都做到有章法，最后会提高总的成功率。

10. 努力获得客户承诺

要点：赋予责任，表达渴望，预留回旋空间和余地。

最后，在电话沟通结束之前，还有一个必须完成的话题，那就是一旦客户答应了你若干个要求中的一个，不要认为客户说的就真会兑现承诺。所以，不要高兴得太早，应该保持冷静的心态，将客户答应的内容落实，比如落实到具体时间，并且给他一点压力。"您说的下周四下午三点，对吗？""那好，我原本计划是要帮一个客户去上牌的，不过，没关系，我的同事可以帮我去，这样，说好了，我就等您了。"其中包括了施加一点压力的技巧。表示我已经有安排了，但是，为了等待您的到来还是放弃了原来的安排，而等待您，那么客户心中就有了一定的责任。还可以再添加一个责任，比如"这样，我决定与我的朋友打赌，他说你现在不过是答应我，等到下周四您就忘了，不会来，我觉得您肯定会来的，所以，我就打这个赌了。您来了我就赢了，我将来请您吃饭。好，再见。"给予一点责任压力之后就可以主动挂断电话了，这样客户那边就有了一点责任。而且，为下一次电话留下了话题。如果客户没有来，你的电话可以是埋怨，都是您没有来，我输了200元，我一个做销售的，挣200元多难呀。创造对方的愧疚心情，从而再次答应你的要求。

以上就是要求承诺，赋予责任，表达渴望以及留一点回旋余地的策略之完整应用。

二、关键技能

1. 跟踪回访的话术

销售顾问：（兴奋地）您好，谢小姐，我是××专卖店的小陈。非常感谢您选择了我们品牌，感谢选择了我们公司来给您提供服务。

技巧：感恩是我们一直强调的重点，尤其对客户更应该如此。

客户：你太客气了，每次来电话都在感谢我。

（说明：不论客户是否觉得客套，但他们从不会拒绝这样的感谢。）

销售顾问：这是应该的，因为你们是我们的衣食父母！从您目前的使用情况看，您的车差不多快到首保的 5000km 了，请您一定抽空到我们店来做首保。您也知道，如果不小心错过了首保，以后我们想更好地为您服务就会受到一些限制，也会额外增加您的费用。这不是我们希望的。

技巧：当给客户施加压力时，学会用委婉的语气去表达比较刚性的规范，这样客户在接受的时候更贴心。

客户：好的。这几天我正好忙，过几天一定会到你们店做首保。

（说明：如果客户不能及时到店保养，应事先约定下次电话跟进的事宜，这样不至于在下次打电话时引起客户的不快。）

销售顾问：要不过 3 天后我再与您联系，免得您工作一忙把这件事情忘了。

客户：好的。

销售顾问：如果您没空过来的话，打个电话给我，我会安排人员去您的公司把车接过来，做完保养后再送回去。

客户：那就太谢谢了！

销售顾问：不用谢。这是我们公司特别提供的增值服务，只针对您这样的客户。

技巧：同样是增值服务，同样是免费服务，由于表达的方式不同，给客户的心理感受截然不同，这就是语言表达的魅力所在。

客户：谢谢。

销售顾问：那再次谢谢了，我们常联系。再见！

2. 持续开发客户需求话术

销售顾问：相信通过这么一段时间的接触和了解，您一定对我们公司的服务有了更进一步了解，更愿意与我们继续合作，是吧？

客户：有问题我肯定会找你们的。

销售顾问：那就谢谢您对我们的信任，更希望您对我们有什么新的要求、新的希望及时与我们联系，我们非常乐意听到您的建议，将会对我们的服务水平提升有更大的帮助。

技巧：当客户的情绪处在高潮时，容易放松警惕，此时只要"趁热打铁"，适时地进行"主动销售"，就一定能够有所收获。除了饰品外，服务项目、易损零配件的搭配等都是销售的机会。如果公司内的每一个人员在与客户打交道的过程中都有一个主动销售的意识，不仅个人可以获得收入上的增加，更可以让公司的销售额和利润水平进一步提升。

客户：会的。

销售顾问：对了，吴先生，今天刚好我们店又到了一批新设计的车内饰品，我还记得你特别喜欢购买这个品牌的饰品送人，要不今天下午来店里看一下，说不定就有您相中的呢？

客户：真的吗？正好一个朋友的小孩过生日，她特别喜欢上次我送她的那个小礼品。下午我会抽空来看一下。

销售顾问：谢谢您，那下午 4 点我们在专卖店等您。那就不见不散了。

客户：好的。

3. 提升 CSI（销售客户满意度）话术

销售顾问：××先生，您好，恭喜您买了一辆新车，有件事情我想请教您！

客户：你说！

销售顾问：我想请教您！从我跟您接洽到今天交车给您，在这段时间内不知您对我的服务态度感觉怎么样？

客户：不错，挺好的！

销售顾问：谢谢！如果您觉得我的服务不错，有件事情想请您帮忙！

客户：什么事！

销售顾问：从我交车给您后，您会接到3个人打电话给您做回访，第一位就是我，第二位是我们公司的客服人员，第三位是厂家委托的第三方调查公司，他们打电话给您时大约会耽误您10min的时间，他们会问您我的服务态度如何？如果您觉得我的服务态度不错，我想麻烦您帮我回答四个字！

客户：哪四个字？

销售顾问：就是"特别满意"这四个字，也就是他们问的每个项目，会请您给我打分数，我想麻烦您能给我每项都打"特别满意"。因为公司非常重视顾客满意，对我们有很严厉的考核，如果您的回答是"不错！挺好的"或"满意"，那我就会被公司扣款，所以要请您帮我这个忙！

客户：啊！说"满意"你还会被扣钱喔！你们公司规定得这么严。

销售顾问：对啊！所以想请您多帮忙。

客户：你们公司那么有制度，好的！没问题。

销售顾问：那就先谢谢您了，如果您有任何需要我服务或不了解的地方，请别客气直接打电话给我，我会立即为您服务。

客户：好的！

销售顾问：再次恭喜您买了新车，预祝您，新车新气象！财源滚滚来！

客户：谢谢！

复习思考题

1. 客户追踪的技巧有哪些？
2. 设计老客户的关怀计划。

项目十 客户投诉处理

学习目标

1. 了解客户投诉的原因。
2. 掌握投诉的处理流程。
3. 如何避免客户投诉的产生。

案例导入

2009年,山东省的一条山道上,一头奶牛"极不情愿"地拖着一辆奔驰越野车,慢吞吞地向前挪动,引来众多路人的围观。面对闻讯而来的记者,车主吕先生苦笑着说,自己的车辆出了故障,厂家却不给任何的解释,无奈之下才想出了"牛拉大奔"的办法。

"牛拉大奔"迅速传开,多家报纸及网络媒体、论坛纷纷进行转载,众多读者和网友都表达了自己对这一事件的观点。

很多网友对于吕先生的这一行为表示了支持。网友认为在目前的汽车维权中,用户多数处于弱势地位,"牛拉大奔"可以吸引更多社会和政府的关注,有力促进汽车售后的改进。

失去耐心的吕先生再次来到奔驰公司在烟台的4S店,希望能够得到对"转向机高压油管接头断开,导致转向盘不能正常使用"这一故障的书面解释,但是双方再次不欢而散。气愤之余,吕先生找来了几辆大货车,悬挂条幅在店外连续几天进行巡游,要求"奔驰快点给我说法"。

案例分析

作为销售行业,客户投诉不可避免。问题是我们面对客户投诉时,如何处理。如果处理得当,客户的诉求可以很快解决,销售商也可以避免负面的影响。如果处理不当,就会造成客户的不满,变成了和案例一样的过激维权,对经销商也造成负面影响。

任务一 客户投诉的原因和内容

什么是投诉?很多销售顾问认为客户大吵大闹,或到了12315那才是投诉。这是个错误的认识,只要客户把不满表达出来就是投诉。

一、客户投诉原因

1）客户的期望未能得到满足。客户的期望未能得到满足，就是说客户没有满意。客户满意是客户感觉的状态水平，是需求被满足后的愉悦感。

客户满意度是客户对产品/服务的实际效果与期望效果的比较。其结果如下：

$$实际的产品/服务 > 客户的期望 = 非常满意$$

$$实际的产品/服务 = 客户的期望 = 基本满意$$

$$实际的产品/服务 < 客户的期望 = 不满意$$

客户不满意就会去投诉。客户的期望和感受如图 10-1 所示。

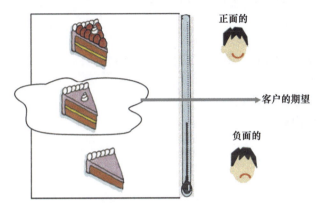

图 10-1　客户的期望和感受

2）客户的感受被忽略。汽车销售顾问一定不要冷漠对待客户，否则客户会不舒服，也有人通过投诉的方式发泄自己的不满。

3）产品质量未能达到客户的要求。

4）服务承诺未能兑现。许诺的服务不能兑现的时候客户就会开始抱怨。

5）客户需求未能被真正理解。客户的需求表现形式不同，有的需求会显现出来，有的需求是隐性的需求，如图 10-2 所示。

图 10-2　客户需求冰山原理

6）客户周围人的评价。
7）客户本人性格问题。
当以上任一问题出现时，客户就有可能产生抱怨，也就是我们通常说的客户投诉。

二、客户投诉的诉求点

1）重视、关心、尊重。
2）服务人员理解他们的问题。
3）得到补偿和赔偿。
4）问题能够尽快得到解决。
5）确保问题彻底得到解决，不再出现新问题。

三、客户投诉的内容

通常，关于汽车方面的投诉一般分为以下三方面内容。

1. 对产品质量投诉

1）车辆性能不好或出现故障。
2）客户对产品不了解。

2. 对维修质量投诉

1）首次确定的问题不正确。
2）维修收费太高。
3）保修范围。

3. 对服务态度的投诉

1）销售顾问的态度。
2）维修人员的态度。

> 解决客户关心的问题和处理投诉是一项真正的挑战，可能是你工作中最富挑战性的一个方面。当你解决了客户的问题，成功地建立起客户的信心时，就可能得到奖励——原本生气的客户可能会成为一位最忠实的客户。换句话说，满意的客户将会经常光顾你那里，或者说满意的客户将会向他们的亲朋好友推荐你。
>
> 这样，我们就能理解，接到投诉是加强和扩大客户队伍以及增加销售和赢利的绝好机会。

任务二　有效处理客户投诉的意义

一、客户不满意时的表现

据统计，客户不满意时，有4%的客户会说出来，也就是我们通常说的"投诉"。有96%的人会选择默默地离开。但他们会有以下表现：

1）把不满倾诉给亲朋好友。

2）每一个不满的客户至少会告诉 10～20 个人。

二、客户不满的后果

1. 对于客户来说

1）情绪受到影响。

2）不再购买。

3）不再向人推荐。

4）进行负面的宣传。

2. 对于企业

1）信誉下降。

2）发展受限制。

3）生存受威胁。

4）竞争对手获胜。

3. 对于经常忽略投诉的服务人员

1）受到客户投诉。

2）受到上司责备。

3）受到同事埋怨。

4）工作心情不好。

5）失去升迁机会。

6）收入下降。

7）失去竞争力。

8）没有工作成就感。

三、有效处理投诉的意义

1. 有效留存客户

有效处理投诉可以留存客户。有效处理投诉对留存客户的影响如图 10-3 所示。

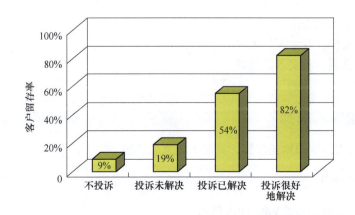

图 10-3　有效处理投诉对留存客户的影响

2. 客户投诉的价值

> 美国商人马歇尔·费尔德认为
> ① 那些购买我产品的人是我的支持者。
> ② 那些夸奖我的人使我高兴。
> ③ 那些向我埋怨的人是我的老师，他们纠正我的错误，使我天天进步。
> ④ 只有那些一走了之的人是伤我最深的人，他们不愿给我一丝机会。

1）如果客户做出抱怨，那么他就可能再回来。客户的抱怨为你提供了一个你使他们满意的机会，由此你也会赢得更多的忠诚回头客。

2）留住客户比赢得客户更重要。获得一个新客户的成本是保留一个老客户的 5 倍（漏桶原理），如图 10-4 所示。

老客户能给我们带来收获：
① 80% 的销售额来自 20% 经常惠顾企业的老客户。
② 每年只要留住 5% 的客户，在 5 年内其利润将提高 25%，甚至更高。
③ 忠诚的客户花钱更大方。

3）忠诚的客户能给我们带来以下方面的好处：
① 忠诚的客户是企业利益的主要来源。
② 忠诚的客户确定企业的规模。
③ 忠诚的客户服务成本最节省。
④ 忠诚的客户有利于创新。
⑤ 忠诚的客户是企业义务宣传员。

图 10-4　漏桶原理

任务三　有效处理客户投诉的原则和步骤

一、处理投诉常见的误区

1）这事又不是我负责的。
2）没礼貌的家伙，我才不管他呢。
3）他吼有什么用，我又不是领导。
……

二、处理投诉的原则

有效处理投诉的八字原则是理解、克制、诚意、迅速。

三、处理投诉的步骤

有效处理投诉的六个步骤如图 10-5 所示。

1. 第一步　鼓励客户发泄

（1）与客户沟通要点

1）要设身处地想客户所想。

2）不要轻视抱怨处理，要积极对待。

3）以尊重和理解的态度对待客户，遵守职业道德。

4）对事不对人，处理抱怨不是个别人的任务，它是经销商或维修部门的职责。最重要的是，在大多数情况下，客户不是在生你的气，而是因产品、维修和其他服务方面的问题而生气。

5）真诚、公开、清楚地阐明你的看法。

6）弄清抱怨的真实情况。

7）如抱怨超出你的责任范围，请求上级或维修经理的支持。

图 10-5　客户投诉处理步骤

（2）忌说的话

客户不满时只想做两件事，那就是表达他此时心情和寻求迅速解决问题的方法。作为汽车销售顾问在说话时，忌：

1）"你先冷静一下……"

2）"你先别激动……"

3）"你可能还不太明白……"

4）"事实上，你应该……"

5）"我们不会…从没有…不可能……"

6）"我肯定是你弄错了……"

7）"这是不可能的……"

（3）鼓励客户发泄技巧

1）让客户发泄怨气。

① 找一个环境适宜的地方。

② 在听过程中不时地点头表示肯定。

③ 要和客户保持眼神的交流，不要心不在焉。这样客户认为你是在应付了事，会更加气愤。

④ 要不时地回应："哦、嗯，我明白你此刻的心情"。

> 一定要注意：客户只有发泄完以后才会听你要说的话。

2）仔细聆听。这是接待投诉客户的基本态度，在客户发泄的过程中要认真地倾听，客户反映的是什么问题。

要注意，控制自己的情绪，不要将坏情绪转嫁给自己。另外，要避免陷入负面的评价："蠢货、怪东西、疯子、穷鬼、找茬……"。

（4）这时不应

1）客户还在生气时，不应与之争辩。

2）不问"为什么""怎样"或"什么"这样的问题。如："为什么等了这么长时间才说？""为什么不早把车开来？"

3）不指责品牌公司、你的经理或同事。

4）不使用幽默的语言。

5）使客户对产品本身产生负面的印象。如："那个问题是该车型的普遍问题。""这个情况本周已发生了三次。""该车总是这样。"

2. 第二步　充分道歉，表达服务意愿

> 不管错误是否是你造成的，都应该道歉。我们道歉并不是说就是我们的错，我们要表达是的一种处理问题的诚意，客户是对是错并不重要。

3. 第三步　搜集信息，了解问题

客户投诉的目的不只是为了发泄怨气，最终的目的还是为了把问题解决。我们必须通过适当的方法和技巧弄清客户投诉的是什么问题，投诉的目的是什么，这才有利于把问题解决。可以通过适当的提问，把问题弄清。

（1）提问的作用

1）客户有时省略一些重要的信息，因为他们认为这不重要，或恰恰忘了告诉你。

2）搞清楚客户到底要的是什么。

（2）问什么问题比较合适

1）了解身份的问题——"请问你的姓名/联系电话？"

2）描述性的问题——"请问起动后出现了什么状况？"

3）澄清性的问题——"先生，请问你是冷车还是热车出现的？"

4）结果性问题——"先生，看来你要花点时间把车开到服务站做个检查才行。"

5）询问其他要求的问题——"先生，还有什么可以帮到你的吗？"

（3）问足够的问题

象征性地问几个问题，并不能保证你掌握事实的真相，你必须问与整个事件有关的所有问题，听客户的回答，而避免自己去下结论。

（4）听客户的回答

认真听清客户的回答，理解准确客户的意思。

（5）让客户知道你已了解他的问题

1）用你自己的话重述客户反映的问题。

2）如果可能的话，你可以拿出纸和笔，边问边写。

为了把客户反映的问题搞清楚，我们要采用重述和归纳的方法。

重述就是将客户说的话用你自己的话表达出来，以便和客户确认您的理解是否正确。例如，

"听上去你是说……"

"让我来确认一下我理解……"

"换句话说……"

重述可帮你确定问题，得到理解，显示关心。

归纳是指用简明扼要的陈述来重申要点。这是向客户显示你是多么认真地倾听客户声音的

又一技巧。事实上，如果你没有仔细倾听客户说的话，你就不能使用这种技巧。对服务顾问来说，归纳能够带来如下好处：

◆ 能把许多单独的信息归纳成一个整体，这使得你能和客户一起来确认这张"总图"的准确性。

◆ 能用来澄清客户所说的矛盾之处。当人们首次提出问题或谈他们的需求时，他们的思路可能不太清晰，归纳有助于澄清过程。

◆ 能在转向另一个话题前，用来结束一个话题，以掌握谈话过程。这一点在你开始接待一个健谈的客户时，特别有用。

归纳时，会用到如下一些有用的短语：

"所以，你……"

"我看如果我理解……"

"你是在说……"

"我听你说……"

"我明白你说的是……"

"我想，你的意思是……"

归纳能帮你：

◆ 弄清所说的内容。

◆ 确认什么是已经同意的。

◆ 防止以后误解。

◆ 鼓励客户反馈意见。

◆ 显示你在倾听和理解。

（6）有效的提问方式

1）开放式提问。开放式提问不能用"是"或"不是"这样单独的词来问。大多数情况下，开放式提问是与客户交换意见开始时提的第一个问题。这些问题可用"什么""谁""何地""何时""怎样"开始。

在弄清客户关心的问题时，需要问三种问题，见表10-1。

表10-1 开放式提问要点

重点问题	预期回答实例
1.什么问题？	坏了，噪声，振动，气味，不起动
感觉怎么样（或听起来是什么声音）？	"嘎嘎"响、"隆隆"响、轰隆声、"咔嗒"声、"咯咯"响、"嘶嘶"响、"嗡嗡"声、"吱吱"响
从哪里发出的声音？	地板下、前轮胎、发动机舱
2.何时（在什么情况下）发生该问题？	高速行驶时、右转弯时、加速时，早晨、上午、下午、夜间
该问题多长时间发生一次？	每天、每次起动
3.从何时开始发生该问题（该问题什么时候首次觉察到）？	三天前、买车后不久

开放式提问可帮你：
◆ 确定问题。
◆ 得到更多的信息。
◆ 鼓励客户反馈意见。
◆ 加深理解。
◆ 显示关心。

2）引导式提问。当客户不能准确表达真正的问题是什么时，开放式提问就有局限性。此时，听者应设想一下正确的回答是什么，然后用引导式提问以引导客户做出正确的表达。

可使用的几个主要问题：
① "天气变化时，问题是变好了还是变糟了？"
② "你觉得是出现了什么事可能产生这个问题？"

3）封闭式提问。和上面提的问题不一样，封闭式提问可用一个词回答（如"是"或"不是"）。提这些问题的目的是确认信息、加深理解或结束谈话。

可用的一些封闭式提问：
① "车速提高时，噪声变得更大了吗？"
② "这种噪声听起来像金属敲击声吗？"
③ "这种噪声是在紧急制动时发生的吗？"

4. 第四步　承担责任，提出解决方法

根据反映的问题，迅速做出判断，提出一个双方均可接受的方案。

注意：
1）要将你的方案准确告诉客户，确认客户准确理解。
2）不要承诺你做不到的事，要先小人后君子。

5. 第五步　让客户参与解决方案

提出多个方案让客户选择。

如果还不知道怎样才能让客户满意，就要问：
1）"你希望如何解决？"
2）"希望我们怎么做？"
3）"需要我们怎么帮你？"

如果客户提出的要求可以接受，那么迅速愉快地解决问题。

6. 第六步　承诺执行，跟踪服务

客户的问题解决完离店后的 3 天内，我们必须通过电话和客户取得联系，询问客户对我们的服务是否满意，问题是否彻底解决，是否还有其他的问题。

如果与客户联系后发现客户对解决方案不满意，则要寻求一个更可行的解决方案。

任务四　处理客户投诉的技巧

一、处理客户投诉的关键要素

处理客户投诉技巧之一就是找准客户的关注点，从关键点入手，具体要点见表 10-2。

表 10-2　客户对投诉处理的关注点

产品	服务	人员	形象
特征	送货	专业能力	标志
性能	安装	言行举止	传播物体
结构	顾问培训	可信度	环境
耐用性	咨询服务	可靠性	项目
可靠性	修理	敏感度	事件
易修复性	及时	沟通能力	业界口碑
式样	便利		
设计	其他服务		

1. 销售优良的产品

提供优良且安全的商品给客户，这是预防客户产生抱怨的有效途径之一。这是因为质量过硬的产品，对客户具有强大的说服力。

1）个性化的外观设计，这是最能吸引注意力的。

2）过硬的产品质量。

3）合理的价格。

2. 创造良好的服务环境

客户来到公司，举目四顾，他会因看到的东西而有所感受。良好的服务环境是公司形象的重要组成部分，它会提醒客户，他们是多么与众不同。

3. 提供优质的服务

（1）个人仪表

不佳的个人仪表会引起客户的不快，特别是不满的客户会更加恼火。良好的个人仪表包括以下几个方面：

1）头发洁净，经过梳理，平整不乱。

2）化妆是简朴的而不是过浓的。

3）衣服平整、整齐、干净，并且保养良好。

4）双手和指甲保持清洁。

5）气味清新。

（2）专业的素质

专业的素质有助于减少因服务不周而产生的抱怨，一个合格的服务人员应具备以下素质：

1）注重承诺。

2）同情心。

3）宽容为美。

4）积极热情。

5）谦虚诚实。

6）服务导向。

（3）非语言沟通

非语言沟通主要是指面部表情、身体姿态、动作和语气。经研究表明，非语言沟通各方面的比例如图 10-6 所示。

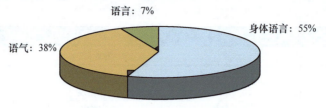

图 10-6　非语言沟通比例图

1）面部表情。面部表情不能出现以下情况：

① 客户在说话时，你在东张西望。

② 对客户皱眉瞪眼。

③ 不苟言笑。

正确的方法应该是适当的目光接触。你的面部表情应该是平静的、关心的、真诚的和感兴趣的，让客户知道你的确在注意他们。

2）身体姿势。身体姿势不能出现以下情况：

① 懒洋洋地靠在桌子边。

② 站着或坐着双臂抱在胸前。

③ 在讲话时仍夹着公文包。

④ 不停地看表。

正确的方法应该是要坐如钟，站如松；点头，面对客户，向前倾身；让客户感受到你很专业。

3）动作。动作不能出现以下情况：

① 当你为客户服务时，你的动作很慢，缓慢的工作速度会让一部分客户十分恼怒。

② 客户在说话时，你在做其他事情。专注、迅速会带来客户的信任和信心。

4）语气。语气不能出现以下情况：

① 说话的声音听起来是冷漠的。

② 说话十分大声。

正确的方法应该是注意语调、音量和语速，说话时要运用平静的、坚定的、关切的声音，这样才能让客户感受到你是自信的、有能力的。

二、投诉处理话术

1. 缓和客户态度

客户：怎么搞的嘛，十几万元的车才买了不到一年，发动机就漏油了。你们必须给我一个说法，否则我就要请媒体来曝光。

（说明：客户投诉发动机漏油的问题。）

销售顾问：实在对不起。如果是由于这个问题给您造成了不便，还请多多海涵。

技巧：学会向客户道歉！请明白这样一个观念：向客户道歉并不是表示我们存在问题，而只是表明我们处理问题的诚意。

客户：抱歉有什么用，能解决这个问题吗？你们号称是世界知名品牌，别的车都不会发生这样的问题，就你们的车会有这样的情况。今天一定给我们一个说法！

（说明：客户继续愤怒地发泄自己的不满，此时应该充分让他们发泄。）

销售顾问：我理解你们的要求，虽然主机厂给出的方案是更换密封垫，像您这种情况的朋友也在处理后不再漏油，但我们还是会帮助您解决好这个问题。

技巧：对于这样的情况，最无助的是辩解或推卸责任，这是客户投诉处理中的大忌！这里，技巧性地把主机厂的处理方案进行了描述，同时还提到了其他同类问题客户处理后的满意情况，有利于以守为攻。

客户：怎么解决？我不接受更换密封垫。

（说明：客户再次发表了自己的看法。）

销售顾问：我们非常理解您的要求，说实在的，如果这件事情发生在我们身上，同样也会像您这样会感到不爽。

技巧：用同理心进行换位思考，拉近与客户的距离。一旦这个距离缩小，客户能够提出的不合理要求就会减少。

客户：就是嘛！我们花这么多钱买一辆车，就是希望买到一辆质量过硬的汽车，而不是这里有毛病、那里有问题。

销售顾问：可以理解。（停顿）

技巧：再次表示理解，但不提出自己的处理意见。通过有效的"停顿"，让客户继续发泄。可以看出，在让客户充分地发泄后，客户的要求就会减低，处理的难度就会减少，这是有效的"缓兵之计"。

2. 找出问题根源

客户：怎么搞的，发动机过热的问题已经修了不下三次了，但一直还是老样子。

（说明：客户提出问题。）

销售顾问：很抱歉，这么一点问题没能一次性处理好，让您还得再来一趟。

技巧：先向客户道歉，软化客户的敌意。

客户：既然找不到问题，那就把整个散热系统换一个不就成了，干嘛还要这么折腾。

（说明：客户坚持自己的意见。）

销售顾问：我理解您的要求。正像您所知的，在问题没有真正找到前，我们做任何的处理都是毫无任何意义的，相信您也会同意我的看法。

技巧：理解客户的立场，同时技巧性地、不露痕迹地拒绝客户的过分要求，并把问题返回给客户。

客户：我还是要求把整个散热系统全部换掉。

（说明：客户继续坚持自己的意见，但口吻有些变化。）

销售顾问：我理解。为什么您一定要求换掉整个散热系统呢？

技巧：不给答案找问题。

客户：因为我不想三番五次地来处理这个问题，而且遇到的维修人员个个能力都很差，弄得我非常不愉快。我担心如果不换整个系统，过了保修期再加上你们的工作人员是这个样子，我哪里能够放得了心？

（说明：客户道出了问题的真正原因，其实对人员的不满胜过对产品的不满。）

销售顾问：原来您不是担心汽车本身，而是觉得我们的维修人员专业能力太差，是这样的吗？

技巧：进一步确认客户的问题，这是后续处理好问题的关键。只有找到真正的原因，才有可能找到问题的答案。

客户：当然两方面都有，更主要是维修人员不行。

3. 提出解决方案

销售顾问：原来您不是担心汽车本身，而是觉得我们的维修人员专业能力太差，是这样的吗？

技巧：求证引起客户担忧的问题。

客户：当然两方面都有，更主要是维修人员不行。

（说明：客户表述出他们关注的问题。）

销售顾问：我明白了。其实您的担忧已经多虑了，您可以透过落地玻璃看一下，现在我们重新调整了维修人员，他们个个都是能手。如果此时我们安排技术最好的维修人员给您做检查，同时又把您的问题解决，您会同意我们做维修处理吗？

技巧：提出问题的处理方案征询客户意见，同时借机展示专业维修能力，以此消除客户的顾虑。

客户：能保证吗？

（说明：获得客户认可。）

销售顾问：肯定没有问题，这一点您尽管放心，车修好后我们会通知您。

技巧：向客户做出承诺，消除他们的顾虑。

4. 从客户投诉到客户忠诚

客户：你们的服务热线总是打了没人接，是不是人都死光光了。

（说明：客户表述问题的方式虽然有点难以接受，但"良药苦口"。）

销售顾问：没有啊！我们每天24小时都有工作人员值守啊，即使是下班后也有专人负责的。

技巧：在不了解问题的情况下，做出这样的解释没有什么不对。

客户：怎么不会，我昨天下午连续打了3次，都是无人应答，这让我非常生气。

（说明：客户再次证实他的问题的正确性。）

销售顾问：赵先生，实在对不起，不管是哪个环节出了问题，我都代表公司非常感谢您给我们提出这么好的意见，我将会落实一下为什么我们这么严格的制度还会让这样的情况发生。

技巧：表达出对客户意见的关注和重视，而且如果以代表公司的口吻表达的话，更能让客户尊重与他们打交道的企业。同时，承诺客户会尽快落实，更是一种负责任的态度。

（情况落实以后，电话中）

销售顾问：您好，赵先生，再次向您表达我们的歉意。经过我们的核查，发现电话系统出了点故障，让您多次打电话也没有联系上我们。虽然这是电话设备的故障，但我们保证今后会从制度上解决这样的偶然情况的发生。再次谢谢您的宝贵意见，以后如果发现我们做得不好的地方，请不要顾及我们的脸面直接向我们反映，我会第一时间处理的。非常感谢！

技巧：一旦落实了情况，就要马上向提出投诉的客户反馈处理的意见，不论是设备还是人员的问题，应该把处理的结果真实地告诉客户，求得他们的认同与理解。对于客户而言，会让他们觉得您是一个负责任的专业人士，你的公司是一个可敬的、值得信赖的企业。只有这样，才能不断赢得客户的认同，并通过这些客户的口碑不断扩大企业的影响，最终提升销量和业绩。

客户：不要客气，我的气话你们都那么当回事，说明你们公司是负责的公司，今后我介绍更多的朋友来买车和接受服务。

（说明：在客户表达了"不要客气"的背后，其实就包括了客户的信任及他们未来对企业的付出，这是企业获利的基础，必须倍加珍惜。）

销售顾问：那就太谢谢您了，赵先生，请常来我们公司坐坐。
技巧：再次感谢客户。
客户：好的。再见！

项目小结

本项目主要讲解了客户投诉的原因，处理客户投诉的意义、处理流程，如何避免客户投诉的产生。

复习思考题

1. 客户投诉的原因是什么？
2. 客户投诉有何价值？
3. 如何有效处理客户投诉？
4. 如何有效减少客户投诉的产生？

项目十一 汽车信贷实务

学习目标

1. 了解汽车消费贷款所需的手续。
2. 掌握汽车消费贷款的流程。

案例导入

公务员纪先生，年收入4万～5万元，在成都有房产。纪先生计划贷款10万元购买一辆汽车，希望贷款利息较低。我公司在了解了纪先生的基本情况后，根据他的实际情况和需求制定了一套适合他的个人汽车消费贷款计划。这套贷款办理手续不仅简单方便，贷款利率也较低。

纪先生向我公司提供了收入证明、户口本、结婚证、房产证、近期银行流水等资料。经过我公司资信调查员对纪先生的家庭居住环境以及工作、收入来源等情况全面调查后，我公司同意为其本次车贷提供担保，随即向银行出具担保函，并由银行联络员与银行协调。银行对纪先生进行电话回访并核实了基本情况，在2个工作日内完成了纪先生的贷款审批。接着我公司为纪先生垫付了贷款部分的资金给车商，纪先生提上车在我公司上户专员的带领下顺利完成了上户及抵押手续。银行在1个工作日后发放了纪先生的贷款，而执行的利率是银行贷款的基准利率。

纪先生的本次车贷在提出按揭申请后2个工作日就将爱车开回家，4个工作日银行完成了贷款手续。而贷款利率也是目前最低利率，相比其他银行车贷利率上浮的情况，纪先生3年最少能节约800多元。纪先生对我公司本次汽车贷款担保的服务十分满意。

案例分析

汽车消费贷款业务是汽车4S店的一项主要业务，销售顾问必须对客户贷款所需的资料、贷款流程非常熟悉，才能为客户提供良好的服务。

任务一 汽车消费信贷管理

一、汽车消费信贷的贷款人与借款人

1995年，开始开展汽车消费信贷业务。

1998年，中国人民银行发布《汽车消费贷款管理办法》，允许国有独资商业银行试点开办

汽车消费贷款业务。

2004年颁布《汽车贷款管理办法》。

1. 贷款人

贷款人是指在中华人民共和国境内依法设立的、经中国银行业监督管理委员会及其派出机构批准经营人民币贷款业务的商业银行、城乡信用社及获准经营汽车贷款业务的非银行金融机构。

2. 借款人

借款人包括个人、汽车经销商和机构借款人。

（1）个人汽车贷款

个人汽车贷款指贷款人向个人（中国公民）借款人发放的用于购买汽车的贷款。

借款人应符合以下条件：

1）借款人符合身份。

2）具有有效身份证明、固定和详细住址且具有完全民事行为能力。

3）具有稳定的合法收入或足够偿还贷款本息的个人合法资产。

4）个人信用良好。

5）能够支付本办法规定的首期付款。

6）贷款人要求的其他条件。

（2）经销商汽车贷款

经销商汽车贷款指贷款人向汽车经销商发放的用于采购车辆和（或）零配件的贷款。经销商汽车贷款应符合以下条件：

1）具有工商行政主管部门核发的企业法人营业执照及年检证明。

2）具有汽车生产商出具的代理销售汽车证明。

3）资产负债率不超过80%。

4）具有稳定的合法收入或足够偿还贷款本息的合法资产。

5）经销商、经销商高级管理人员及经销商代为受理贷款申请的客户无重大违约行为或信用不良记录。

6）贷款人要求的其他条件。

（3）机构汽车贷款

机构汽车贷款指贷款人对除经销商以外的法人、其他经济组织发放的用于购买汽车的贷款。机构汽车贷款应符合以下条件：

1）具有企业或事业单位登记管理机关核发的企业法人营业执照或事业单位法人证书等证明借款人具有法人资格的法定文件。

2）具有合法、稳定的收入或足够偿还贷款本息的合法资产。

3）能够支付本办法规定的首期付款。

4）无重大违约行为或信用不良记录。

5）贷款人要求的其他条件。

二、汽车消费贷款利率与回收

1. 汽车消费贷款利率

2003年10月，银监会发布《汽车金融公司管理办法》，汽车金融机构发放的汽车贷款的利率被锁定在基准利率上下浮动 10%～30%。

同年 12 月，央行宣布扩大金融机构贷款利率的浮动空间，从 2004 年 1 月 1 日起，商业银行和城市信用社贷款利率上浮由以前的 30% 扩大到 70%。

2. 汽车消费贷款本息月还款额的计算

汽车消费贷款的月还款额的计算以期初贷款总额为基数，按签约时银行同期贷款利率计算。在还款期间内，如遇银行利率变化，则随利率调整，一年一定。

本息月还款额有两种计算方法：等额本息法和本息递减法。

（1）等额本息法

按照贷款期限把贷款本息平均分为若干等份，每月还款额度相等，因此也简称等额法。

例如：某品牌轿车销售价 18.75 万元，首付 10 万元，余款 8.75 万元，分两年付清。查银行还款利率表得每万元每月还款额为 460.51 元，则

$$月还款额：8.75 \times 460.51 = 4029.46 \text{元}$$

（2）本息递减法

借款人每月以相等的额度偿还贷款本金，利息随本金逐月递减，每月还款额亦逐月递减，因此也简称递减法。

计算公式：

$$每月还款额 = 每月还款的本金 + 每月还款利息$$

$$每月还款本金 = 贷款本金 \div 贷款期月数$$

$$每月还款利息 = （贷款本金 - 累计已偿还本金）\times 月利率$$

3. 汽车消费贷款的回收

（1）汽车消费贷款购车的提前还清

可提前一次性付清余款，但必须在借贷满 1 年后。

（2）汽车消费贷款的还款

每月按期还款，贷款全部归还后，注销抵押登记，办理保险单转让。担保人不执行还款义务或无能力还款的，贷款方要求法院强制执行或拍卖抵押物，补足欠款，只拥有汽车的使用权、占有权，所有权归银行或经销商，车辆只能在本地区使用，禁止长期到外地使用。

三、汽车消费贷款期限

汽车贷款的贷款期限（含展期）不得超过 5 年。

二手车贷款的贷款期限（含展期）不得超过 3 年。

经销商汽车贷款的贷款期限不得超过 1 年。

所购车辆用于出租营运、汽车租赁等经营用途的，最长期限不超过 2 年。

四、汽车消费贷款金额

自用车首付比例不低于所购汽车价格的 20%。自用车指的是借款人通过汽车贷款购买的、不以营利为目的的汽车。

商用车首付比例不低于所购汽车价格的 30%。商用指的是借款人通过汽车贷款购买的、以营利为目的的汽车。

二手车首付比例不低于所购汽车价格的50%。二手车指的是从办理完机动车注册登记手续到规定报废年限1年之前进行所有权变更并依法办理过户手续的汽车。

汽车价格：对新车，是指汽车实际成交价格与汽车生产商公布的价格的较低者；对二手车，是指汽车实际成交价格与贷款人评估价格的较低者。

中国建设银行针对借款人提供的不同的担保方式，规定了不同的汽车消费贷款金额：

1）借款人以可以质押的国库券（固定面额的国库券或我行凭证式国库券）、金融债券、国家重点建设债券、本行出具的个人存单质押的，或以银行、保险公司提供连带责任保证的，存入建设银行的首期款不得低于20%，借款最高限额为购车价款的80%。

2）借款人以所购车辆、房屋、其他地上定着物或依法取得的国有土地使用权作抵押的，存入建设银行的首期款不得少于30%，借款最高限额为购车价款的70%。

3）借款人提供第三方连带责任保证方式的（银行、保险公司除外），存入建设银行的首期款不得少于40%，借款最高限额为购车价款的60%（自然人不能作为第三方担保人）。

新《汽车贷款管理办法》颁布，车贷规定有六大变化：

1）车贷不再由银行垄断。

2）外国人也能申请车贷。

3）二手车首付上升为50%。

4）二手车贷款不得超过3年。

5）贷款参考价跟着"低价"走。

6）蓄意骗贷者列入黑名单。

任务二 汽车消费贷款程序

一、汽车消费信贷的主要环节

1. 贷款申请

借款人在提出借款申请时，应提供以下资料：

个人：贷款申请书；有效身份证；职业和收入证明以及家庭基本情况说明；购车合同协议；担保所需的证明或文件；贷款人规定的其他条件。

法人：贷款申请书；企业法人营业执照或事业法人执照；法人代表、法人代表人证明文件；人民银行颁发的《贷款证》；经会计（审计）师事务所审计的上一年度的财务报告及上一个月的资产负债表、损益表和现金流量表；抵押物、质押物清单和相关证明；贷款人规定的其他条件。

2. 贷前调查及信用分析

1）对借款者品质的调查。贷款申请的准确性及以往的信用记录，如借款人不诚实或有欺诈行为，则会拒绝放贷。

2）对借款者资本金的信用分析。调查借款人的富裕程度和收入水平，确保填写的收入属实且稳定。

3）对借款人担保物的调查。担保物要求必须有与贷款额度相当的价值，并且价值稳定且有一定的流通性。

3. 贷款的审批与发放

贷款的审批有两种方法：一是经验判断法；二是信用评分和数量分析法。

贷款的审查和发放实行审贷分离制度，即将贷款过程的审贷查人员三分离的制度，既相互制约，又相互监督，增强工作责任心，防止差错。

4. 贷后检查及贷款的收回

银行对贷款进行贷后跟踪检查，检查贷款执行情况，要求借款者定期反映其收入变动状况等，以随时掌握和控制可能发生的风险。

二、汽车消费信贷有关单位的职责

1. 经销商的职责

负责组织协调整个汽车消费信贷所关联的各个环节；负责车辆资源的组织、调配、保管和销售；负责对客户贷款购车的前期资格审查和贷款担保；负责汽车消费信贷的宣传，建立咨询网点及组织客源；负责售后跟踪服务及对违规客户提出处理。

2. 银行的职责

负责提供汽车消费信贷所需资金；负责贷款购车本息的核算；负责对贷款客户资格终审；负责监督、催促客户按期还款；负责汽车消费信贷的宣传。

3. 保险公司的职责

为客户所购车辆办理各类保险；为贷款购车客户按期还款做信用保险或保证保险；及时处理保险责任范围内的各项理赔。

4. 公证部门的职责

对客户提供文件资料的合法性及真伪进行鉴证；对运作过程中所有新起草合同协议从法律角度把关认定；对于客户签订的购车合同予以法律公证，并向客户讲明其利害关系。

5. 汽车厂家的职责

不间断地提供汽车分期付款资源支持；给予经销商提供展示车、周转车的支持；给经销其产品的经销商提供广告商务支持；给销售达一定批量的经销商返还利润的支持；负责车辆的质量问题及售后维修服务。

6. 公安部门的职责

对有关客户提供有效证明文件；对骗贷事件进行侦破；尽快办理完成车辆入户有关手续；做到车辆在车贷未付清前不能过户。

三、汽车消费贷款程序及注意事项

1. 贷款程序

1）客户到各经销点或服务处咨询，选定拟购汽车。

2）选定车型，经销商与客户签订购车合同。

3）提出贷款申请，填写汽车消费贷款申请书和资信情况调查表，连同个人情况的相关证明一并提交贷款银行或汽车金融公司，进行贷前调查和审批。

4）符合贷款条件的，银行和汽车金融公司会及时通知借款人填写各种表格，贷款得到批准后，经销商会及时通知消费者办理相关手续，签订购车借款合同、担保合同并办理抵押登记手续及各类保险。

5）银行和汽车金融公司将发放贷款，消费者携提车单办理提车手续。

2. 注意事项

1）汽车保险须在指定的保险公司办理，必保的险种有车损险、第三者责任险、盗抢险、不计免赔险和分期付款购车信用保险或保证保险。

2）公证费用由购销双方共同承担，各分摊50%。

3）购车人需按贷款年限，一次性交纳担保费。其费率标准以贷款额为基数：一年期1%，两年期2%，三年期3%。

4）实行一条龙服务，但办理车辆入户的一切费用由购车人承担，用户需交纳代理服务费。

四、分期付款售车的操作

1. 申请分期付款购车的条件

（1）客户范围

分期付款售车只限于当地的客户。

（2）所需资料

1）银行方面所需资料。借款人及配偶的身份证、户口本复印件、工资收入证明、结婚证复印件、房屋居住证明等，商业银行汽车消费贷款申请书、个人消费贷款保证合同、购车人资格审查表、购车申请书，信用或保证保险、购车合同及公证书、购车发票，委托收款通知书。

2）经销商所需存档资料。购车合同原件（附有公证部门公证书）、汽车合格证原件、车辆原始销售发票（复印件）、车辆购置附加费发票（原件）、车辆验收交接单（原件），车辆行驶证（复印件）、停车泊位证明复印件，本人近期2寸免冠照片1张，车辆保险单原件，月付款明细表。

（3）对借款人的担保要求

1）必须在提供分期付款的经销商处购车。

2）办理保险。分期付款期间必须在该经销商指定的保险公司办理车辆保险。必保的项目有车损险、盗抢险、第三者责任险、不计免赔险和分期付款购车信用保险或保证保险。前四项险种按保险公司规定一年一付，信用保险或保证保险按贷款期限一次性交完，保险手续由经销商代办。

3）交纳担保费。在签订《购车合同》前，须交纳担保费，金额以贷款额为基数，随贷款年限一次性交付（一年期1%；两年期2%；三年期3%）。

4）以所购车辆作抵押的，在贷款人发生意外且无力偿还时，按三年折旧比例作价给该汽车经销商。

5）提供一个共同购车人。

2. 分期付款的操作程序

1）购车人应向经销商和银行了解有关贷款政策和要求。

2）经销商要求购车人提供所需资料，填写相关申请文件。

3）购车人挑选汽车，并与经销商签订《购车合同》及《担保协议》。

4）购车人按规定的比例存入首付款和相关的费用。

5）经销商在审核文件的真实性后填列担保意见并将全部资料上交贷款银行。

6）银行审查贷款人资格，审查合格后，对符合条件的客户，银行与其签订《借款合同》并开立还款账户，办理贷款。

7）贷款银行将用户存入的首付款及贷款直接划入经销商账户。

8）经销商在接到银行通知后应协助借款人交纳各种费用，与购车者就所签合同协议分别到公证、保险、公安等单位办理有关手续。

9）办齐一切手续后，经销商应将汽车发票、购车附加费、汽车合同证、行驶证复印件留存，同时向购车人发出提车单。

3. 违约处理

不论任何原因，客户未按期归还贷款的本息，均视为违约。

按合同规定，由经销商直接出面或由经销商申请法院强制执行扣押抵押车辆，拍卖车辆。

车辆拍卖不足偿还欠款部分，由经销商和保险公司负责向银行承担全部赔付责任，其中经销商负责赔付20%，保险公司负责赔付80%。

如贷款人和车辆均无踪迹，亦由经销商和保险公司两家按所签协议负责向贷款银行进行100%的理赔。

任务三　汽车消费贷款保证保险

汽车消费贷款保证保险（简称车贷险），是指借款人根据银行或汽车金融公司等贷款人的要求，由保险公司为其贷款本息提供担保的一种保险。

一、新车贷险的基本特征

1998年开办汽车消费贷款保证保险业务。

2001年车贷险业务经营风险显现，诈骗、挪用资金、恶意拖欠及经营不善引发拖欠贷款问题严重，保险公司不堪重负。

2003年，保险公司基本退出汽车信贷市场。

2004年4月1日，新一代汽车消费贷款保证保险重返市场。

新车贷险与原车贷险相比改进了很多，其基本特征主要表现在以下方面：

1）实行差额保证保险责任。

2）明确赔偿处理方式。

3）设定不低于10%的绝对免赔率。

4）规定了首付款与承保期限。

二、汽车消费贷款保证保险相关事项

投保人：指根据中国人民银行《汽车消费贷款管理办法》规定，与被保险人订立《汽车消费贷款合同》，以贷款购买汽车的中国公民或企业、事业单位法人。

被保险人：指为投保人提供贷款的国有商业银行或经中国人民银行批准经营汽车消费贷款业务的其他金融机构。

保险人：保险公司。

1. 保险责任与责任免除

保险责任：投保人逾期未能按《汽车消费贷款合同》规定的期限偿还欠款满1个月的，视为保险责任事故发生。保险责任事故发生后6个月，投保人不能履行规定的还款责任，保险人负责偿还投保人的欠款。

下列情形，保险人不负责赔偿：

1）战争、军事行动、暴动、政府征用、核爆炸、核辐射或放射性污染。

2）因投保人的违法行为、民事侵权行为或经济纠纷致使车辆及其他财产被罚没、查封、扣押、抵债及车辆被转卖、转让。

3）因所购车辆的质量问题及车辆价格变动致投保人拒付或拖欠车款。

4）因被保险人资料审查不严或擅自修改贷款合同而导致的不能按期收回贷款。

5）因投保人不按期归还贷款而产生的罚息、违约金。

2. 保险期限与保险金额

保险期限：从投保人获得贷款之日起，至付清最后一笔贷款之日止。最长不得超过最后还款日后的1个月。

保险金额：为投保人的贷款金额（不含利息、罚息及违约金）。

3. 投保人义务

1）一次性缴清全部保费。

2）必须依法办理抵押物登记。

3）必须为抵押车辆办理车辆损失险、第三者责任险、盗抢险、自燃险等保险，且保险期限至少比汽车消费贷款期限长6个月，不得中断或中途退保。

4. 被保险人义务

1）被保险人发放汽车消费贷款的对象必须为贷款购车的最终用户。

2）被保险人应按中国人民银行《汽车消费贷款管理办法》严格审查投保人的资信情况，确认其资信良好的情况后，方可同意向其贷款。

3）被保险人严格遵守国家法律、法规，做好欠款的催收工作和催收记录。

4）被保险人与投保人所签订的《汽车消费贷款合同》内容如有变动，须事先征得保险人的书面同意。

5）被保险人在获得保险赔偿的同时，应将其有关追偿权益书面转让给保险人，并协助其追偿欠款。

6）被保险人不履行以上各条规定的各项义务，保险人有权解除保险合同或不承担赔偿责任。

5. 赔偿处理

当发生保险责任范围内的事故时，被保险人应立即书面通知保险人，如属刑事案件，则应向公安机关报案。

1）被保险人索赔时应先处分抵押物抵减欠款，不足部分由保险人赔偿，被保险人如不能处分抵押物，则向保险人依法转让抵押物的抵押权，并对投保人提起法律诉讼。

2）被保险人索赔时，应向保险人提供有效证明。

3）在符合规定的赔偿金额内实行20%的免赔率。

关于抵押物的处分及价款的清偿顺序按《抵押合同》的规定处理。

被保险人向保险人索赔时，需提供下列有关证明：

① 索赔申请书。

② 机动车辆消费贷款保证保险及机动车辆保险的保单正本。

③ 机动车辆消费贷款合同副本。

④《抵押合同》。

⑤ 被保险人签发的《逾期款项催收通知书》。

⑥ 未按期付款损失清单。

⑦ 保险人要求提供的其他相关证明材料。

6. 其他事项

1）保险合同生效后，不得中途退保。

2）发生保险责任事故后，被保险人从通知保险人发生保险责任事故当日起 6 个月内不向保险人提交规定的单证，或者从保险人书面通知之日起 1 年内不领取应得的赔款，即作为自愿放弃权益。

3）在机动车辆发生全损后，投保人获得的机动车辆保险赔偿金应优先用于偿还机动车辆消费贷款。

4）保险人和被保险人因本保险项下发生的纠纷和争议应协商解决。如协商不成，则可向人民法院提起诉讼。

7. 新车消费贷款保证保险业务程序

1）客户如实填写投保申请书，准备相关资料。

2）保险公司和银行审核客户资信。

3）客户向被保险人（银行、汽车金融公司等贷款人）提供有效担保，被保险人审核担保。

4）审核通过，客户选购车辆，与经销商签订购车合同。

5）客户办理保险手续，保险人出具保险单。

6）银行发放贷款，客户提车。

项目小结

本项目主要讲解了办理汽车消费贷款、汽车贷款所需手续、办理条件和办理流程。

复习思考题

1. 现有的哪些法律能制约汽车消费信贷的风险？
2. 现有的哪些规章制度能制约汽车消费信贷的风险？
3. 汽车消费贷款能否提前还款？有什么规定？
4. 消费信贷售车的参与单位有哪些？
5. 公证部门在汽车消费信贷中的职责是什么？

项目十二　汽车精品销售

学习目标

1. 了解汽车精品销售的现状。
2. 掌握汽车精品的类型。
3. 掌握汽车精品的销售方法。

任务一　纯正精品销售的概述

一、纯正精品销售的现状

1. 全球市场现状

1）2008年全球汽车行业总利润大约为14万亿美元，其中就有8万亿美元利润与汽车服务和纯正精品销售有关。

2）相对于汽车市场来说，维修保养、配件供应、美容养护和汽车改装等服务则被称为"汽车后市场"。

2. 欧美市场现状

（1）欧洲市场

外装产品、户外产品以及导航在内的（音响、视频、导航）三位一体的产品占到了纯正精品销售的60%。

便携式导航产品发展迅速，销售额已经达到导航产品整体销售额的50%。

（2）美国市场现状

纯正精品销售主要以改装车的销售为主，达到全部销售额的30%，由于美国政府对改装车的限制相对较松，因此原厂纯正精品在美国市场的表现从全世界水平来看不算突出，经销商的纯正精品销售额只能占到30%左右。

3. 日本市场现状

1）电子产品的开发与普及相对突出，导航、后座娱乐系统等（音响、视频、导航）三位一体产品与大包围、脚垫等机能产品约各占纯正精品销售额的50%。

2）近年来，后座娱乐系统、倒车影像系统等导航相关的商品和车辆改造个性化产品成为纯正精品销售的重点。

世界三大顶级汽车改装车展之一的东京Auto Salon展览会成为汽车纯正精品加装市场的一个很好的展示平台。

4. 中国市场现状——发展潜力巨大

1）占汽车用品市场比重最大的汽车电子市场发展势头良好，如车载导航、汽车音响、氙气灯、汽车香水、车载 MP3、防爆膜、车载 DVD、汽车装饰、汽车美容。

2）车载导航在市场需求中位居榜首，市场前景相当看好。

3）中国汽车用品行业有一定的规模，但知名品牌不多，产品知名度不高。

4）缺乏相应的国家标准，市场上假冒伪劣产品横行。

5）行业专业化程度不高，人才已经成为制约行业发展的瓶颈，产品同质化严重。

6）各汽车厂家纷纷开始重视纯正精品的开发、销售的强化。

7）中国政府逐渐重视汽车用品行业，积极推进汽车用品的产业化，鼓励汽车用品行业特别是技术含量高的汽车电子产业的技术创新。

8）政府逐步完善汽车用品行业的相关法规及标准，为汽车用品企业的发展提供有序的竞争环境。

二、纯正精品销售的重要性

1）满足客户的需求。
2）推动新车销售。
3）提供利润。
4）提升客户满意度。

经销商纯正精品销售的优势如图 12-1 所示。

三、纯正精品分类

1. 外装精品

常见外装精品有门雨眉、门边饰件、外拉手贴件、挡泥板、车贴、汽车天线、雾灯框、汽车尾灯框等（图 12-2～图 12-5）。

2. 内装精品

常见内饰精品有汽车香水座、座垫、脚垫、腰垫、地毯、座套、钥匙扣、公仔、风铃、窗帘、保温壶、太阳膜、防盗锁、手机架、转向盘套、桃木饰板、迎宾踏板等（图 12-6～图 12-11）。

图 12-1　纯正精品销售的优势

图 12-2　挡泥板

图 12-3　门雨眉

图 12-4　门边饰条

图 12-5　门拉手饰框

图 12-6　座垫

图 12-7　地毯

图 12-8　转向盘套

图 12-9　腰垫

图 12-10　香水座

图 12-11　桃木饰板

3. 电装精品

常见的电子精品有 GPS 导航、车载 DVD、车载 MP3、汽车音响、汽车加湿器、行车记录仪、TMPS、疲劳驾驶预警、防盗器、无死角行车影像系统等（图 12-12～图 12-15）。

图 12-12　车载导航

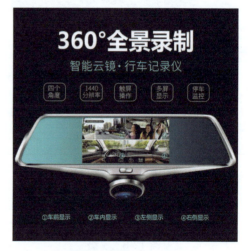

图 12-13　行车记录仪

图 12-14　疲劳驾驶预警

图 12-15　无死角行车影像系统

4. 汽车改装精品

常见改装精品有侧踏板、车顶行李架、超炫灯饰改装、氙气前照灯、底盘装饰灯、真皮改装、尾翼、大小包围、前后护杠、雾灯、天使眼光圈、隔热棉、车身装饰线等（图 12-16～图 12-19）。

图 12-16　侧踏板

图 12-17　车顶行李架

图 12-18　尾翼

图 12-19　前后护杠

任务二　纯正精品销售的步骤

一、合理布置，准备工具

1. 纯正精品展示的 VISA 定律

1）V：VISIBILITY—可视性。
2）I：IMPACT—冲击力。
3）S：STABILITY—稳定性。
4）A：APPEAL—吸引力。

VISA 定律——陈列的八大原则：

1）最佳的视线范围。
2）竖式陈列。
3）品种的陈列顺序及相应的陈列面。
4）同一品种，不同规格的重要性顺序。
5）货架的先进先出原则。
6）适当的售点广告。
7）产品正面朝向消费者，并有明显的价格标签。
8）保持产品的清洁及整齐的摆放。

2. 纯正精品展示四种途径

1）销售展示区——展车附近的单独展示架。
2）售后展示区。在售后服务部设三个精品展示区如图 12-20 所示。

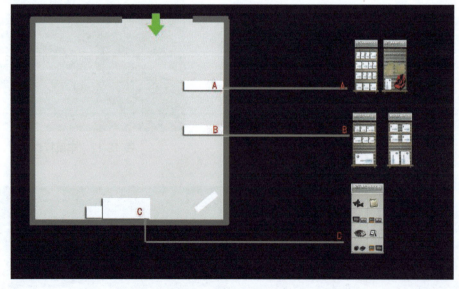

图 12-20　售后展示区

3）Pos 产品推荐区如图 12-21 所示。
4）多媒体展示区。在展厅和售后服务前台设立可查询的精品多媒体展示区，方便客户查询（图 12-22）。

图 12-21　Pos 产品推荐区

3. 纯正精品展示区的展示方法

1）按纯正精品种类来展示。分类展示让客户一目了然，视觉效果非常好。

2）突出商品特性来展示。为了达到更好的展示效果，4S 店可以自主开发展示工具。

3）适合展厅氛围的纯正精品展区设计，如图 12-23 所示。

图 12-22　多媒体展示区

图 12-23　格调高雅的纯正精品展示区

4. 纯正精品销售促销工具的准备及使用

（1）纯正精品综合型录

特点：汇集了品牌所有车型的纯正精品介绍以及规格。

展示方法：摆放于展厅中心的型录展架或纯正精品的专门展架上。

（2）车型纯正精品单页

特点：特定车型的纯正精品介绍。由于其成本低廉，便于分发和自由阅览。

展示方法：放于客户流量大的场所和区域（图12-24）。

图12-24　纯正精品单页

（3）纯正精品塑料夹页

特点：关于各车型纯正精品的介绍以及规格一览表。内容与综合型录基本一致。

展示方法：建议放入销售顾问随身携带的文件夹中，在与客户交流中发挥作用。

二、选择时机，把握机会

销售顾问行为建议如下。

1. 产品介绍时机

充分展示：展车上和展车旁的纯正精品展示。

合理运用：车型纯正精品型录、车型纯正精品单页。

适合介绍纯正精品类型：外装精品。

2. 试乘试驾时机

充分展示：试乘试驾车的纯正精品。

合理运用：在试乘试驾过程中适时介绍加装的精品，让客户感知由此带来的好处。

适合介绍纯正精品类型：内装精品和电装精品。

3. 车辆成交时机

充分展示：经销商的综合纯正精品展示区、试乘试驾车的纯正精品。

合理运用：纯正精品塑料夹页、车型纯正精品单页。

适合介绍纯正精品类型：所有类型精品。

4. 交车时机

充分展示：经销商的综合纯正精品展示区、试乘试驾车的纯正精品。

合理运用：纯正精品塑料夹页、车型纯正精品单页。

适合介绍纯正精品类型：所有类型精品。

5. 售后服务时机

充分展示：经销商的综合纯正精品展示区、试乘试驾车的纯正精品。

合理运用：纯正精品综合型录。

适合介绍纯正精品类型：外装和电装类精品。

6. 促销活动时机

促销方法：

活用商品特色，结合车型与季节，实施有特色的促销活动。

制定促销套装，开展限时的纯正精品促销活动。

利用车展进行促销。

三、市场部、销售部、售后服务部联合促销

部门协作开展促销活动实例：回厂客户即可免费进行爱车 SPA 健诊服务；购 SPA 养护套餐即可享受 9 折优惠，更有机会获赠精美自行车和发动机保修延长一年等多重好礼。

1）利用自驾游活动成功促销。

2）开展回馈客户活动，趁热打铁联动促销。

3）通过部门合作，展开促销活动，提高纯正精品的销量与认知度。

例如，购买纯正精品 5 套即可获得经销商 VIP 金卡；"凡购买 3000 元以上纯正精品就可获赠机油一罐"的促销活动。

四、多渠道推广

1）开发及使用对内、外的促销工具。通过电台、网络、报纸等进行宣传。通过店内海报推广纯正精品。

2）自主开发宣传工具。

五、创造需求，积极推荐

1. SPIN 话术的概述

利用自己的专业知识，以与客户建立信任为原则，以发现客户隐含需求为中心的销售模式，而采取顾问式销售的方法来达成最终的商业目的。

（1）如何开发需求

SPIN 话术案例（儿童安全座椅）：

经常用于调查客户背景情况的问题：

您现在开什么样的车？

一般情况下，您的车主要用途是什么？

您的孩子多大了？您孩子平时常坐您的车吗？

一般您会让孩子坐在哪里？

① S 情况问题：

内容：寻找有关客户现状的事实。

目的：为下面的问题打下基础。

销售顾问：听您刚才的介绍，您这么忙，还经常带孩子一起开车外出旅游，您孩子真幸福，有您这么好的父亲。

客户：哪里，现在孩子都是宝贝。

销售顾问：您每次和孩子一起外出旅游，会上高速公路吗？

客户：会啊，去省内玩一般我们都走高速的。

销售顾问：上高速公路，一定都要系好安全带，保证安全。对于孩子，您是怎么安排的呢？

客户：每次我都让他妈抱着，或者让他自己坐。

销售顾问：他们是坐在前排还是后排呢？

客户：他母亲抱的时候，一般会坐在前排，坐后面的时候通常会给他系上安全带的。

② P 难点问题：

内容：客户面临的问题、困难和不满之处。

目的：寻找你产品所能解决的问题，即客户的隐性需要。

销售顾问：您觉得这样安全吗？

客户：还行吧！

销售顾问：这样的话，有没有发生过紧急制动的时候，小孩被碰到的情况？

客户：没有。

销售顾问：那真是太好了，我有个老顾客，前段时间不小心紧急制动，小孩坐在前排，没有保护措施的情况下就受了伤，还挺严重的，当时头破了，缝了几针了！

顾客：真是太不小心了，是不是没有抱好啊？

销售顾问：抱小孩是大多数客户采取的方式，大人都是很注意的。但是小孩子坐前排，据数据统计发生碰撞的概率非常高，经常出大事故！

客户：确实很危险，不是抱好就可以了吗？

③ I 影响性问题：

内容：问题的作用、后果和含义。

目的：把隐含的需求提升为明显的需求；把潜在的问题扩大化；把一般的问题引申为严重的问题；指出问题的严重后果，从而培养客户的内心需求。

销售顾问：坐前排，小孩如果抱在手里，没系安全带，这时候发生碰撞，如果车速超过48km/h，一方面，小孩的产生的冲击力会是原来自重的 30 倍，大人是抱不住的，会直接碰到风窗玻璃上，像子弹一样飞出车外！另一方面，安全气囊弹出时也会产生很大的冲击力，小孩骨骼软，冲击力会对小孩造成很大的伤害！

客户：看来还是坐后排，系安全带会好点！

销售顾问：系安全带对成人来说是安全的，但是对婴幼儿来说，就不是这个样子了。因为小孩的臀部骨骼很小，臀部会无法固定住，安全带可能会系在小孩腹部，若遇到车祸，安全带将对着小孩的腹部施力，这会导致伤害，后果很严重。

客户：我之前有听过，但是没想到会有这么严重！

销售顾问：是的，您刚才也说了，孩子是每个家庭的宝贝啊，安全是最最重要的！

客户：是啊，安全看来并不是想象的那么简单！那怎么办？

④N 需要回报的问题：

内容：问题若得以解决产生什么价值；客户注重对策、价值、好处而不是问题本身。

目的：使客户不再注重问题，而是解决问题的对策；使客户自己说出想得到的利益；使客户说出明确的需求。

销售顾问：小孩子坐车，除了要减少安全隐患，还要让孩子坐得很舒服，您赞成吗？

客户：当然，这样既能减少我的担心，还能增加行驶的安全性！

销售顾问：我们这边有一款符合您要求的产品，你看我帮您介绍一下好吗？

客户：好啊！

（2）比较复杂的 SPIN 结构

学员演练：如何针对一个开车去其他城市的客户，运用 SPIN 话术来创造他的需求（导航系统）。

2. NFABI 的话术

NFABI 的意义：

N：Need—需求。

F：Features—配备。

A：Advantages—优势。

B：Benefits—利益。

I：Impact—冲击。

NFABI 话术案例（防爆隔热膜）：

①N（需求）：

销售顾问：刚才听您说，您的朋友买车基本上都会贴膜，您也准备给爱车贴上一款漂亮的防爆隔热膜对吗？

客户：是的，一定要质量可靠的。

②F（配备）：

销售顾问：我们东风日产的防爆隔热膜采用高科技材料制成，与车辆完美匹配。不但可以有效隔绝紫外线保护您的肌肤，在发生事故时更有助于固定破损玻璃的碎片，保护您的人身安全。

客户：是吗？

③A（优势）：

销售顾问：是的。目前市场上各种各样的防爆隔热膜有很多，不过质量参差不齐，效果也相差很多。相比而言我们纯正的防爆隔热膜主要有以下三点优势：

第一、隔热效果好。紫外线隔绝率超过了 95%，达到了同类产品的最高标准。

第二、安全性高。纯正的防爆隔热膜能够牢固地贴在玻璃的内表面，在发生意外时可有效减少对人体的伤害。

第三、品质有保障。我们广汽本田的纯正防爆隔热膜品质更稳定，不易褪色、不易起气泡，长时间使用仍然可以保持很好的隔热、防爆效果。

④ B（利益）：

销售顾问：您看，如果您的爱车贴上了一款这样的防爆隔热膜以后，在烈日下行车时不但不会晒伤您的肌肤，还能减轻你爱车的空调负荷，提高燃油效率；更重要的是滤掉了阳光中的眩光，使您的双眼可以更加专注于驾驶，提高行车的安全。

客户：哦！看来真的不错啊！

⑤ I（冲击）：

销售顾问：这样吧，我带您到这边来亲自感受一下好吗？

项目小结

本项目主要讲解了常见汽车精品的类型以及汽车精品的销售方法和技巧。

复习思考题

1. 我国汽车精品的销售现状怎么样？
2. 汽车精品是怎么分类的？
3. 目前主推的汽车精品有哪些？